数字政府法治化研究

RESEARCH ON THE RULE OF LAW IN DIGITAL GOVERNMENT

程雁雷　郑文阳 ————— 著

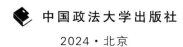

中国政法大学出版社

2024·北京

图书在版编目（ＣＩＰ）数据

数字政府法治化研究 / 程雁雷，郑文阳著. -- 北京：
中国政法大学出版社，2024. 12. -- ISBN 978-7-5764
-1819-4

Ⅰ. D035-39

中国国家版本馆 CIP 数据核字第 2024UX7097 号

出　版　者	中国政法大学出版社
地　　　址	北京市海淀区西土城路 25 号
邮寄地址	北京 100088 信箱 8034 分箱　邮编 100088
网　　　址	http://www.cuplpress.com (网络实名：中国政法大学出版社)
电　　　话	010-58908586(编辑部) 58908334(邮购部)
编辑邮箱	zhengfadch@126.com
承　　　印	固安华明印业有限公司
开　　　本	720mm×960mm　　1/16
印　　　张	17
字　　　数	280 千字
版　　　次	2024 年 12 月第 1 版
印　　　次	2024 年 12 月第 1 次印刷
定　　　价	89.00 元

　　基于数字技术的快速发展，政府的数字化行政潮流已然不可逆转。可以说，数字政府在当下的核心任务，并非"做与不做"的问题，而是"如何科学建构和推行"的问题。况且，在全面依法治国战略深入推进的背景下，法治国家、法治政府、法治社会一体推进。此时，政府在推进数字化行政过程中的核心目标便有所调整：如何加快数字政府建设的法治化进程，以契合法治政府、法治国家建设的需要。因而，作者以"数字政府法治化研究"为主题，全面揭示了数字政府法治化建设过程中的诸多问题，具有一定的研究前瞻性。

　　技术是一把"双刃剑"。技术进步在带来各种生活便利或者事务便捷的同时，也隐含着诸多的技术运行风险。作为技术治理的子命题，政府的数字化建设显然不能例外。从"政府信息化"到"数字政府"，行政主体的行政权运作，在形态上可谓变化万千。在这种变化之中，数字政府面临的风险，不仅仅是其可能对行政相对人、行政相关人以及其他社会主体所造成的风险，数字化行政运作过程本身所蕴藏的各类问题，同样不容忽视。例如，规范依据欠缺、技术能力匮乏、技术监管漏洞、政企责任分配不明等，均是数字政府运行过程中亟待突破的重要难题。如若这些问题未能得到有效应对，数字政府的法治化只会成为一纸空谈。也即，当以往的法律制度并不能完全满足数字政府的治理需求时，数字政府的法治化建构便显示出其所具有的重大意义。

　　值得肯定的是，作者清晰地看到了数字政府在运行过程中面临的种种不足以及问题解决的重要性，并力图对其予以充分研讨。在本研究成果中，作者综合运用了历史、比较等不同的研究视角，以规范为依托，以制度为核心，从数字政府的概念说起，充分肯定数字政府法治化建设的实践价值和理论意义，分别从数字政府法治建构的立法保障、数字政府法治建构的行政保障、数字政府法治建构的救济保障、数字政府法治建构的公众参与、数字政府法治建构的指标评估等方面来展开，对数字政府法治保障中的一系列问题，进行了相对全面、充分地梳理和审视，力图为数字政府的法治保障，提供一个完善的理论框架，并期待着最终能够有助于数字政府法治实践的有序推进。作者在撰写的过程中不仅系统梳理了数字政府演进的详细过程，而且深刻挖掘了数字政府建设在当下的发展方向，明确了数字政府法治建设的价值意义之所在。继而，以数字政府法治实践为导向，本书在考察数字政府法治建设的成效与不足时，有效兼顾了以下内容：

其一，立法保障的问题。基于制度规范具有通常作为贯彻法治理念与推进法治建设最直接载体的功能，中央以及地方在推进数字政府建设的过程中均重视制度规范的作用，并形成了以宪法为核心的制度规范体系。然而，在数字政府法治建设的制度框架以及数据共享与开放的规范依据等各个层面，当前的立法显然并不够完备，甚至会引起数据安全等方面的风险，阻碍数字政府建设的具体效果。因而，作者在书中提出数字政府立法，并以其他各类规范为补充的制度设想，具有一定的前瞻性。

其二，行政保障的问题。毋庸置疑，在政府的职能分配与角色担当中，行政是政府履行职能过程中的中心属性，这奠定了数字政府法治化推进过程中需要构建行政保障机制的根基。然而，传统的公共行政权运作与管理中，往往以科层制作为政府运作的基本模式，其条块式分割的特征，并不能完美契合数字政府推进过程中的行政权运作效果与目标。因而，数字政府在现代化的社会治理中，开始注重引入非政府主体进行协作，从而构建了以政企合作为典例的"多元参与、相互依赖"协同治理模式，力图改善科层制政府的弊端。正是基于这一背景，本书作者对"以部门为主体"的科层制模式进行了充分检视，并对"多元参与、相互依赖"的协同治理模式进行了考察，从而正确揭示了政企合作治理模式的应然状态。继而，作者立足于政企合作背景下数字化行政的权力异化及其他弊端，立足于数字化行政的实践特征，主张从程序方面对其予以正当性补强，充分体现出作者研究结论的实践价值。

其三，救济保障的问题。不可否认，在行政权的运作过程中，行政主体与行政相对人之间，实际上处于力量不对等的状态，以公民为主体的行政相对人，往往处于弱势一方。这种情况在数字化行政过程中，不仅没有得到遏制，反而由于数字技术的复杂性与抽象性而更加显著，从而衍生出了独具特色的"数字弱势群体"。然而，在"数字弱势群体"合法权益遭到损害时，当前的权利救济机制并不能起到应有的作用，而是漏洞重重。这显然不利于公民数字权利的充分保障。作者在看到这一点的基础上，不仅从行政主体内外两方面，探索出了公民数字权利的救济路径，而且针对政企合作中的具体责任承担，提出了构想和展望，具有一定开拓性。

其四，公众参与的问题。社会公众实际参与至数字政府运作过程，是保证数字政府运行程序透明化以及决策科学化的必要环节，也是政府公开原则的当然要求。因而，数字政府法治建设的过程中，应当充分审视当前公众参与环节及内容的不足，并在此基础上深刻剖析其原因，从而探寻出公众参与机制优化的着力点。此外，作者也立足于比较的视角，同时看到了域外在数字政府法治化推进过程中的有效经验与实践，希冀以域外的先进经验为我国数字政府建设过程中的公众参与提供参照。最终，作者结合公众参与过程中的公民因素和其他外在因素等不同方面，给出了自己的思路与答案，实际是一种富有可行性的创造。

其五，法治评估的问题。在数字政府建设的过程中，对数字政府的法治评估应当是其中的重要环节。究其根源，法治评估不仅仅是对数字政府法治建设的检验与监督，也是数字政府在法治建设过程中，实现自我纠错与完善的基础前提，更是法治政府建设、提升政府公信力的必要保障。在法治评估的过程中，构建科学合理的评估指标、强化对数字政府法治保障的评估指标体系，应当是其中的核心环节。然而，基于数字政府运作的复杂性，当前的各种法治评估模式，并不能全然涵盖其中所涉及的种种问题，继而产生了一定的法治评估困境。由此，作者充分审视了域外的法治评估模式及其范例，最终立足于我国实践基础针对性地提出一系列举措，可谓是一种较好的实践探索。

整体而言，作者围绕上述各个方面的研究，基本能够涵盖数字政府法治建设中的主要问题，不仅在研究内容上具有针对性，而且在研究范围上也具有全面性特征。不得不说，本书作者在数字政府法治建设过程中的探索和努力是显而易见的，其价值也可见一斑。具体而言：一方面，由于当前尚未出现专门系统性探讨数字政府法治化建构的专著，本研究成果从多角度对其中涉及问题予以体系性讨论的做法，可谓填充了学界当前研究的空白，具有很高的学术价值和理论意义；另一方面，由于本研究成果中所涉及的一系列问题，正是当前实践所亟须解决的困境和难题，并且作者在研究过程中始终秉持以实践问题为导向、以实践指引为目标的思维和逻辑，针对性提出一系列的问题解决方案，能够给数字政府法治化建设的实践运行，提供方案参照与思路指引。

当然，也必须承认，政府的数字化行政是一项庞大而繁杂的工作，其中蕴含着颇多的抽象化概念与各种数字技术原理。本研究侧重于制度和规范层面，无论是从社会学的角度出发，还是从法学的角度来看，本书都可以被称为是一部佳作，而其所蕴含的理论意义和实践价值，不是其他理由所能够直接否定的。

是为序。

2024 年 12 月于北京

目 录

第一章
数字政府的概述

从 20 世纪中叶开始，数字计算机等数字技术的兴起为人类从技术上对世界实现数字化认知和实践提供了技术支持，并由此引发了一场新的技术革命，即信息技术革命。[1]信息技术作为一股强大的革命性力量，在经济、政治、文化等诸多方面改变了我们所生存的社会。最易感知的例子是，在计算机和信息系统彻底改变全球服务机制之后，人工提供给个人和社区的服务正在消失。取而代之的是，使用计算机和互联网技术的在线服务开始涌现，电子教育（E-Learning）、电子商务（E-Commerce）、电子制造（E-Making）等已经将传统的商业模式转移至虚拟世界。究其根源，正是信息技术革命使这些成了可能。[2]基于此，几乎可以断言，未来社会发展的总体趋势实际上已难以离开数字化转型。[3]信息技术和智能技术的发展正在推动新的"空间"——"数字空间"——的形成。[4]随着大数据、互联网、人工智能、云计算等新兴信息技术在诸多领域的广泛应用，技术革命与政府治理实践的结合日益紧密，从而推动了世界各国数字政府的建设潮

〔1〕 黄欣荣、潘欧文：《"数字中国"的由来、发展与未来》，载《北京航空航天大学学报（社会科学版）》2021 年第 4 期，第 99~106 页。

〔2〕 See Ghulam Muhammad Kundi et al., "Cyber-Crimes And Cyber Legislation: A Challenge To Governments In Developing Countries", *Journal of Information Engineering and Applications*, Vol. 4, No. 4, 2014, pp. 61~68.

〔3〕 汪玉凯：《"十四五"时期数字中国发展趋势分析》，载《党政研究》2021 年第 4 期，第 16~20 页。

〔4〕 米加宁等：《"数字空间"政府及其研究纲领——第四次工业革命引致的政府形态变革》，载《公共管理学报》2020 年第 1 期，第 1~17 页。

流。而正是社会治理与政府公共服务在数字世界探索的不断展开，使得当下电子政府、电子政务和数字政府等术语已经成为政府机构使用信息和通信技术的代名词。在此背景的推动下，中国也先后推出了一系列政策文件和标准规范，促进了电子政务和数字政府的发展。例如，2004 年《电子签名法》[1]（2019 年最新修正）的颁布实施标志着我国电子签名制度的建立和电子政务的正式开始；2016 年《关于全面推进政务公开工作的意见》的出台明确了政府信息公开的原则、范围和内容要求等；2023 年《数字中国建设整体布局规划》关于数字政府建设总体目标、主要任务和重点领域等内容的规定，则为数字政府建设提供了更为系统和全面的规划。可以看出，随着时间的推移和政策的升级，社会和组织的深刻变革并不一定完全是颠覆和抹杀先前结构、过程和关系下产生的突发革命性结果，它们也可能源于达到临界质量的增量变化。不过，虽然我国电子政务已经逐步向数字政府转型，但数字政府的建设水平总体依旧较低，[2]未来数字政府仍应继续以智能化、服务化和共享化为特征，通过不断完善其运行机制和技术手段实现更高质量、更便捷、更安全的公共服务。借此，为服务于中国本土数字政府及其法治建设的保障完善，有必要从全球视野对数字政府的政策演进、内涵特征以及效用价值等维度展开整体性研究。

第一节　数字政府的历史演进

基于客观数字化技术背景的差异，政府主体在整个数字化过程中具有阶段性的特征。而且，同技术发展的趋势相一致，在不同的数字化阶段，政府主体一直遵循着由政府信息化到电子政务、再到数字政府的整体趋势和规律稳步前进。

---

　　[1]　《电子签名法》，即《中华人民共和国电子签名法》。为表述方便，本书中涉及我国法律文件，直接使用简称，省去"中华人民共和国"字样，全书统一，后不赘述。

　　[2]　李鹏飞、范斌：《数字中国建设水平测度、地区差异及收敛性研究》，载《统计与决策》2024 年第 9 期，第 79~84 页。

一、"政府信息化" 兴起

自万维网发展以来，人们越来越关注网络技术对商业环境的适应，而其中又以企业对企业（B2B）和企业对消费者（B2C）部门为典例。这种趋势在政府部门中越来越受到关注，并集中于政府对企业（G2B）和政府对公民（G2C）。当然，与商业领域的运营商相比，由于政府在传统上是更保守的实体，其变革速度和采用新举措的速度通常较慢，因此政府（无论是地方政府、地区政府、国家政府，甚至是超国家政府）在加入网络潮流方面总体上进展缓慢。[1]究其缘由，主要有三方面的因素：其一，起初并没有通用的政府信息化模式来为不同国家、地方和部门提供政府信息化经验；其二，信息技术只有在同时进行多学科研究和实践时才能取得进展；其三，只有实践和理论研究之间的不断互动才能为技术的深化变革提供方向和进展。然而，客观来看，无论是从哪方面考量，其具体的任务完成都是不容易的。因此，虽然信息和通信技术早已被政府和社会其他部门使用，但学术界对其在公共行政中使用和作用的关注仍相对较少。即便"公共管理信息系统"（PMIS）[2]这种术语采用了信息系统研究中使用的命名惯例而被引入了学术讨论，但其实也并没有引起多大的反响或关注。不过，正如电子商务在全球经济中的影响力在过去十年间不断扩大，对于世界各地的许多政府来说，政府向政务信息化的过渡似乎是不可避免的。因为电子和政务的融合能够提供新的服务、产生新的动力、形成新的转型形式、创造让公民参与的新方式，而这些创新则很可能会改变我们所认知的传统政府。[3]

政府信息化的兴起源于20世纪70年代后期。随着计算机技术和网络技

---

〔1〕 See S. Marche and J. D. McNiven, "E-government and E-governance: the Future Isn't What it Used to Be", *Canadian Journal of Administrative Science*, Vol. 20, No. 1, 2003, pp. 74~86.

〔2〕 "公共管理信息系统"是指，为实现公共管理整体目标、管理和处理公共信息而建立起来的，具有一定组织体系和运行程序以及相应技术和物质设施的有机整体，包括信息获取、输入、加工、存储、检索、传输等环节。

〔3〕 See Robert M. Davison, Christian Wagner and Louis C. K. Ma, "From Government to E-government: a Transition Model", *Information Technology & People*, Vol. 18, 2005, pp. 297~298.

术的发展及普及，政府开始利用信息化技术实现办公自动化。在此基础上，政府逐渐推行政务信息化，最终实现了信息的共享和互通，加快了政务流程的简化和规范化。因此，政府信息化实际上可以被理解为运用现代信息技术手段（如计算机、互联网、物联网等）来优化政府管理和服务，并提高政府效能、增强政府公信力、促进社会稳定发展的一种现代化管理方式。而且，虽然我们日常使用的信息技术在政府服务中的应用存在多个种类，如信息访问、交易服务和公民参与等，但较为常见的电子政务应用实际上主要有以下几种服务：一是为公民提供信息访问和在线业务办理，即政府所产生的大量信息可以通过其官方网站和其他在线路径获得，人们继而可以在此基础上借助政府网站办理相关业务（如人们可以通过在线填写材料来办理护照和汽车驾驶执照、企业可以通过专门的知识产权管理网站申请专利许可证等）；二是为公民提供直接参与政府决策及反馈立法建议的在线服务，普通民众在这种情况下可以通过电子投票或其他方式对涉及食品、交通和环境等影响生活各个方面的法律法规进行评论，甚至是提供修改建议，这也是现代化电子政务服务的常规操作；三是其他的数字政府服务。在政府数字化发展的不同阶段，基于技术、组织和管理的可行性等因素影响，政府数字化在不同的阶段可以具有不同的应用深度，从而推动政府信息化的进程，此即数字政府的进化现象。以政府的万维网站为例。在相对较短的时间内，互联网可以使公共机构传播信息的方式、政府工作人员之间及其与政府以外的人之间的互动方式发生变化，政府提供服务的方式通常也继而会发生重大变化。在这种情况下，从大型部门到小城镇和村庄，各个机构都有公共网站，每个网站都争相提供着经济发展、旅游业、政府服务信息、采购、统计数据或选定的其他服务内容等。诚然，虽然此时政府提供的信息服务较为初级和有限，但从各个联合国成员国的报告来看，政府信息化实际上已被确定为世界各国政府的首要任务之一。[1]

如果说，社会对数字数据、文件、结构和流程的日益依赖和运作被称

---

〔1〕 See United Nations, "UN E-government Survey 2008: from E-government to Connected Governance, United Nations", 2008, available at http://unpan1. un. org/intradoc/groups/public/documents/UN/UNPAN028607. pdf.

为数字化，那么数字化便可以被视为社会数字化第一阶段的序曲和重要"垫脚石"。在这一阶段，政府、非政府组织以及以高科技产业为主导的私营部门组织是政府信息化的重要催化剂和贡献者。一般来说，政府信息化开启的一个重要标志便是：社交媒体开始对政府业务产生巨大而前所未有的影响，许多国家的公民都可以在个人设备方便的情况下直接访问或请求大量详细的公共数据。[1]不过，此时的政府运作尽管在信息化方面取得了一定的成功，但其业务流程仍然遵循纸质蓝图，主要的交互方法和程序也还没有充分利用新技术的潜力，或者根本没有发明出新的流程和程序。对于我国来说，政府开始引入计算机技术进行行政管理始于 20 世纪 90 年代初期，其最初仅仅主要被应用于会计系统、人事系统等方面，政府信息化发展水平仍然比较受限。毕竟，政府信息数字化系统的建设主要还是依靠相对独立的自主部门展开。这样导致的结果就是：信息使用在部门之间相对封闭，从而易形成"信息孤岛"，[2]故而还需实现进一步的信息共享和统一协调。不过，这也为中国政府后续的政府信息资源管理指明了完善方向。因此，大约从 21 世纪初期开始，政府的信息平台建设便逐步从单一化的管理向多元化的集中对象拓展。总体而言，各种信息平台的兴起一方面缩减了公共管理资源成本和公共服务的效率与质量，[3]另一方面也为数字政府的改革创新夯实了技术基础。

二、电子政务的蓬勃建设

电子政务的出现意味着社会逐渐开始利用信息和通信技术来提高政府部门与公众、企业等之间的互动和服务效率，从而实现高效、便捷和透明的公共服务。电子政务的出现最早可以被追溯到 20 世纪 90 年代。随着信息技术的不断提高，电子政务在全球范围内正日益得到蓬勃发展。电子政务

---

〔1〕 See Hans J. Scholl, "Digital Government: Looking Back and Ahead on a Fascinating Domain of Research and Practice", *Digital Government: Research and Practice*, Vol. 1, No. 1, 2020, pp. 7~19.

〔2〕 "信息孤岛"是指，在组织或网络中，由于系统间的相互封闭和信息交流的缺乏，导致数据和信息不能自由共享和交换的现象。

〔3〕 参见张洁：《基于大数据的数字政府信息化平台建设》，载《互联网周刊》2024 年第 4 期，第 31~33 页。

建设的主要目的是：通过信息化手段来提升政府事务的处理和决策效率，提高公共服务质量，从而增强政府与公民、企业之间的互动和协作。不过，尽管电子政务的扩散已经成为一种国际现象，但不同国家或地区的建设水平实际上是参差不齐的。例如，我国香港地区在 1998 年至 2004 年间的电子政务地位和组合便发生了重大变化，从电子政务愿景、系统重点转变为电子政务一体化。为配合电子政府的策略规划重点，电子服务提供计划为我国香港地区提供了超过 130 项电子政务服务，并提供了一个通用（双语）软件界面，以确保电子政务的服务。澳大利亚在 Centrelink. gov. au 建设的早期门户网站也是一个很好的例子，它有力整合了政府内部的各个机构。而对于电子政务的界定，学理上也是众说纷纭。例如，韦斯特（D. M. West）认为所谓的电子政务即依赖于互联网或其他同质的手段来在线提供政府的公共信息和服务，[1]哈顿旺（Christian Von Haldenwang）也持有高度相同的主张。其认为，电子政务即是在公共行政和政治决策中战略性地、协调地使用信息和通信技术。[2]而联合国公共经济和行政部门和世界银行等则将更多的参与者纳入了对该定义的解释，认为电子政务即是在公民、企业和其他政府机构等主体之间改变了技术连接的方式。[3]当然，还存在诸多更为具体化的定义。如有研究者认为，电子政务是一种由政府发起的旨在处理多个利益相关者之间事务的公共实践，这种实践能够在技术层面实现多元主体实践的广泛互动，而且它与纯粹由公共机构提供静态信息服务有所不同，是一种能够进行网络交互和电子交互的连续过程。[4]一般认为，依靠信息和通信技术来打破政府的组织边界并提供更为丰富信息服务的电子

---

〔1〕　See D. M. West, "State and Federal E-government in United States", 2001, available at http://www. insidepolitics. org/egovt01us. html.

〔2〕　See Christian Von Haldenwang, "Electronic Government (E-Government) and Development", *The European Journal of Development Research*, Vol. 16, No. 2, 2004, pp. 417~432.

〔3〕　See United Nations Division for Public Economics and Public Administration, "Benchmarking Egovernment: A Global Perspective-Assessing the Progress of the UN Member States", 2001, available at http://pti. nw. dc. us/links/docs/ASPA_ UN_ egov_ survey1. pdf; See World Bank, "Issue Note: E-Government and the World Bank", 2001; Deloitte Research, "At the Dawn of E-government, the Citizen as Customer", 2000, available at http://www. egov. vic. gov. au/pdfs/e-government. pdf.

〔4〕　See B. Erkut, "From Digital Government to Digital Governance: Are We There Yet?", *Sustainability*, Vol. 12, No. 3, 2020, p. 860.

政务是 21 世纪社会发展的重大引擎之一，它不仅可以基于数字化的手段将政府的服务处理得更加透明化，从而让民众可以在更大程度上参与政府治理，更深层的意义是，这种组织管理方式的变革能够突破传统社会所不能达到的民主深度，最终塑造 21 世纪发展中更具质量、更具成本效益和更具良性沟通的政府——公民关系。[1]而且，基于其更低成本和更可包容的技术特征，电子政务能够结合不同使用者的多元化需求，为政府与多元民众之间创造个性化的交互服务。总体来说，这些交互服务主要表现为以下几种类型：一是 G2C，即政府对公民的电子政务服务。由于普通民众的数量庞大，因而该类型的程序应用是大多数政府服务的常态，其初衷即为借助技术手段让公共信息的访问、公共事务的管理、公共交易的成本、公共事务的沟通和其他公共服务的实现等变得更加方便，同时可以为民众提供一种能够有利于其在关涉个人日常的政府事务中追求民主和支持问责的电子技术手段。二是 G2B，即政府对企业的电子政务服务。如果说 G2C 的使用类型特点是涉及民众群体广泛，那么 G2B 的使用类型特点便是涉及庞大的公共服务领域。原因在于：企业的经营离不开政府管理组织，相较于民众个人而言，企业需要与政府产生的交互内容众多，包括企业的注册、执照的申请、税费的缴纳、商业信息的获取、经营守则的要求、政策扶持的标准等等。因此，作为政府电子政务发展的第二大类型，电子政务为政府和企业之间的交互提高了效率。三是 G2G，即政府内部各机构间的电子政务服务。电子政府的发展使得政府的组织、部门和机构之间可以基于数据库的技术基础而展开通信交流和共享数据资源，从而在很大程度上打破了传统公共行政管理的科层制和审批制的局限。四是 G2E，即政府与其公务员的电子政务服务。对于这种电子政务服务类型，不同的研究者可能就其是否脱离了 G2G 的类型范围存在争议。究其根源，基于公务员作为政府雇员的客观情况，从广义上来说，这种类型本质上还是政府与政府之间的关系，但如果从狭义上来说，该种类型则仅仅指向政府与公务员个人之间的公共交互，如个人薪酬待遇的管理、假期及奖惩的记录等，而非不同组织、部门

---

[1]　Zhiyuan Fang, "E-Government in Digital Era: Concept, Practice, and Development", *International Journal of The Computer, The Internet and Management*, Vol. 10, No. 2, 2002, pp. 1~22.

或机构之间的电子交互。[1]

　　电子政务同样是数字政府发展的早期阶段,[2]其发展也并不是一件一帆风顺的事情。尽管政府在 20 世纪 90 年代中期就热切期待着数字未来, 但将这种愿景转变为现实的努力实际上遇到了各种挑战。[3]客观来看, 电子政务初始化过程中遇到的具体障碍有很多, 包括公民隐私和安全问题、公民和政府雇员技能不足以及电子政务延续传统政府功能上的孤立性等。此外, 由于社会中富人和穷人之间的数字鸿沟仍然很大, 许多可能从电子政务中获益最多的人却与外界联系最少、受教育最少、最不了解如何采取连接行动,[4]这也制约了电子政务的发展及其成效。具体来说, 对于电子政务提供端的问题, 由于网络技术应用程序的早期采用者倾向于自动化现有的业务流程而很少进行重新设计或创新, 早期的电子政务举措便也如此——人们争相提供几乎不考虑质量的服务或网页。然而, 从事实来看, 电子政务的进一步发展并没有理论探讨得如此容易。由于不同国家的发展水平在现实中并不同步, 不同发展类型的国家往往需要有自主的战略规划。此时, 对成立时间比较短的国家来说, 由于其公共行政管理组织还不太复杂, 它们便可以在一张空白的纸张上作画, 这反而使它们具有了一定的后发优势。而对于已经具有一定电子政务发展历史的传统国家来说, 它们则需要对现有的资源进行大量整合或者推倒重建。不过, 无论是哪一种情况, 不同国家或地区在电子政务的实施和管理方面仍可能会面临着多样化的共性挑战。具体体现为: 一是技术难题。由于各部门和机构内部缺乏共享的标准和兼容的基础设置, 如何配置庞大的技术力量以支持数字运行便成了电子政务实施过程中必然需要化解的困境。而且, 这种依靠技术所累积起来的巨大数据集往往同时潜藏着公民的身家隐私和政府的国家安全, 因此

---

　　[1]　See M. Alshehri and S. Drew, "E-Government Fundamentals", *Proceedings of the IADIS International Conference ICT, Society and Human Beings* 2010, 2010, pp. 36~37.

　　[2]　胡凯、孔祥瑞、张泽丰:《数字政府与财政透明度——基于中国地级市的考察》, 载《城市问题》2023 年第 2 期、第 83~93 页。

　　[3]　See Kew and K. K. Wei, "Successful E-Government in Singapore", *Communications of the ACM*, Vol. 47, No. 6, 2004, pp. 95~99.

　　[4]　See S. Marche and J. D. McNiven, "E-government and E-governance: the Future Isn't What it Used to Be", *Canadian Journal of Administrative Science*, Vol. 20, No. 1, 2003, pp. 74~86.

也就决定了这种技术保障不能仅仅基于政府的口头保证，还必须有实际可行的解决方案。二是组织难题。电子政务对传统政府组织架构带来的影响已经使其并不仅仅只是一个纯粹技术的问题，其同时蕴含了潜在的组织挑战，如最高管理层的支持、对电子方式变革的接受、协作以及对相关人员的技术培训等。三是社会障碍。电子政务过程中的社会障碍主要涉及前述各种各样的人的可用性，其意味着该界面是否可供政府内部的各种人员使用，此时需要考虑数字鸿沟〔1〕、文化、教育和收入等因素。四是财务障碍。由于电子政务的实施成本高昂，缺乏财政支持被认为是许多国家实施电子政务的重大障碍。为了实现这些目标，有必要确保现有和预期预算资源的充足。而且，就电子政务使用端的问题而言，电子政务作为一种信息系统，不仅需要适当的基础设施来提供，还需要民众对电子政务有一定程度的适应准备。然而，说服公民使用电子政务服务是一项具有难度的任务，毕竟电子政务的推行会让那些长期忽视在线服务的人的生活变得不方便。尤其是对于流动性较差、教育程度较低、不懂电脑的人群来说，他们可能无法轻松获得在线服务。因此，对他们开展教育计划以及以零成本为公民提供公共互联网设施都是必要的。此外，语言问题也是电子政务实施过程中的一个障碍。没有国家统一语言（或支持重要少数群体使用的语言）的电子政府门户通常不会被关键多数的公民使用，因此政府必须面对和解决部分人口可能无法享受到所提供的信息和服务的问题，从而为所有公民提供电子政务服务。

中国在电子政务的整体建设中也采取了一系列实践举动。在法律法规的规范性指导层面，国家陆续出台了《互联网信息服务管理办法》，以及《互联网电子公告服务管理规定》《政务微博微信发布运行管理办法》等。〔2〕在行政部门的数字化转型过程中，各地政府也在不断开展"互联网+政务服务"平台建设、大数据汇聚等项目，如"一网通办""数字政府"和"互联网+

---

〔1〕　"数字鸿沟"又被称为信息鸿沟，是指在全球数字化进程中，不同国家、地区、行业、企业、社区之间，由对信息、网络技术的拥有程度、应用程度以及创新能力的差别而造成的信息落差及贫富进一步两极分化的趋势。

〔2〕　参见李家侃：《基层电子政务面临的信息安全隐患和应对措施研究》，载《办公自动化》2024年第8期，第87~89页。

政务服务"等一系列项目，它们不仅在很大程度上对政务服务的水平和效能起到了促进作用，而且在公共政务信息的共享上、公共服务的效率上和公共服务的透明度上进行了较大程度的整合。显然，这些规划和行动对于电子政务在中国的普及迅速化、便捷化和智能化贡献了不少力量，进而能够影响到现代政府管理的治理转型、政商关系的良性推动以及数字经济的发展升级。

三、数字政府的迭代升级

从电子政务走向数字政府的建设方向是一种社会发展的必然。一方面，电子政务最初是作为一种与公民共享信息的创新方式被引入的，现已发展到一个有望提供自治平台的阶段。而在电子政务背景下使用的技术平台在设计上必须是进化的，这种演变需要信息架构的持续发展和系统架构的升级。[1] 只有这样，电子政务才能从成长阶段加速走向成熟阶段。因此，随着信息技术的不断发展，电子政务也在不停发展与完善，并逐渐演变为数字政府。数字政府是在电子政务基础之上发展起来的，它更强调数字化与物理事务的融合。这种通过数字化手段集成政府资源并提供整合服务的形式，有助于提升政府治理效能和公民参与度。另一方面，电子政务与数字政府在诸多维度上存在不同，数字政府是指利用数字技术以及政府和公民数据资源来提供和创造新的公共服务以及服务提供模式。[2] 数字政府是总称，包括信息和电信技术在公共部门的所有应用。电子政务只是指数字政府的一个方面，即通过电子手段，通常是通过互联网来提供政府服务。[3] 时代的发展使得社会对政府数字化的建设目标也发生了变化，电子政务项目最初只侧重于对各种政府门户网站上的信息进行编目。然而，今天我们设想的电子政务还需要成为智能城市、电子参与等项目的关键驱动力。在这种背景

---

[1] See M. Janssen and A. F. Van Veenstra, "Stages of Growth in E-government: an Architectural Approach", *The Electron. J. E-Government*, Vol. 3, No. 4, 2005, pp. 193~200.

[2] 张鹏：《区块链赋能下的数字法治政府建设：内涵、关联及路径》，载《电子政务》2022年第7期，第88~97页。

[3] 张锐昕：《电子政府内涵的演进及其界定》，载《社会科学辑刊》2011年第5期，第48~51页。

下，点燃并启动数字政府研究的火花只是早晚的问题。实际上，电子政务与数字政府的发展分界并没有那么明显的先来后到，关于数字政府的研究在 20 世纪便已存在。例如，美国国家科学基金会（NSF）于 1998 年首次呼吁在数字政府中提出研究拨款建议，并开始为拨款持有者举办年度研讨会，最终举办了后来的数字政府年度国际会议。而且，在美国国家科学基金会的赞助下，北美数字政府协会也于 2006 年成立。此外，欧洲国家和欧盟在其框架项目下也很早就开始资助数字政府研究相关项目，其中 1987 年即成立的公共行政信息系统的研究工作组便是数字政府相关研讨会的主要组织者。直至 21 世纪，联合国也组织了专项调查行动，并发布《数字政府助力可持续发展十年行动》电子政务调查报告，调查和分析了全球各个国家的数字政府建设做法。[1]可见，数字政府建设已经成了一种全球性的发展趋势。

作为电子政务的进一步升级，数字政府是利用信息和通信技术来实现政府管理、公共服务、社会治理等方面智能化和数字化的一种模式。随着数字经济和数字转型的迅速发展，数字政府也在不断推陈出新，创新政府治理模式。[2]从应然层面来讲，数字政府继续迭代升级的维度主要表现在以下几个方面：其一，以数据为核心的数字基础设施。在数字政府建设的过程中，各国往往注重从海量的数据中提取价值并构建健全的政务数据体系，最终通过大数据分析、人工智能等技术实现数据驱动决策和服务。其二，精准化和人性化的公共服务。数字政府注重运用智能化技术，提供更加个性化、精准化的公共服务，如自助式服务机器人、智能语音导航等。其三，灵活化的操作应用。数字政府建设可通过建立移动应用平台、开发移动客户端等方式，提高公民便捷访问和使用政府服务的体验。其四，对公共结构的整体性变革和开放性发展。由于数字政府的建构基础是数据底座，因此在数据底座之上能够基于智能技术的运用以实现行政管理方式的优化和政府治理效率的提升。更为重要的是，在数字世界中，数据资源可

---

〔1〕　杨巧云、梁诗露、杨丹：《国外政府数字化转型政策比较研究》，载《情报杂志》2021 年第 10 期，第 128～138 页。

〔2〕　参见刘海军、丁茂战：《现代政府治理体系的历史成就与改革方向》，载《行政与法》2024 年第 4 期，第 68～77 页。

以在各个部门当中互联互通、共享协同，这些必然会给交通、医疗等公共管理部门带来革命性的影响。与此同时，数据资源还可以超出公共政府的管辖范围，在可允许的范围之内实现开放共享，这不仅能够促进政府与公众的互动交流，也使得政务数据等资源成了公众作为新质生产力的重要因素。

当然，传统政府不可能在一夜之间转变为数字政府。毕竟它不仅规模巨大，政策、流程、工作文化等也很复杂。因而，数字政府的演进通常会呈现出不断变化和迭代的过程。在理论研究上，纵览 2000 年以来被广泛使用和引用的文献，数字政府迭代的模型在理论中主要涉及两种方式：一个是阶段成熟度模型；另一个是组件模型。早期的模型在技术实现方面是为阶段成熟度级别而设计的，而目前已经开发和使用的迭代模型则要么基于成熟度，要么基于组件。而且，大多数模型都是基于微观层面的方法，强调技术和服务。阶段模型和组件模型也都将技术定位为影响政府服务水平和政府技术进步程度的核心影响变量。[1]具体来说，关于数字政府迭代升级，比较常见的主张有四层次论者或五层次论者，并在各自主张内部存有不同观点。如在主张数字政府的迭代升级四层次论者中，有研究者对数字政府提出了一种类似的分阶段发展模式，认为数字政府通过四个层次的互动来提供内容和服务：①允许公民通过互联网进行信息搜索；②通过发展成为双向通信服务的提供商，如网络表单、电子邮件和公告板等简单的群件功能；③为企业和公民的交易服务提供便利；④通过将实践和服务从政府转变为代理人和社区（例如电子投票或民意调查）。[2]还有研究者认为，数字政府模型主要包括四阶段的演进，包括数字化（政府中的技术）、转型（电子政府）、参与（电子治理）和情境化（政策驱动的电子治理）阶段。[3]在数字化阶段，其主要目标是现代化，其次是内部效率和访问，通常涉及技术环境的开发、运营和维护，如政府组织内部和之间技术能力、服务和

---

〔1〕 J. Lee et al., "Proposing a Value-Based Digital Government Model: Toward Broadening Sustainability and Public Participation", *Sustainability*, Vol. 10, No. 9, 2018, p. 3078.

〔2〕 See H. Chen, "Digital Government: Technologies and Practices", *Decision Support Systems*, Vol. 34, No. 3, 2002, pp. 223~227.

〔3〕 T. Janowski, "Digital Government Evolution: From Transformation to Contextualization", *Government Information Quarterly*, Vol. 32, 2015, pp. 221~236.

基础设施的可用性等。该阶段需要以数字格式表示数据、文件和其他信息，并根据数字化信息及其通过数字网络的交流，实现现有流程、服务和整个办公室的自动化。同时，其也使公民能够以数字化格式和通过数字网络访问服务，而这些数据、文件或其他信息在以前是由政府组织以物理或模拟形式持有的。需要注意，尽管数字化阶段不涉及重新设计、改进或以任何方式改变现有的流程、服务或实践，而只是将现有的内容数字化和自动化，并通过数字网络将结果提供给相同的利益相关者和用户。但此时的改革对于社会公共期望的回应则是比较有限的，因为数字政府的转型阶段主要是政府机构的内部事务，这种内部变革对于公民、企业和其他外部主体的直接影响是较少的。也可以这样说，将包括前述利益相关者在内的所有主体一体考量进数字政府的建设完善中，是数字政府发展阶段的后续步骤，它与前半阶段的内部改革存在着明显的不同。原因在于，前半段的内部改革主要是基于内部技术和组织创新，其通常需要思考技术可以支持政府转型到什么程度、组织部门应该怎么转型、如何有计划和有安排地展开业务调整等。而后续阶段已经不限于仅仅只是在一个组织内部寻求改进，它们需要完成独立数字政府组织之间的合作，并进一步思考数字政府建设过程中的服务者需求和价值应该是什么。因此，如果按照一个渐进的过程来规划数字政府建设的不同阶段，其大致可以被分为参与、转型和情景化阶段，前者旨在通过数字技术改变政府与公民、企业和其他社会主体之间的关系，中者则是在前者的基础上不断强化数字公共服务系统的便利和有效，在更大的程度和范围内拓展公民参与公共事务以寻求更高程度的政策目标，而后者则是立足于一个宏大的目标来思考如何利用数字政府建设本身来支撑国家、社区等的集体发展，从而实现更为高远的社会可持续发展目标的实现。可见，数字政府建设的不同阶段具有不同的追求、特点、弊端和着重点。对于参与阶段来说，由于其注重技术的革新而非社会整体的体系建构，这不仅可能会让政府需要在后续重新思考与其他社会主体的结合方式，而且也在更晚的阶段上使更广泛的民众有了参与公共事务的渠道，在一定程度上减损了数字政府建设成果的共享性、信任性和服务性。而对于情景化阶段来说，虽然其对于数字政府的建设具有重大意义，但该阶段的实现必然需要建基于政府的数字化、参与和转型过程。而在主张数字政府的迭代升级五层次论者中，有研究者认为，数字政府的转型模式被修订为五个阶段：①在线存在；②基本能力；③服务可用性；④成熟交付；⑤服务转型。其中，服务转型是迈向电子政务的最高阶段。[1]也有研究者认为，数字政府的成熟度水平应当包括五个层次，即计算机互操作性、程序互操作性、知识互操作性、价值互操作性、目标互操作性。[2]此外，联合国也确定了量化数字政府进展的五个阶段：一是新兴阶段，通过几个独立的官方网站建立政府的官方在线存在，此时的信息是有限的、基本的和静态的；二是加强阶段，此阶段应增加政府数字化领域，使得信息变得更加动态、内容和信息更新的规律性也更强；三是互动阶段，此时用户可下载表格、给官员发送电子邮件、通过网络进行互动并进行预约和请求等；四是交易阶段，用户实际上可以在线支付服务费用或进行金融交易；五是无缝阶段，这是跨行政边界的电子服务的全面集成。[3]

不过，前述的数字政府迭代模型主要还是设想于理论中的。实际上，各地在数字政府建设的过程中并没有将其明确划分为一个一个或一阶段一阶段。况且，不同的政府不一定会走相同的数字转型道路，而是通常会在其发展过程中强调不同领域的发展模式。一些政府可能永远无法实现全面的政府成熟度（从各个方面），因为政府将不得不在提供服务的收益和成本之间确定自己的平衡点。此外，不同的政府部门也可能会达到不同的成熟度，其中一些部门将远远领先于其他部门。可以肯定的是，在数字政府的未来建设中，无论政府多么"努力"，数字政府建设都会存在新的局限性和新的挑战。但只要数字政府的建设一直持续，那么对未来的新的数字政府发展模式以及它们如何能够满足不同国家、地方和部门背景下的公共政策

〔1〕 See Accenture, "E-Government Leadership: Engaging the Customer", 2003, available at www. accenture. com/xdoc/en/newsroom/epresskit/egovernment/egov_ epress. pdf.

〔2〕 Petter Gottschalk, "Maturity Levels for Interoperability in Digital Government", *Government Information Quarterly*, Vol. 26, 2009, pp. 75~81.

〔3〕 See United Nations Division for Public Economics and Public Administration, "Benchmarking Egovernment: A Global Perspective-Assessing the Progress of the UN Member States", 2001, available at http://pti. nw. dc. us/links/docs/ASPA_ UN_ egov_ survey1. pdf.

需求等进行解释，将会是一件具有迫切性的事。但无论如何，数字政府的成功发展都需要多要素的统一结合：一方面，需要宏观决策者基于体系的视角思考数字政府的价值追求，如以公民为中心、负责透明、高效有效等；另一方面，需要政府本身转变数字政府建设的态度，这不仅仅指认可并鼓励政府数字化的结构转型，而是强调应当真诚对待数字政府建设过程中对私人利益的影响，更不应限制和阻碍公共部门数字化发展的进程。此外，数字政府系统的有效性与否也取决于公共组织是否真的能够满足需求者的需求。此时，技术的互操作可行性便是数字政府发展的关键。因此，技术推进主导者需要系统了解并处理好数字系统对用户和其他利益相关者的实质需求，并在已有的技术基础上，不断通过系统的集成和扩展来强化数字政府的服务潜力。

第二节　数字政府的概念界说

对数字政府基本内涵和基本特征的认识是研究数字政府法治建设的理论基础。基于观察视角的差异性，尽管不同的研究者对数字政府的内涵诠释众说纷纭，但这种多元化的丰富视角实际上能够为数字政府的后续发展提供关键要点。而且，作为诸多研究成果的智慧集成，数字政府的基本特征已经成了较受认可的数字政府特质。

一、数字政府的内涵

自数字政府从一种有计划的战略发展成为一种普遍的建设实践后，关于数字政府的研究呈现出了一番硕果累累的景象。就数字政府的称谓而言，数字政府在学理上的术语并不一致，如电子政府、电子治理、在线政府等。虽然在这些称谓中，相关研究并未有绝对的统一，但可以肯定的是，数字政府有别于电子政务。虽然数字政府与电子政务（有时也称电子政府）通常被认为属于同义词而经常被混用，但仍然有研究者从理论上对两者进行了区分，认为从电子政务到数字政府的治理发展过程可以划为五个阶段：存在、互动、交易、转化和数字政府。其中，前四个阶段属于电子政务的范畴，只有第五个阶段才是真正通过双向互动为所有公众或企业提供高质量服务的数字政府阶段，只有在这个阶段才会实现技术与服务的高度融合。[1]也有研究者认为，信息技术在政府服务中的应用通常被称为"电子政务"，而依靠信息技术实现更大的基本使命的政府概念则被称为数字政府。[2]

就数字政府的内涵来说，由于数字技术的应用范围和应用程度不断扩张与深化，数字政府自始至终都没有形成一个明确、统一和固定的概念，而是处于不断丰富与延展的过程之中。数字政府的概念随着其建设进程的推进朝着更复杂化、情境化和专业化的方向发展。故而，对于数字政府意味着什么以及数字政府包括哪些维度，目前还没有形成共识。在目前的研究中，数字政府一词有很多的定义主张，不同的定义反映了政府战略中的优先事项。具体而言，数字政府的内涵主要可被区分为以下几种主张：其一，以数字技术为诠释核心的内涵界定，即主张数字政府是以信息技术手段为支撑的现代化政府。如有研究者认为，数字政府可以被定义为政府使用信息和通信技术的公民和政治行为。如提供服务和管理立法程序等，这些技术可以使公民有更多的机会获得服务，并使其能够以更灵活和有效的方式参与政府服务或决策，从而改善公民与政府的互动。[3]世界银行（2001年）也将数字政府定义为拥有或运营信息和通信技术系统的政府。其认为这些系统改变了政府与公民、私营部门和/或其他政府机构的关系，能够促进公民赋权、改善服务提供、加强问责制、提高透明度或提高政府效率。[4]此外，数字政府协会在其使命声明中宣称，数字政府是指使用信息技术支持政府运作、吸引公民参与和提供政府服务。[5]其二，以组织定位

---

〔1〕 蒋敏娟、黄璜：《数字政府：概念界说、价值蕴含与治理框架——基于西方国家的文献与经验》，载《当代世界与社会主义》2020年第3期，第175~182页。

〔2〕 Gary Marchionini, Hanan Samet and Larry Brandt, "Digital Government", *Communications of the ACM*, Vol. 46, No. 1, 2003, p. 25.

〔3〕 William J. McIver Jr. and Ahmed K. Elmagarmid, *Advances in Digital Government Technology, Human Factors, and Policy*, Kluwer Academic Publishers, 2002, p. 387.

〔4〕 See V. Ndou, "E-government for Developing Countries: Opportunities and Challenges", *The Electronic Journal on Information Systems in Developing Countries*, Vol. 18, No. 1, 2004, pp. 1~24.

〔5〕 See Hans J. Scholl, "Digital Government: Looking Back and Ahead on a Fascinating Domain of Research and Practice", *Digital Government: Research and Practice*, Vol. 1, No. 1, 2020, pp. 7~19.

为中心的内涵阐明。如有研究者认为，数字政府适宜被定义为"通过内部网、外部网和网络将关键业务系统直接连接到关键群体（用户、其他政府机构、选民）的组织"。[1]其三，以功能作用为主要解释的内涵界定。如有研究者认为，数字政府是以提高对公众服务的质量和速度为目的，以信息技术为手段的政府行政管理过程。[2]还有研究者认为，数字政府是公共部门以改善信息和服务供给为目标使用信息和通信技术，从而鼓励公民参与决策的过程。[3]此外，也有研究者主张所谓数字政府，归根到底是政府的数据服务、信息服务、知识服务，其根本目标并不是帮助政府实现或拥有某种数字技术，而是利用新生产力帮助政府获得和传递更多的数据、信息与知识，其最终的落脚点仍然是为政府治理目标服务。[4]其四，基于前述多重视角的糅合，有研究者表明，数字政府的概念可以被界定为：在技术层面即政府基于数字技术以更有效率的方式分配信息，在组织层面即政府基于数字基础设施的赋能、协同与重构。[5]更多重的视角结合，数字政府意味着政府管理和公共服务要从线下为主转到线上为主，在功能上要实现从过去的信息公开转向服务供给和互动交流，在载体上实现从个人计算机（PC）向移动端（智能手机）的转变，在组织模式上从每个部门各自为政转向整体政府，在建设和运营方式上从以政府为主转向政府与企业合作。[6]其五，部分研究者从更为抽象的视角将数字政府界定为一种治理模式、治理体系或生态系统。如有研究者指出，数字政府大致是指一种新的治理模式，即政府借助数字化手段重塑施政理念、方式与流程，在安全和隐私得到保护的前提下，通过数据共享促进业务协同、通过数据开放促进创新，

---

　　[1]　William J. McIver Jr. and Ahmed K. Elmagarmid, *Advances in Digital Government Technology*, *Human Factors*, *and Policy*, Kluwer Academic Publishers, 2002, p. 405.

　　[2]　Hsinchun Chen, Lawrence Brandt and Valerie Gregg, *Digital Government*：*E-government Research*, *Case Studies and Implementation*, New York：Springer, 2008, p. 58.

　　[3]　Jr. Gil-Garcia, S. Dawes Sharon and T. A. Pardo, "Digital Government and Public Management Research：Finding the Crossroads", *Public Management Review*, Vol. 20, No. 5, 2018, pp. 633~646.

　　[4]　黄璜：《数字政府的概念结构：信息能力、数据流动与知识应用——兼论 DIKW 模型与 IDK 原则》，载《学海》2018 年第 4 期，第 158~167 页。

　　[5]　黄璜：《数字政府：政策、特征与概念》，载《治理研究》2020 年第 3 期，第 6~15 页。

　　[6]　马亮：《数字政府建设：文献述评与研究展望》，载《党政研究》2021 年第 3 期，第 99~111 页。

不断推进政府治理体系和治理能力的现代化。[1]也有研究者从治理体系的角度认为，数字政府概念可以被界定为：政府治理过程经技术赋能并深受技术要素影响的新兴治理体系。在这个新兴治理体系中，政府组织体系变革、制度规范体系更新以及治理效能提升等均是其中的内涵。[2]此外，还有研究者认为，数字政府实际上是同时涵盖外部用户访问门户网站和内部信息系统与业务流程的、能够为各类行动者提供交互规则与秩序的生态系统（ecosystem）。[3]其六，基于数字政府的运作方式、活动形式等视角，有研究者提出，数字政府的定义是：政府、企业、公民和其他利益相关者为了创造公共价值，采用包括门户网站、社交媒体、移动客户端、大数据分析、人工智能、云计算等各种信息技术，对政府管理流程和公共服务提供方式进行变革和创新，从而形成的组织架构、运作方式和治理形态。[4]更为详细的主张则认为，数字政府是数字时代的政府存在状态和运行方式，应当将数字政府定义为以各种智能终端、移动网络通信、人工智能等技术为支撑，通过将政府与其他主体之间的互动、政务服务、社会治理等政务活动统统数字化并存储于云端，从而使整个政府系统变为可以用数字代码来描述和分析的数据海洋，最终形成一种用数字方法开展政府事务的新政府运行机制。在这种机制下，数字政府是以政务数据、社会数据为关键要素，以政府决策科学化、社会治理精准化、公共服务高效化为表现，政府机构日常办公、信息收集与发布、公共服务、社会治理等政府事务在数字化、网络化的环境下展开的政府存在状态和政府活动实现形式。[5]

总体而言，诸多定义方式共同诠释了数字政府的核心特征：通过运用信息技术手段来实现政府管理、公共服务、社会治理等方面的数字化和智

---

[1] 余凌云：《数字政府的法治建构》，载《社会科学文摘》2022年第7期，第14~16页。

[2] 赵金旭、赵娟、孟天广：《数字政府发展的理论框架与评估体系研究——基于31个省级行政单位和101个大中城市的实证分析》，载《中国行政管理》2022年第6期，第49~58页。

[3] J. Li et al., "Ecosystem-specific Advantages in International Digital Commerce", *Journal of International Business Studies*, Vol. 50, No. 9, 2019, pp. 1448~1463.

[4] 北京大学课题组、曾渝、张权：《平台驱动的数字政府：能力、转型与现代化》，载《电子政务》2020年第7期，第2~30页。

[5] 何圣东、杨大鹏：《数字政府建设的内涵及路径——基于浙江"最多跑一次"改革的经验分析》，载《浙江学刊》2018年第5期，第45~53页。

能化。数字政府的目标是建立一个以数据为基础、以群众需求为导向、以创新驱动为支撑的现代化政府，以提供更加高效、便捷和贴心的公共服务。因此，具有良善品性的数字政府的内涵至少应当包括以下几个维度：一是基于信息技术的数字化转型。数字政府强调信息化、网络化和智能化，通过数字化手段整合各级政府部门的数据资源和信息系统，实现公共服务的高效便捷。信息和通信技术基础设施的缺乏或薄弱是数字政府实现面临的主要挑战之一，因而需要互联网络来实现信息的适当共享，[1]并为通信和提供新服务开辟新的渠道。由此，向数字政府过渡的过程需要一个总体架构，即一套指导原则、模型和标准。二是数字政府建设应当坚守人本主义的价值导向。无论是传统政府的存在目标，还是在新时代政府数字化转型的推进行动中政府的公共性都是自始不变的特性。这种公共性意味着数字政府的核心使命依旧是坚持为人服务的理念，其所倡导的高度透明、全面覆盖、信息共享、多方互动等都只是为了实现该价值追求的部分维度而已。需要特别注意的是，数字鸿沟的现实存在决定了数字政府的建设应当极其重视公民平等性的实现，这是人本主义价值得以被坚守的基石。任何为满足技术边界而忽视边缘主体的数字化行动都将是违背科技存在的价值导向的，这种价值导向要求所有主体都受到平等对待，不因其种族、语言、性别和信仰等而有所差异。三是数字政府建设也应致力于追求公共管理模式的现代化转型。传统的政府运作，不管是在行动的效率上还是在行动的态度上，都无法如同私人企业一般迎接新技术和新模式，最终导致了其在管理的诸多方面落后于私人行业组织。[2]因此，政府的数字化建设在很大一方面是为了克服传统政府的运行弊病，即基于新型技术的应用契机，解决传统政府模式下公共组织机构与需求者之间接触程序繁琐的、效率低下的、成本昂贵的苦恼过程。而且，数字化政府在技术层面上虽然只是被作为一种新型的战略基础设施，但其在政治层面上则是一种崭新的公共组织运作

---

〔1〕　参见鲁盼、岳向华：《构建政务数据共享平台：价值内涵、现实问题与优化路径》，载《湘南学院学报》2024 年第 2 期，第 103～109 页。

〔2〕　See Accenture（2000a），"E-Government：Connecting the Dots"，available at www. accenture. com/xdoc/en/industries/government/egovernmenta4. pdf.

态势。在这种态势中，传统公共管理的科层概念正在不断被政府与需求者之间的共享合作所变革，需求者也不再仅仅只是关注服务提供者的本身信息，而是更在意服务提供者对于服务的提供是否合理、方便、成本效益优良等质性内容。

二、数字政府的特征

不少研究者对数字政府的综合特性进行了阐述，认为成熟的数字政府的特点是在多个方面具有高水平的能力和绩效。绩效方面涵盖政府有能力提供大量成熟的合适服务并提供一定交付方式，以及有大量公民和组织使用这些服务。能力方面包括政府各单位共享数据和信息的能力、通过工作流程和企业资源规划系统缩短流程时间的能力，以及获取和共享政府雇员知识的能力。[1]不过，通过对数字政府内涵的单维拆解，数字政府作为基于信息技术手段而运行的现代化政府，其主要拥有以下特征：

其一，依靠数据化驱动。数字政府建设注重从海量数据中提取价值，强调精准处理海量数据，利用大数据分析、人工智能等技术实现数据驱动决策和服务。因而，数字政府往往通过加强数据的整合和应用，提高政府管理水平和决策效率，同时更加科学地制定政策和规划。一方面，数据收集（或上传）是众多数字政府应用程序的固有组成部分。除了数量，大数据在速度、多样性和性质方面也与传统数据不同。数据进入政府的速度明显加快。例如，政府网站可以从公民那里收集实时交易信息。此外，我们还可以看到数据种类的增加，例如来自安全摄像头的视频数据、来自深空探索的图像数据、远程通信日志数据、网络交易数据以及社交媒体中的互动数据等。另一方面，政府通常通过分布式、自治和异构的数据库存储大量信息来实现数据集成。目标是提供对这些信息的有效综合访问，让非专业公民和专家都应该可以使用它。与20世纪70年代和80年代的零散数据不同，当下的数据被收集到承担不同政府职能的数据库中。同时，基于数据的协同性质，这些本地化的数据库被连接并相互转换，发生融合和联系。

---

[1] See M. G. Martinsons, R. M. Davison and D. S. K. Tse, "The Balanced Scorecard: a Foundationfor the Strategic Management of Information Systems", *Decision Support Systems*, Vol. 25, No. 1, 1999, pp. 71~88.

此外，从技术角度来看，数字政府的系统设计者和开发人员必须定期克服多个数据平台的同时存在、不同的数据库设计和数据结构、高度可变的数据质量以及不兼容的网络基础设施等有关数据问题。当然，数字政府面临的大数据挑战既有技术上的，也有体制上的。技术挑战一般是指相关人才短缺、相关软件工具不发达、多种数据源和格式的集成以及数据存储和访问等。体制上的挑战则是指需要设计一种有效解决某些核心问题的治理结构，包括信息互操作性的通用数据标准、获得共享信息的公民隐私保护、数据共享以及组织之间的安全链接等。[1]

其二，寻求智能化服务。数字政府倡导"以人民为中心"的服务理念，重视在公共服务领域运用智能化技术，为公众提供更加个性化、精准化的服务，并通过自助式服务机器人、智能语音导航等方式提高服务效率。数字政府的建设不仅要提供平等、公平的访问待遇，即数字政府的主要目标之一是让所有公民都能访问，无论他们的身体和社会状况如何。更为重要的是，在数字政府环境中，获得政府公共服务所需的步骤不仅会因用户年龄、性别、地址、业务类型、业务结构、业务地点、业务人数等因素而异，而且其工作流程规范也是通过相关工作单位或机构提供的自主服务任务组合生成的，每个任务及其参数信息都由其执行者预先设置并代理发布。

其三，打造移动化应用。数字政府倡导"移动政务"，追求"随时随地"的便捷服务，即将政务服务延伸到移动互联网，通过构建移动应用平台、开发政务 APP 等客户端，实现线上与线下的无缝衔接，从而让公众能够方便快捷地使用各项政务服务。数字政府环境的特点是有大量相互作用的数据库和应用程序（电子服务），它们能够实现公民与政府之间互联、政府部门与政府部门之间互联，因此政府行政部门和机构能安全地访问、共享和交换信息。在此基础上，数字政府的网上系统能够提供一站式政府信息服务，即建立一个友好易用的在线政府服务机制，让公众可以通过互联网随时随地选择可用的信息和服务。借此，公民可以不受特定地域和时间

〔1〕 See Yu-Che Chen and Tsui-Chuan Hsieh, "Big Data for Digital Government: Opportunities, Challenges, and Strategies", *International Journal of Public Administration in the Digital Age*, Vol. 1, No. 1, 2014, pp. 1~14.

限制地访问政府的移动化应用，开展业务申请并调用所选电子服务的操作。

其四，跨部门化协同。数字政府强调政府部门之间信息的共享和协同配合，尤其是在重点领域（如交通、医疗、教育等），从而推动各部门数据资源整合和互联互通，消除部门信息孤岛，提高政府治理效率和公共服务水平。不可否认，传统政府也向公民个人、企业和同一政府内的其他机构提供广泛的服务。不过，获得政府服务所需的信息尽管是可用的，但却分散在不同政府机构维护的许多网页、文件、表格、新闻、规则和条例、地图和其他来源中。因此，提供公共服务需要从这些丰富的或隐藏的来源中寻找相关信息，以确定需要联系哪些机构、需要采取什么确切的步骤，以及必须按照什么顺序采取这些步骤。而且，这些服务的传统交易并不是通过在线互动，而是通过电话、邮件或面对面的互动。但在数字时代，随着互联网及其配套设施的升级，跨部门跨功能的平台安装在技术上变得可行。一般来说，政务协同平台为政府工作人员提供了允许多方同步使用的办公工具，通过数字化应用的互操作性促进标准化协调，提升政府内部办公效率。[1]因此，成功的数字政府政策和应用程序往往取决于多个组织为实现共同目标而协作的能力。而整体性政府的核心特征则表现为政府各部门、各层级的组织融合、数据汇合与业务整合，此即数字政府建设希望实现的整体性政府形态。[2]

其五，保持开放性共享。数字政府逐渐打破政府信息孤岛，推进政务数据、政策文献等资源向社会公开，促进政府与公众之间的互动和合作。相较于传统物理空间内的公私合作，数字政府建设中的多元协同更加注重整体治理的目的，以促进数据在不同主体、不同层级和不同部门间的流通。[3]公共治理的重点也已经从单方面的管制（如通过交易、服务、互动和满意度等）转变为共同创造和参与。可见，数字政府建设的方向是开放

---

〔1〕 曾渝、黄璜：《数字化协同治理模式探究》，载《中国行政管理》2021年第12期，第58~66页。

〔2〕 欧阳航、杨立华：《数字政府建设如何促进整体性政府实现？——基于网络式互构框架的分析》，载《电子政务》2021年第11期，第34~44页。

〔3〕 叶林、侯雪莹：《数据驱动下的数字政府建设：从购买服务走向合作治理》，载《甘肃行政学院学报》2023年第1期，第4~13页。

和共享，是让人们参与政策制定过程。因此，在数字政府建设的过程中收集了大量数据，而数据及其使用也可以是不同的，不同社会主体在收集、分析数据、使用数据、传播目的等方面有很大的差异。[1]因此，政府收集的部分数据可以被各机构收集并用于各种目的。互联网是一个没有管辖权边界的虚拟场所，人们在这里同时通过数十万甚至数百万台计算机和用户的网络进行互动。通过使用信息技术工具改造政府，使所有公民更容易获得信息和数据。

其六，创造可持续发展。数字政府通过优化政务流程，强化"互联网+"等新模式下的行政服务能力，实现了社会人口老龄化、城镇化推进、生态文明建设等方面的可持续发展。2015 年以来，可持续发展目标被提议作为联合国千年目标之后的目标。这些目标为人类美好的未来提供了基本愿景。随着数字政府成为一种新的治理模式，一个社会和一个国家的可持续发展似乎是一种适当的价值观。目前，大多数可用的数字政府模型似乎都是作为有限状态设计的，其中有不同的发展阶段或不同的组件组合。因此，用于评估全球电子政务指数和排名的联合国模型提出了定义不同阶段或状态的具体措施。但数字政府应当是一种可扩展的、可持续发展的信息基础设施。数字政府基础设施能够根据不断增长的底层系统和用户（可能是所有公民和企业）的数量进行扩展，其基础结构能够支持大量的异构性和大量的信息，能够通过添加新的信息系统对其加以扩展而无需对基础架构进行修改。

总之，数字政府以信息技术手段为支撑，在数据驱动、智能化服务、移动化应用、跨部门协同、开放共享和可持续发展方面实现了从传统政府到现代化数字政府的转型与升级，进一步提高了政府治理能力和公共服务水平，更能满足公民和企业对高质量服务的需求。在此基础上，数字政府通过数字化、智能化手段，不断加强政务信息的开放、便利、高效，能够显著提升公民满意度和信任度，从而使政府更加符合时代的要求，更好地为人民群众服务。

---

〔1〕　参见张佳琳、邓经超：《技术资本侵蚀数字政府：方式、原因、后果与法律规制》，载《中国科技论坛》2024 年第 4 期，第 117~126 页。

第三节　数字政府建设的价值

政府的数字化建设存在诸多可圈可点的价值。从微观的视角上来看，数字政府对传统政府的科层突破使其可以以更少的管理成本实现同样甚至更优的传统政府社会管理效果，它在降低公共管理的社会成本方面颇有优势。从宏观的视角来看，数字政府在社会结构、文化价值和公共管理上也发生了诸多根本性变化。数字政府的价值不仅在于实现了用数据代替传统信息并改变信息的储存方式、调动方式和传递方式，更深层的影响是让普通民众的主人翁意识更加觉醒，并且还具有了让意识成为实际的可能。在此基础上，数字政府的发展还会涉及对国家软实力的塑造和竞争，如数字政府建设对营商环境的优良化推进有利于为社会经济的发展服务。可见，数字政府的带动作用是全方位、多层次、多领域的，除了技术本身以外，还包括政治、军事、文化等等。但无论如何，数字政府建设的价值至少体现在政府的开放性与透明性、政府的整体性与协作性以及政府的人本性和互动性上。

一、推进数字政府的"透明性"和"开放化"

虽然不同的学者对数字政府的界定不同，如有论者将数字政府定义为使用数字媒体向公民提供政府服务的工具，也有论者将数字政府描述为具有社会包容性、高度集成的信息和通信技术平台，这些平台采用进化系统架构构建，以确保高效提供负责任的透明政府服务。[1]但从实质来看，数字政府在特定视角下其实是一种新型的透明政府，这主要取决于大数据和开放数据蕴藏的巨大变革潜力。[2]尽管不同主体对于实现透明政府应采取哪些具体措施仍存在差异化的见解，但可以肯定的是，由于缺乏强有力的

---

〔1〕　See Suresh Malodia et al., "Future of E-Government: An Integrated Conceptual Framework", *Technological Forecasting & Social Change*, Vol. 173, 2021, pp. 102~121.

〔2〕　［美］John Carlo Bertot：《大数据与开放数据的政策框架：问题、政策与建议》，郑磊、徐慧娜、包琳达译，载《电子政务》2014年第1期，第6~14页。

外部制约措施的限制，一些隐性的贪污行为在传统政府运作的过程中难以被发现，这并不利于政府治理成效的提升。而区块链技术的可追溯性等特性则可以让数据在被系统写入后自动打上时间戳，并由网络上的所有参与主体共同监督、共同审核。[1]因此，从这个维度来看，数字治理有助于改善人权和政府组织的透明度，减少裙带关系和腐败，并将政治决策过程从模拟转变为数字。此外，一个政府所公开的指导方针、规则、做法和责任越多，政府往往也就越透明。[2]数字政府能够使政府的公共信息被更多暴露于公共视线中，从而减少涉及信息获取的委托代理问题，降低制度性交易成本，并形成有利于企业融资的环境，提高资源的分配效率，提升各地的市场化水平，进而影响企业创新投入。[3]故而，对于数字政府的透明性提升而言，虽然可能需要对以前提供特定服务的政府部门进行重大的内部流程重新设计和改组，但在透明性建设完成后，用户便可能获得此类服务并切实增强权能——他们将能够获得自己选择的信息，而不仅仅是接受主管当局提供的任何解释。

当然，透明政府的塑造源于数字政府的开放性。数字政府的开放主要基于两层目标和动机：一是打造政府运作的透明度，促进政府问责制的落地，并为公民提供有关政府正在做什么的信息公示；二是扩大公众参与政府机构决策的制度空间，增强政府决策的有效性、提高政府决策的质量。具体而言：

一方面，政府开放有利于政府问责和公共信息再利用。政府通过数字化开放能够使得公众获取政府信息。因为政府问责要求公开和了解政府机构的内部运作和表现，以促进信任和打击腐败，故而数字政府要求各机构发布数据集，以提高机构的问责制和响应能力，并提高公众对机构及其运作的了解，从而将政府切实打造成受数百万公民监督的组织。而政府的开

---

〔1〕　张鹏：《区块链赋能下的数字法治政府建设：内涵、关联及路径》，载《电子政务》2022年第7期，第88~97页。

〔2〕　See Robert M. Davison, Christian Wagner and Louis C. K. Ma, "From Government to E-government: a Transition Model", *Information Technology & People*, Vol. 18, 2005, p.298.

〔3〕　许乐、孔雯：《数字政府建设背景下政府透明度对企业创新的影响》，载《贵州财经大学学报》2023年第4期，第23~30页。

放则让政府的公共信息利用作为新质生产力形式之一成了一种可能。数字作为一种具有广泛社会和经济价值的资产正在不断为社会所挖掘和解锁，而公共信息作为政府数据的呈现样态，其种类之丰、数量之多、规模之广也远超私人企业所能掌控的范围。故而，这种以公共信息发布出来的政府数据实际上能够作为公共开源的基础，公众也可以采取自主的方式促进其经济潜力的涌现，这不仅能够促进就业岗位的扩张以缓解就业压力，同时也可以刺激新型经济来源并促使知识经济时代的来临。

另一方面，数字政府的开放为公众更好地直接参与公共管理提供了参与信息获取和技术参与支撑的现实可能。尽管公众参与一直为民主的法治社会所认可，但要求所有公众的直接参与在任何社会中都是不切实际的。21世纪的国家政府在技术红利的辅助下为公众的有序参与创造了多样化的参与机会、参与机制、参与渠道。这种多样化的机会、机制和渠道不仅仅能够使得公众的才华、创造力和想象力在社会治理的公共领域得到充分的发挥，更是在作为服务者的政府与作为需求者的公众之间嫁接起了一座及时、便捷、高效的沟通桥梁，从而让政府的能力与公众的需求能够更加同步和和谐一致。最主要的是，这种人民友好型的政府服务能够不断提升公众的满意度、信任度和融入度，使得民众不再被认为是仅仅作为社会被管理的对象而活着，而是切切实实作为一个社会的主人在参与着社会的治理。表面上看，这种变化似乎并无太大改变，但对文明的进化史来说，这已经有了十足的进展。

不过，开放型数字政府的实现必须面临几个根本的、尚未解决的难题。例如，什么是开放型数字政府？对其有确定的定义和期望吗？它的特点是什么？如何构建开放型数字政府？当下，对于数字政府应该如何"开放"以及何时实现，实际上还没有形成明确的共识。更重要的是，开放型数字政府目前还缺乏具体的共性概念。像许多理想的概念一样，开放型数字政府经常被其特征所定义，但它的本质很难确定。当然，它的预期收益和结果目前其实已经得到了很好的理解，即开放型数字政府通常与公众知情权以及公众获取政府机密的问题联系在一起。此外，较为确定的是，开放型数字政府通常被认为是一种积极的举措，其被认为既是民主社会的特征，也是民主社会的要求，通常与政府透明度和问责制的概念有关。故而，联合国千年发展目标将公开政府信息称为公民权利和人权，并将其视为衡量政府问责制的关键战略。[1]实际上，截至当前，对于开放型数字政府的期望、定义、特点虽未被明确，但关于构建开放型数字政府的具体举措是较为清晰的。在数字政府建设的"开放"方面，各地主要是通过数据共享、信息公开和互联互通等手段营造一个公开透明的政府。具体而言，数字政府应继续加大政府信息公开力度，对政府部门的各种行政决策、政策文件、财务公开等进行全面、及时、准确披露，从而推动政务信息公开，促进政府公信力和合法性的提高。而且，与传统信息公开方式相比，数字政府也提高了财政信息的社会公众可及性。利用网络信息数据库，公众全天24小时都能便捷查询各类财政信息数据或文档，这进一步降低了社会监督成本。[2]此外，数字政府也实现了政府数据资源的共享和利用。在数字政府的运作下，各部门之间的数据分享方式发生了变化，原本的"信息孤岛"得以"打通"，外部机构也能够获得相关领域内的专业数据，并为政府机构在数据应用上提供更优质的服务。这种数字的共享能够为公共治理的应用程序开发提供集成开源基础和开放的标准尝试，从而有利于最大限度地在保证数据隐私、数据安全的底线之上实现公共数据资源的政治维度、经济维度等的利用。数字政府的开放性也为政府作为公共治理组织的效率性助力。原因在于，相较于传统的业务办理而言，数据平台的信息传递速度和协同配合大大提升。基于数据的数字化开放，民众可以实时关注自己的业务进程并以此顺便监督政府工作的积极性、及时性和溯源性。因此，数字政府的建设实际上实现了开放型政府的愿景落地，从而使得公民与政府可以展开平等的交流对话、足不出户的监督以及真实坦诚的评价。

二、构建跨部门、跨层级的"整体"型政府

数字政府是一种有别于传统政府运作的创新模式，"不仅仅是将表格和

---

[1] See United Nations, "United Nations Millennium Declaration", 2000, available: http://www.un.org/millennium/declaration/ares552e.pdf.

[2] 胡凯、孔祥瑞、张泽丰：《数字政府与财政透明度——基于中国地级市的考察》，载《城市问题》2023年第2期，第83~93页。

服务放到网上，它提供了一个机会，让我们重新思考政府如何提供服务，以及如何以适合用户需求的方式将其联系起来"。[1]公共行政对功能孤立性有一种普遍的习惯，即在满足公民需求时倾向于不整合政府部门的服务提供。这种功能孤立的原因本质上与根深蒂固的做法和文化有关。因此，尽管传统政府也反复强调其作为公共机构设立的唯一目的是为公众服务。然而，公共行政人员传统上采用的方法更多的是独立为用户处理事情，而不是在整个处理、决策过程中考虑他们的综合需求。故而可以说，传统公共管理在实践中的缺陷在很大程度上主要是由深层次的科层结构、部门之间官僚主义的复杂性、过度和耗时的重复或倍增以及保护就业市场等共同造成的，其往往会导致民众无休止地等待时间。正是基于这种科层结构，有研究者指出许多由政府发起的信息和通信技术项目之所以失败，是因为它们缺乏协调，而且机构的行动过于独立。[2]而且，当前的数字政府建设面临着业务规划不精准、事项标准不统一、数据资源难共享、地区发展不平衡、政企合作不到位等障碍。成因在于，科层体制下的纵向权力结构强化了层级间信息控制，属地管理原则下的地方本位主义阻隔了跨区域协同，条块分割体制下的信息系统建设呈现出碎片化局面，公私合作机制失灵致使项目建设供需结构性失衡等。在此基础上，数字政府可以构建跨层级统筹建设管理体制与整体联动机制，探索跨区域标准化、集约化建设推广的共享模式，从而推进政务平台从独立运行向条块部门协同转变。[3]在数字政府的引领下，新公共管理实际上是一种关于如何通过更具活力的小组织单元网络取代僵化的层级组织结构来改革政府的管理理论。根据该理论的内涵要求，政府主体应当从以下方面着手开展工作：其一，用更加协商一致、自下而上的方法取代自上而下的决策和政策制定做法，从而促进尽可能多的利益攸关方特别是普通公民的参与；其二，对公共服务采取更加以

---

〔1〕 J. Burn and G. Robins, "Moving Towards e-Government: a Case Study of Organisational Change Processes", *Logistics Information Management*, Vol. 16, No. 1, 2003, p. 26.

〔2〕 See G. Strejcek and M. Theil, "Technology Push, Legislation Pull, E-government in the European Union", *Decision Support Systems*, Vol. 34, No. 3, 2002, pp. 305~313.

〔3〕 刘祺：《当代中国数字政府建设的梗阻问题与整体协同策略》，载《福建师范大学学报（哲学社会科学版）》2020年第3期，第16~22页。

公民为导向的态度；其三，运用市场原则提高效率和生产力。而在数字政府的成熟模式下，不同级别和不同部门的人员是以真正的团队合作精神展开集体协作的。

由于政府系统的多层次性和复杂性，各机构关于信息和通信技术合作的内容需求实际上越来越高。而且，对于数字政府而言，其所具有的一个关键优势就在于信息和通信流的集约化。在这种情况下，传统的层级和行政程序被有效突破，各级机构关于信息和通信技术现代化的决策也不再由一个特定的机构以孤立的方式作出，而是被置于一个专注于综合服务提供的组织框架中，以应对日益增长的合作和网络需求。尽管这可能是一项相当艰巨的任务，但如果政府不这样做，特定机构的内部效率便可能会因技术解决方案不足而受到严重影响。当下，数字政府使得个人用户将拥有全天候世界的一般体验，在那里他们可以随时随地做任何事情，他们很可能会期望数字政府提供类似水平的服务——简单且能够个性化的一站式商店服务。然而，由于需要指定的跨部门合作，实现这样的服务需要改变政府的职能。唯有如此，公民才更有可能对那些以公民为中心、旨在满足其需求的数字政府门户网站产生忠诚度。[1]因此，如果从一种更为有延展性的视角解读，21世纪的数字政府已经开始由以纵向"管理"为中心转向以横向"合作"为关键。不过，这种合作型数字政府已经改变了传统政府是由多个司法管辖区独立构成的样态，因为网络使得政府可以超越层级的限制来组织和定义。这种整体性数字政府的建构灵感在私营企业中的应用早已成为常态，它们利用信息技术的整合形成了一种可以广泛协调和控制产品或服务的企业工具，从而实现了一种兼具适应性、灵活性和去中心性的企业互操作集成平台。而数字政府在本质上也是一个允许不同的部门、机构和组织之间实现互操作的网络数据基础平台，它的最大特点即实现了政府公共管理的集成性。在这个平台中，政府主体不仅可以通过该平台收集、传播信息和提供公共服务，也在平台中设计了能够兼容格式、设备和系统

---

〔1〕　J. Y. L. Thong, C. S. Yap and K. L. Seah, "Business Process Reengineering in the Public Sector: the Case of the Housing Development Board in Singapore", *Journal of Management Information Systems*, Vol. 17, No. 1, 2000, pp. 245~270.

架构的设施，以允许不同层级的政府根据需求共同使用。

对于整体型数字政府的构建，当下的常见操作即许多政府提供中央政府门户网站，同时链接到广泛的机构和服务。不过，数字政府协同建设不仅仅是形式上的区域政务数据、平台、服务的共建共享，更是区域一体化的治理结构、治理模式、治理理念重构。[1]而且，基于技术的视角，在整体型政府的实现过程中，数字政府可以通过灵活的方式实现跨部门、跨系统的运作，这些方式包括统一的服务通道、支持使用移动终端设备、安全地对外开放数据以及支持数据驱动的决策等。[2]具体而言：首先，数字政府通过运用大数据、人工智能等新技术，实现了政府数据资源的整合和共享，这种跨部门、跨层级的数据资源互通，使得各个部门之间可以更加迅速地获取相关信息，从而提升了政府工作效率和决策能力。其次，在数字政府建设过程中，政府各层级之间积极开展协作，形成资源共享、信息互通的良好局面，这种政府层级与政府部门的信息交互，既降低了社会公共管理的成本，也在便捷政务处理流程的同时为政府工作人员塑造了政府一体化的集体意识。此外，政府的数字化建设也有利于政府对精细化服务管理的改进和跟踪。原因在于，与传统科层制中政府层级和部门各自独立的情况不同，当下的数字政府将自己和用户的需求与行为等完全统一整合进政府信息平台，从而能够更有利于分析公民和企业的使用习惯等。这种整体性数字政府的建构也使得政府本身可以在不同阶段根据自己的实际情况对用户的需求和反馈展开调整。因此，数字政府的跨部门和跨层级协作可以、也应该是一个不断演进的过程。在这个过程中，不仅能够实现政府工作效率和公共行政效能的提升，而且也能对公众需求和反馈机制予以优化，并真正构建成服务人性化、便捷高效化、协作整体化的现代化政府。

三、"公民导向"促进双向互动的政府治理

如同前述，数字政府的价值充分显现于其开放性和整体性的维度之上。

---

[1] 王伟玲：《我国数字政府顶层设计的理念辨析与实践指引》，载《行政管理改革》2021年第6期，第40~50页。

[2] Maria Katsonis and Andrew Botros, "Digital Government: A Primer and Professional Perspectives", *Australian Journal of Public Administration*, Vol. 74, No. 1, 2015, pp. 42~52.

建立于技术基础之上的在线行政不仅能够为用户提供全天 24 小时的无缝衔接式服务，而且也使得公共行政的个性化和效率性特征凸显。毕竟，数字政府的数据集成平台使得政府有了跨越时空和地理限制来提供服务的可能，而这种公共行政生产力的提高所带来的潜力是巨大的。从公民等公共行政的需求者视角出发，数字政府建构的最大价值即是在政府和公民等需求者之间形成了一条更为顺畅、更为便捷、更为高效的交互渠道，[1]该渠道不仅在物理上缩短了政府和公民等需求者之间的距离，更在精神上垒高了政府与公民等需求者之间的信任高度。

"在全球化和数字化的双重背景下，政府治理模式和手段正经历着深刻的变革。"[2]然而，作为客观存在的现实，数字鸿沟始终是公民与政府在互动过程中所无可回避的一道门槛。当下数字政府依赖信息和通信技术提供公共服务，至少存在两种主要类型的数字鸿沟：获取鸿沟和技能鸿沟。许多人缺乏与计算机硬件和软件交互所需的基本技能。研究发现：老年人、受教育程度较低的人、穷人和少数民族更有可能需要电脑帮助。[3]因此，有互联网接入和计算机技能的人和没有互联网接入和电脑技能的人之间所能享受到的数字政府服务存在巨大差别，这似乎有违对公民平等对待的原则。[4]但是，数字政府的技术支持的确能够对公民和政府之间的互动产生诸多良性影响。信息和通信技术的使用起初主要是为了改善为公民或私营部门提供的服务，却顺便改变了公共行政和国家监管的治理模式。毫不夸张地说，信息和互联互通革命对世界各地公民与政府的互动造成了重大影响。政府作为一个满足社会最关键需求的机构，社会的每一个成员都必须与政府互动。而信息和通信技术作为这个时代最重要的特征之一，它的演变极大地改变了公民与政府的互动方式。毕竟，新技术提供了新的表达形

〔1〕 See K. Layne and J. Lee, "Developing Fully Functional E-government: A four Stage Model", *Government Information Quarterly*, Vol. 18, 2001, pp. 122~136.

〔2〕 参见翁士洪：《中国式现代化的数字政府治理创新——评〈数字时代的政府变革〉》，载《中国行政管理》2024 年第 4 期，第 157~159 页。

〔3〕 See L. Jackson et al., "The Impact of Internet Use on the Other Side of the Digital Divide", *Communications of the ACM*, Vol. 47, No. 7, 2004, pp. 43~47.

〔4〕 See Lemuria Carter and Vishanth Weerakkody, "E-government Adoption: A Cultural Comparison", *Information Systems Frontiers*, Vol. 10, No. 4, 2008, pp. 473~482.

式，促进了新的政治沟通。例如，从政府方面来看，信息通信技术是极其有益的，因为政府工作人员在回答有关政府服务和程序的基本问题时往往需要花费大量时间，而网络的存在将增加公民的便利性并减少一线员工的工作量。此外，数字政府所特有的信息和通信流也提高了公共机构的能力以及政治进程的透明度和公开性。例如，电子投票能够提高投票过程的透明度：在有选民登记的国家，电子登记有助于降低投票门槛，使选民登记更方便。[1]

因此，随着数字政府供给侧的持续投入与快速发展，以公众需求为导向的数字政府建设日益受到关注。[2]实质上，政府任何行动的落脚点都是为了公民本身，数字政府的建设和推广本质上也离不开公民，因为数字政府的构建很大程度上取决于公民相信互联网是一种可靠的技术，公民对政府机构提供在线服务能力的信心也是推广数字政府的必要条件。[3]因此，旨在解释数字政府项目目标的模型倘若缺乏与公民的互动意识，便是对公共部门存在意义的理解缺失。而且，在数字时代，政府不仅仅是管理者，更应当是服务者。如果政府能够实现这种对其角色的全新概念的转变，那么政府就不仅会改变大多数公共服务的提供方式，而且改变政府与公民之间的基本关系。[4]任何公共服务需要强调的都是以公民为使用者，因此在数字政府的建设过程中需要对政府如何为公民提供服务进行重大反思。首先，数字政府的建设发展是为了在满足公民需求的基础上实现社会公共服务的优化，其是一种正向增益的过程，数字政府的建设应当防止出现对这种正向增益的毁损。由此，政府在数字化过程中应当坚守以公民为中心的数据安全和隐私保护。继而，既然以数据为载体的个人信息是新时代公民作为有尊严和自由的个体能够体面存活于世的基本要素，那么对于公共数

---

〔1〕　See Christian Von Haldenwang, "Electronic Government（E-Government）and Development", *The European Journal of Development Research*, Vol. 16, No. 2, 2004, pp. 417~432.

〔2〕　郑跃平等：《需求导向下的数字政府建设图景：认知、使用和评价》，载《电子政务》2022 年第 6 期，第 2~21 页。

〔3〕　See Lemuria Carter, "Vishanth Weerakkody, E-government Adoption：A Cultural Comparison", *Information Systems Frontiers*, Vol. 10, No. 4, 2008, pp. 473~482.

〔4〕　See M. Symonds, "A Survey of Government and the Internet", *The Economist*, Vol. 355, No. 8176, 2000, pp. S3~S5.

据隐私和安全的关注便应当是数字政府建设的优先事项。否则，一旦出现安全和隐私的崩溃，便会严重影响数字政府在公民社会中的推进行程。毕竟，在电子交互系统中共享个人的隐私是公民对政府高度信任的交付，而隐私和安全的泄露便是公民对政府信任崩塌的开始。

在现实生活中，数字政府建设的"公民导向"主要是指通过信息技术手段实现政府与公民之间的互动和合作，其旨在构建一个双向互动、协同治理的政府。为了实现这个目标，通常采取的主要举措是：首先，强调政府服务的公民导向。通过构建便民利民的服务平台，例如移动端 APP、在线咨询系统、自助式服务机器人等，为市民提供更加贴近日常生活的服务。数字政府对信息系统的使用不仅利于提高政府机构的绩效，并一视同仁地为所有用户提供公共服务。[1]数字政府不仅在应用程序上允许人们、企业和政府部门每周 7 天、每天 24 小时访问可用的政府信息以提高对公民服务的质量，[2]而且还通过精简和重组操作程序来为公民的服务降低组织流程的成本和速度。[3]同时，数字政府建设还注重从用户体验和反馈中汲取经验，不断改进和优化服务内容和方式。其次，数字政府建设建构了政府与社会公众的多元化交互路径。公共行政部门受到私营组织迅速反应和一体协同数字管理系统的经验启示，发现信息通信技术的创新同样能够应用到公共行政管理系统当中。这种应用为政府提供了一种既可以大幅改善服务质量又可以强化其与公民沟通的机会。[4]原因在于，数字政府可以基于网络调查或问卷调查来征求公民对政府政策与决策的真实民意，从而及时对舆情进行收集、疏导并反思自身行政管理的可完善方向。而且，数字化传播的广泛性、普遍性和快速性也使得政府可以基于社交媒体平台与社会公众展开答疑交流和情绪疏导，而非如同传统政府与公众之间那般始终保持

〔1〕　B. Rubin and H. Wang, "Embedding E-finance in E-government: A New E-government Framework", *Electronic Government*, Vol. 1, No. 4, 2004, pp. 362~373.

〔2〕　V. Ndou, "E-government for Developing Countries: Opportunities and Challenges", *The Electronic Journal on Information Systems in Developing Countries*, Vol. 18, No. 1, 2004, pp. 1~24.

〔3〕　J. Seifert, "A Primer on E-government: Sectors, Stages, Opportunities, and Challenges of Online Governance", *Report for Congress*, 2003, available at http://www. fas. org/sgp/crs.

〔4〕　See S. A. Hazlett and F. Hill, "E-government: the Realities of Using IT to Transform the Public Sector", *Managing Service Quality*, Vol. 13, No. 6, 2003, pp. 445~452.

着交互距离。最后，数字政府建设为与公民交互提供了互动的来源、互动的保障和互动的监督。一般认为，公民与政府互动的前提是，他们知晓并了解相关的政务活动。由于政府的数字化建设在持续坚持公共管理的信息公开，并通过及时关注指定的发布通道使得公众能够探查政府行为的原因、目的、形成过程等信息，因而可以认为数字政府技术已经为政府和公民之间创造了互动的来源和互动的保障。此外，通过对政府行政行为的后续跟踪和对比，公众实际上可以对政府此前的决策行为、实施行为展开监督，并对自己的发现和建设建议进行评论和反馈。因此，可以说，相对于传统政府而言，数字政府的建设为公共管理中的公民导向提供了新的时代契机。该契机不仅展现在数字治理的效率和质量上，而且展现在政府与公众互动的来源和渠道上，还展现在政府对公众后续监督的满足和处理上。这种公民导向的治理优势可谓是为新时代相互促进、相互依存的社会治理体系塑造提供了远大的前景。

第二章

数字政府法治保障的理论建构

政府的数字化赋能使得其拥有了新时代前所未有的治理效能，但技术中立本身则可能因技术的赋能不当而损害公民利益和贬损政府公信。因此，数字政府存在法治保障机制的理论空间和现实急迫性。对于数字政府的法治保障而言，既在传统面向上存在着坚守法治精神的必要，如政府治理行为依然应当贯彻依法行政和合法行政等原则，也随着技术时代的背景更迭而为政府的治理行为提出了更多特有要求，如在数字领域诠释核心价值观并保障数字正义和数字人权，等等。基于此，未来的数字政府法治保障适宜通过立法、行政和司法等途径将数字政府的建设、运行和救济等一体纳入法治的范畴之下。

第一节　以法治保障数字政府的必要性

无论是在私属组织中还是在负责公共治理的政府组织中，技术应用的过程都可能会因技术产品的不成熟性、技术创造主体的有限理性和技术使用主体的考量综合性等而产生不良效应，因而也就决定了数字政府的建设发展离不开法治的必要保障。但在数字政府法治保障机制的建构必要性中，则需要遵循从宏观到微观、从价值引领到制度构建的规律对其予以展开。

一、价值引领：良法善治引领发展方向

信息和通信技术的快速发展为政府提供了一种能够处理大量、多样和快速的数据工具，以满足政府政策制定、行政管理和服务公民的目标。不过，对于社会发展和个体的行动来说，这种工具的应用既有正面的影响，也附随着负面的作用。就前者来说，数字政府为普通的民众创造了更多参与社会公共管理的机会和渠道，数据的丰富性也能够让政府的决策更加科学化和有效化，数字政府的运作在技术的支持下也会更加个性化、透明化、低成本化和去官僚化等等。就后者而言，技术的不完全性以及数据的不当使用可能也会给政府带来行政权运作不当的风险。与传统政府的行政管理相比，政府的数字化使其有了技术支撑来观察公民的生活、教育、医疗等自由空间。[1]正是在这种时代背景下，政府处于一种两难的境地，因为它需要平衡好数字发展与数字限制的关系。故而，数字政府需要有针对性地采取多方面举措来应对该挑战。一是通过健全的法律框架和监管手段来对政府的行为刻画行动轨道，如明确政府对个人数据的处理限制并配套相应的违法惩罚机制，进而在此基础上设置独立的监管机构来跟踪、巡查政府行为的合规性；二是利用技术的路径强化对数据安全和隐私的保护硬度，如通过推动数据加密技术的研究来确保数据存储和传输的安全性，并要求政府在资源共享的时候附加身份认证系统以限制未经授权的数据访问；三是唤醒权利者的权利意识，即通过广泛宣传、教育和培训来提高公众自身对数据安全和隐私保护的关注度，从而使普通公民个体更加关注政府数据使用与隐私和安全保护的平衡利用，以最终促进技术与治理的良性发展。

当然，现实中数字政府的建设还存在诸多其他方面的挑战。一方面，由于大数据能够快速、有针对性地访问每个个人用户的弱点，其可能会给政府用户带来挑战。在数据的商业应用中，现代数字公司的数据库中通常存有数百万人的数据，而每个个人资料中有数千个数据点，如数据公司 Liv-

---

[1] See B. Erkut, "From Digital Government to Digital Governance: Are We There Yet?", *Sustainability*, Vol. 12, No. 3, 2020, p. 860.

eRamp（前身为 Axciom）大肆宣扬的旗舰产品 InfoBase 便是一个最大的美国消费者数据集合，其拥有 1500 多个主题并涵盖了诸多参与市场的美国消费者。当这种数据技术被应用在政府建设中时，国家的数字集权性质便可能引发一种担忧：一个管理如此大量信息的组织，无论其在各个机构之间的分散程度如何，本质上都可能产生极权主义[1]控制的倾向。另一方面则是任何关涉大数据的工作都可能面临的共同问题，其主要是指数据的庞大性以及数据的非结构化性质。[2]由于数据集成的庞杂，数字系统的使用既可能相互协同也可能陷入冲突紊乱，它给公共行政治理带来的挑战由此也就可以表现为如何将传统社会治理转变为数字治理的问题。具体展开，这些问题既包括如何保证基于数据驱动的政府决策方式具有合理性，又要包括如何确保数据资源的整合即可实现对利益相关者治理的统一性。就前者来说，尽管数据的客观性可以得到充分保证，但数据驱动的内部方式则可以由决策者进行控制和更改，这种工具性的本质显然无法保证产生结果的真实性。毕竟，治理视角与公民需求视角并不一致，一旦算法所得结果是决策者反对或不想要的措施，其便可能被掩埋或忽视。而对于后者而言，由于政府内部对数据驱动的政治决策可能无法被完全遵循，因此便难以摆脱传统政府治理的模式限制。此外，大数据技术的实施也是数字政府所面临的重要挑战。数字政府的运作需要专业型技术人才，但能够与数字政府专职合作的科学家却是非常有限的。因此，一旦技术人才所使用的技术不够成熟便会使得支撑政府决策的数据资源基础有限。况且，作为经济计算基础的"数据"永远不能作为一个知识整体被提供给需要决策的主体，因为知识本身不仅仅是科学数据。当然，对数据的风险管理也仍然是数字政府面临的重大挑战之一，其可能会涉及隐私问题和安全问题等。[3]

　　不过，在数字政府建设中完全遏制数字技术的浪潮也绝对是不现实、

---

〔1〕 "极权主义"是一个政治学上的术语，用来描述一个对社会有着绝对权威并尽一切可能谋求控制公众与私人生活的国家之政治制度。

〔2〕 "数据的非结构化性质"是指海量的数据是以杂乱无章的布局方式存在的，它们很少存在规律性，很难用一个统一的要素去抽取。

〔3〕 See Chen Y. - C. and Hsieh T. - C., *Big Data for Digital Government*, Int. J. Public Adm. Digit. Age, Vol. 1, 2014, pp. 1~14.

不合理的。数字政府建设必须解决的问题是：如何管理这些技术，使其更好、更公平地为公众服务？可以肯定，尽管没有一个单独的科学学科可以拥有足够的知识来应对数字政府建设中的问题和挑战，但也须知真正的数字政府绝非仅仅只是一个数字化的政府，[1]故而不能将数字决策视为纯粹的信息和通信技术活动，而是需要将数字政府建设的重点放在服务的目的上。由此，通过采用多学科方法追求一个关于数据集成的、面向用户提供服务的以及利于政府信息管理的政府战略规划和长期愿景是必要的。这是因为，数字政府的发展需要宏观政治决策，政府需要制定实现数字政府的目标，他们必须分析需求和要求，通过评估风险最终设计成战略计划。[2]实践表明，不少国家政府的数字化建设实际上已经意识到了这一内容。例如，比利时社会部门的数字计划总体目标是：提供有效和高效的服务，为所有相关人员提供最少的行政手续和成本；改善并从根本上为重组社会成员之间以及现有政府与公民之间的服务提供流程；促进数据的信息安全和隐私保护，使所有相关行为者都能对该系统有合理的信任；向决策者和研究人员提供综合统计信息，以支持社会政策。[3]而且，比利时的社会保险服务系统是其首个也是较为成功的数字化政务应用系统，涉及信息采集、资金收集、保险金发放等方面的 12 个不同组织，相应分支机构达 2000 多个。此外，为利用信息通信技术进行优化再造以提高服务质量和效率，比利时的主要做法包括：社会保险服务局对原来 12 个组织所需的 800 多张表格进行整合分类，并对申报指标和术语的含义进行标准化，从而形成一张统一的满足不同组织管理需要的信息采集表格，向个人和企业进行一次性信息采集。然后，通过建立信息交换中心和中心数据库，实现不同组织的网络互联和信息共享。进而，在因特网上建立一站式社会保险服务平台，

---

〔1〕 参见鲁楠：《信息社会政府论：演化与选择》，载《国家检察官学院学报》2023 年第 2 期，第 3~22 页。

〔2〕 参见詹国彬：《英国数字政府转型：价值理念、技术工具与制度保障》，载《行政论坛》2021 年第 6 期，第 136~143 页。

〔3〕 See Frank Robben, Peter Maes and Emmanuel Quintin, "E-Government Program of the Belgian Social Security", *Encyclopedia of Digital Government*, Published in the United States of America by Idea Group Reference, 2007, pp. 35~50.

通过密码、数字签名等一系列安全措施，为个人和企业提供便捷、高效的网上社保服务。[1]但需要注意，仅仅有这样的措施其实还不足够，这些具体的实施举措和总体目标实际上还需要符合良善价值的引领，并且引领数字政府的良善价值还需要通过法律的手段确定和彰显出来。

中国新时代政府转型的数字化和协同化发展离不开良善法治的框架引领，这既是中国特色社会主义法治建设的价值寻求之一，亦是实现全面依法治国的可靠指引。[2]之所以在政府的数字化进程中强化良善法治对其发展的指引，原因在于，数字政府的建设与私人领域的技术变革价值追求明显不同。即使数字化技术的支撑离不开部分私人企业的帮忙甚至主导，但数字政府的转型最终是为了满足公共社会治理的需要，其需要致力于追求公平正义的实现而非为私人客户服务和定制。因此，无论是传统公共治理还是新时代的数字政府治理，都应当坚持良善的公共价值。[3]而且，通过法律的公共载体来明确数字政府建设的良善价值引领，实际上有利于提醒和确保数字化后的政府公共治理依旧保持为公众服务的初心和目的。可见，实施和发展数字政府是充满价值追求的活动。尽管数字政府的建设重点最初是技术方面，后来也应当侧重于技术之外的制度方面。随着公共价值关注点最近从效率转向"有效"实现可持续发展目标，当前的数字政府模式很明显已经不足以指导数字政府的未来发展。[4]因此，公共价值理论为规划、设计和实施数字政府举措提供了目标引领，它有力地将公共部门管理的重点从内部效率转移到组织外部的价值追寻过程中。不过，尽管公共价值创造已成为数字政府举措必须实现的期望，但公共价值的含义以及数字技术如何为其创造做出贡献，在理论上缺乏明确性。实质上，随着信息和通信技术的快速发展，政府利用信息和通信科技的价值观不断演变。20世

---

[1] 参见马蕴:《比利时电子政务发展特点及启示》，载《信息化建设》2004年第5期，第42~44页。

[2] 参见李桂林、李露雅:《"良法善治"维度下数字法治政府建设的"双化协同"》，载《南昌大学学报（人文社会科学版）》2022年第2期，第77~84页。

[3] 参见吴韵驰:《基于公共价值视角的数字政府建设影响因素研究——31个省份数据的实证研究》，载《经营与管理》2024年1月16日。

[4] J. Lee et al., "Proposing a Value-Based Digital Government Model: Toward Broadening Sustainability and Public Participation", *Sustainability*, Vol. 10, No. 9, 2018, p. 3078.

纪 90 年代，政府的运作效率不断提高，透明度和问责制也得以提高；21 世纪初，随着互联网的出现，信任和合作治理成了价值观的重要组成部分；而在 21 世纪初，随着智能设备和快速网络的发展，利用数字政府提高公共部门生产力的重点已经逐渐往可持续发展等价值转向。而法律作为对数字政府建设价值追求的核验、校对和确认，需要阐明数字政府建设的价值追求。只有如此，才能够保障数字政府的建设起点、过程和最终结果都不偏离良善之道。

二、制度保障：建章立制确定发展轨道

数字政府的建设必须遵循法律的轨道。理由在于，从政府对数字技术的应用维度来说，数字技术必然存在风险，没有任何可靠的证据可以证明以编码为载体的超理性主义和以数据为基础的神秘莫测的算法能够比传统决策者做得更好，而无论前者数字决策可能有多明智。因此，数字政府的建设离不开制度的规范，只有法律才可以保证技术正义的实现。[1] 既然法律是社会秩序的基石，那么如果数字政府的建设涉及大量涉及公民权利和隐私的信息处理就必须确保其在法定框架内进行，以保护公民的合法权益。同时，就法律制度内含的功能而言，法律制度具有保障社会稳定的作用。法律制度的要求决定了技术变革的发生方式，通过法律制度建立一个稳定的社会框架，能够有效塑造社会运行的方式，使一系列社会活动得以常态化运转。此外，法律制度能够为数字政府的合法性、公正性和透明性等提供一套具有可操作性的指导和标准，这些具体规范能使数字政府在信息管理、数据安全等方面的约束上更加明显。这实际上相当于通过法律的手段在数字政府的运行中植入了一套监督机制，[2] 以保证社会治理变革的稳定和公民权益保障的兜底性。

不过，我们目前正从供应有限的旧世界过渡到丰富的数字新时代。在

---

〔1〕 参见关保英、汪骏良：《基于合作治理的数字法治政府建设》，载《福建论坛（人文社会科学版）》2022 年第 5 期，第 188~200 页。

〔2〕 参见梁木生：《论"数字政府"运行的法律调控》，载《中国行政管理》2002 年第 4 期，第 31~32 页。

旧世界里，法律制度的专业规范和监管有效地确保了内容质量。但在这个新时代，它们不一定实用或有效。毕竟，新技术的发展会导致技术和制度框架的共同演变，当下的法律制度在数字环境下可能"充满了例外"。例如，数字遗忘权在传统世界并不那么紧迫，但随着信息和通信技术的发展，数字遗忘如今似乎成了一种难题。此外，在个人隐私中，从电话到飞行机器，隐私权的现代演变与工业时代技术发展的故事密切相关。但由于每一项新技术都允许新的侵入私密的事物，而法律试图保护隐私权的反应又相对较慢，因此也就导致了数字技术计算、数据库、互联网、移动通信等要求在概念和法律上将隐私权进一步转换。与之前的技术变革不同，数字革命的范围和规模非常宏大，以至于与隐私相关的法律无法迅速作出反应，从而使法律所规范的内容产生了不周延性。此外，除了直接保护隐私的相关性法律，可能还涉及的法律如计算机欺诈和滥用法、电子通信隐私法等。不过，这些法律尽管不能成为全面保护信息隐私的基础，但在有限的情况下实际上都很有价值。

因此，为了将数字政府的建设纳入法制的轨道，法律本身必须及时因应于政府的数字化转型而更新。以数字政府的建设对行政法的调适为例，政府数字化给当代行政法的结构带来了挑战和转型的必要。[1]其一，政府的数字化转型带来了"流程再造""模式优化"[2]甚至是权力运行方式的重塑，因此需要健全运用大数据等技术手段进行行政管理的相关制度规则；[3]其二，政府的数字化转型也造成了对传统行政法规则的冲击，因此有必要在数字政府法治建构的过程中采取内部行政与外部行政区分的策略，通过重新界定权力与责任以及跟进调适有关法律规则等方式予以路径探寻。[4]在内部行政上，传统的政府运作往往建立在科层制基础上，并由内

〔1〕　于安：《论数字行政法——比较法视角的探讨》，载《华东政法大学学报》2022 年第 1 期，第 6~17 页。

〔2〕　余凌云、黄味：《行政法学与行政诉讼学：立足新发展阶段 服务高质量行政法治建设》，载《检察日报》2022 年 1 月 8 日。

〔3〕　曹鎏：《论我国法治政府建设的目标演进与发展转型》，载《行政法学研究》2020 年第 4 期，第 114~132 页。

〔4〕　余凌云：《数字政府的法治建构》，载《社会科学文摘》2022 年第 7 期，第 14~16 页。

部行政法调整上下领导关系，但数字政府则是一种整体型政府，因此需要有针对性地制定符合数字政府建设要求的规范性文件。而在外部行政的制度影响上：一方面，数字政府针对数字技术的应用产生了正当性技术程序的规范必要，有关程序包括：充分保障当事人的知情权，事先告知其将预测性分析运用到涉个体权益领域的有关事项及其方法、过程透明度；建立定期审核机制，保障结论的准确性并及时予以纠错；保障当事人的监督权，并对当事人的重要质疑予以回应。另一方面，技术标准化规范也大有缺口，应当依据标准化法的规定。要建立数字技术运用过程中的技术标准、数据标准、采集标准等各类国家强制性标准，实现数字技术运用与数据安全间的合理平衡。

三、治理需要：法律保障技术机制创新

数字技术在政府转型中的应用是存在风险的。一方面，信息革命已经导致世界各地的组织严重依赖大量的数据库来进行日常业务。由于这些数据库通常部署在基于广域网[1]的环境中，这种高度动态的环境很难对信息空间中发生的变化（如新信息源的注册等）施加任何形式的控制，更不用说保证技术应用的合规性了。而数字政府却是最需要这种技术环境的突出应用之一。另一方面，数字驱动决策的可靠性也是令人存疑的。毋庸置疑，我们生活的世界是一个不断发生新变化的世界，理解正在进化的世界需要新的理论，或者需要保持对我们所拥有的理论的更新。因此，任何由主观知识和依靠旧信息驱动的数据决策都必然是非遍历的，这使得关联主体之间相互作用的结果也是不可事先预测的。[2]正如经济学和物理学的差异一般，政府决策在大多数情况下都是综合数据的集成分析，是呈现多因果状态联系的，其无法对相关的东西都展开直接观察和测量。而且，由于知识的分散性、主观性和局限性，政府的决策者如同经济学家一般无法了解、

---

〔1〕 "广域网" 即 Wide Area Network，缩写为 WAN，又称外网、公网，是指连接不同地区局域网或城域网计算机通信的远程网。

〔2〕 D. C. North, *Understanding the Process of Economic Change*, Princeton University Press: Princeton, NJ, USA, 2005, p. 16.

收集和掌握信息的全部。[1]故而，数据驱动下产生的政府决策可能具有信息不完整性、环境复杂性和结果非适配性的特征。

但风险与创新相伴，数字技术的巨大潜能也是政府转型过程中所无法回避的。数据在现代经济中作为一种经济投入激增，其经济价值难以衡量。原因有二：其一，数据是非竞争性的、无形的。非竞争性是数据的核心特征，它意味着数据可以被无限多次使用且可以被多方同时使用，因此它不会像许多有形物品那样耗尽或磨损。其二，它的价值不一定会随着时间的推移而贬值。数据融合——不同独立数据集的重组——通常会产生新的价值，因此大数据可以被定义为高容量、高速率以及种类繁多的信息资产，这些资产需要以付出一定成本的创新形式处理，以增强洞察力、决策能力和流程自动化。故而，可以说，大数据的出现是一项新的技术发展，它既能挑战人类的信息处理能力，又能产生以前未知的知识。正是基于此，有研究者毫不夸张地表示世界上最有价值的资源不是石油，而是数据。[2]对于政府的数字化应用，数字技术在嵌入政府科层组织的过程中能够全面激活政府体制机制的变革，[3]而对于中国的现状来说，数字化在过去的十年里已经改变了中国城市的方方面面。例如，我国在2006年的网上零售额仅占美国销售额的3%，但现在却拥有世界上最大的电子商务零售市场，在全球销售额中占有40%的份额；2018年的中国产生了约7.8万亿GB的数据，这一数值预计到2025年将达到48.6万亿GB并超过美国。此外，现在的微信上有10亿活跃用户平均每天交换450亿条消息，移动支付已经席卷全国，甚至乞丐也通过二维码接受施舍。因此，中国的大量数据能够构成人工智能时代的竞争优势。[4]而且，中国在此背景下已成为数字领域的全球投资者，不仅实现了数字连接，也在全球范围内引发了地缘辐射。正是基于中

---

〔1〕　F. A. Von Hayek , "The Pretence of Knowledge", Am. Econ. Rev. , Vol. 79, 1989, pp. 3~7.

〔2〕　The Economist, "The world's Most Valuable Resource is No Longer Oil, But Data", May 6, 2017, available at https://www. economist. com/leaders/2017/05/06/the-worlds-most-valuable-resource-is-no-longer-oil-but-data.

〔3〕　参见郁建兴、周幸钰：《数字技术应用与政府创新的双向互构——基于浙江省"三张清单"数字化改革的分析》，载《经济社会体制比较》2023年第1期，第133~143页。

〔4〕　Lizhi Liu, "The Rise of Data Politics: Digital China and the World", *Studies in Comparative International Development*, Vol. 56, 2021, p. 46.

国对数字技术的大规模采用，数据已经成为社会各方面的生命线，政府也迅速采取了国家大数据战略，并提出了"数据主权"的概念。如今，高效地使用数据库已成为政府服务转型的中心目标，数据的使用和管理创新也不断在数字政府建设中发挥支撑作用。

在这种数据时代浪潮和政府战略布局推动下，法律应保障和支持政府数字化转型过程中的技术机制创新以促进数字政府的建设完善。一方面，法律应根据数字技术给法律带来的更新展开及时调整，如数字政府对传统政府的组织重塑和职能重整挑战了现有的组织法基础，展现出了技术与法律之间的张力，[1]因此对传统组织法的拓展和修改可以保证数字技术机制创新应用的正当性。再如，民事、刑事、行政二元或多元法律责任共存一案已成为数字侵权案件的基本特征，因此可以依托现有的互联网法庭或互联网法院并参考知识产权法院的运行机制，通过立法针对数据侵权案件的管辖规则、审理结构、合议庭组成等作出调整创新。另一方面，由于数字政府服务创新的鲜明特点是技术"嵌入"诱致的创新及其制度化，因此也就决定了数字政府服务创新中技术与制度二者不可或缺。[2]法律应当根据数字技术机制创新的现实需求，包容制定回应新型问题的专门法律，如数字政府的建设实践中仅仅拥有数字政府平台是不够的，这些平台实际上还需要量身定制以满足各种利益相关者的需求，因此公共部门需要不断考虑并使其成为复杂的交互性平台。[3]而且，政府的人才队伍虽然具有一定数量，但政府机构（包括市、区、县）经常发现，由于它们缺乏物质资源和技术专长，其实很难完全满足技术创新的发展需要，既无法利用现有的数据库，也无法生成新的、数据丰富的控制工具。由此，这些政府机构经常将这些设备和功能的制造委托给外部组织，甚至不得不配合使用私属营利

---

〔1〕 参见金成波、王敬文：《数字法治政府的时代图景：治理任务、理念与模式创新》，载《电子政务》2022 年第 8 期，第 67~76 页。

〔2〕 李鹏、杨国栋：《数字政府服务创新的影响因素与实现策略》，载《吉林大学社会科学学报》2021 年第 6 期，第 179~188 页。

〔3〕 Ndlovu Njabulo, Ochara Nixon Muganda and Martin Robert, "Influence of Digital Government Innovation on Transformational Government in Resource-Constrained Contexts", *Journal of Science and Technology Policy Management*, Vol. 14, No. 5, 2023, p. 980.

股份有限公司开发的风险评估工具或情报工具等。此时，法律面对数字政府建设过程中的技术合作开发时，便应当回应这样一个问题：当国家与私营公司"共享"自己的结构化和非结构化数据时，私营公司又与第三方共享这些数据时，会发生什么？我们是否应该将其视为对公共数据的私人挪用？与私营公司共享那些传统上用于国家治理的机密信息（如纳税申报单）的权力来源是什么？[1]在组织之间制定数据共享和数据池而签订数据匹配协议的情况下，公司和国家之间的数据共享协议如何在维护各方利益的同时，平衡公共治理目标和隐私保护？例如，以世界各地政府为客户的数据公司 Palantir 便声称自己的业务是处理客户的数据，而不是自己生成监控数据。但是，随着私营公司开始从国家收集的数据中提取信息（通常与其他来源的数据相匹配），面临的问题之一便是：谁可以宣布对这些数据的原材料、中间分析成果和最终数据产品拥有所有权？显然，这些基于数字技术的创新应用而产生的新问题需要法律去处理和面对，以防止其因损害公民基本权利而成为阻碍数字政府持续创新建设的绊脚石。

第二节　数字政府法治保障的传统面向

从根源上来看，数字政府的法治保障并未超脱传统的政府法治保障框架，数字化技术引起的政府形态迭代同样要求政府作为公共治理的行政主体应当遵循行政的合法性、合理性和程序正当性原则。

一、依法行政原则

依法行政是法治原则在公共行政与公共管理领域对公共权力的基本要求，[2]其是指政府及其工作人员在履行职责的过程中必须依照法律法规的规定，以法律为依据，合法地行使权力，保障公民的合法权益，维护社会

---

〔1〕　参见祁志伟：《数据驱动的数字政府：治理限度与时代因应》，载《行政与法》2024 年第 3 期，第 40~52 页。

〔2〕　孙荣飞、黄庆杰：《试论依法行政的制度依赖》，载《云南社会科学》2004 年第 1 期，第 22~25 页。

秩序。该原则是国家行政机关执法的最高准则。其内容主要包括两个方面：一是行政机关必须遵守现行有效的法律。[1]它的基本要求是行政机关实施行政管理，应当依照法律、法规、规章的规定进行，禁止行政机关违反现行有效的立法性规定。二是行政机关应当依照法律授权活动。此处之"法"为广义的法，包括法律、法规、规章等各种法律渊源，[2]没有法律、法规、规章的规定，行政机关不得作出影响公民、法人或者其他组织合法权益或者增加公民、法人和其他组织义务的决定。尽管不同法系对依法行政原则的理解各抒己见，[3]但依法行政原则有着厚重的演进历史。而且，依法行政原则的确立不是某一实践的产物，而是一个渐进的过程。近代西方国家的权力分立理论奠定了该原则产生的基础，此后的美国独立革命与法国大革命的相继成功也使得民主法治的思想得到进一步传播。继而，为了防止行政权力的滥用，西方国家便逐渐确立起了行政权力应当受到法律禁锢的实践。如英国在 13 世纪初期便通过《自由大宪章》的方式确立了君主立宪制，法国在经历雾月政变后也确立了政府应根据法律规定行使权力的要求。该原则在中国的实践起步则相对较晚。不过，改革开放以来，依法行政原则受到的重视便一改往昔的发展缓慢局面。十四届三中全会首次在党的政策文件中明确提出了依法行政的要求，十五大确立了依法治国的基本治国方略，十六届四中全会则要求党要明确自身的执行基本方式，即依法执政。[4]而近年来，随着中国式现代化建设的征程进行，以民为本、为民服务的初衷使命则让中国政府坚守全面依法治国的治理路线，该路线在不断强化对行政机关的规范、监督和问责以确保行政机关依法行政。

政府的数字化转型自然也应当始终如一地坚持行政的合法性。原因在于，现代中国对文明社会的建构遵循全面贯彻依法治国的道路，而政府在

---

〔1〕 参见刘世佳：《试论依法行政原则》，载《学术交流》2011 年第 10 期，第 40~45 页。

〔2〕 王柱国：《依法行政原则之"法"的反思》，载《法商研究》2012 年第 1 期，第 131~136 页。

〔3〕 于安：《德国的依法行政原则及其宪法基础》，载《法学》1998 年第 1 期，第 50~52 页。

〔4〕 具体内容可详见 1993 年十四届三中全会通过的《中共中央关于建立社会主义市场经济体制若干问题的决定》；1997 年十五大确立了依法治国，建设社会主义法治国家的基本方略；2004 年十六届四中全会通过了《中共中央关于加强党的执政能力建设的决定》。

法治的基础上所要起到的作用除了治理，也包含引领。数字政府是政府在新时代背景下的具体形态。因此，倘若政府本身都不是法治的践行者，那么又谈何依法治理。故而，政府在数字化转型中应当以身作则明确新的职责、权力和义务，坚守法律优位，在法定范围内行使行政权力。[1]此外，在政府形态的数字化迭代进程中，数字工具的使用涉及对大量数据和信息的操控和管理，政府服务的数字化使得公民的身份也实现了数字化，管理的集约化[2]也使得公共行政的数据不但没有被分散开来，反而被控制在一个中央主体之中。因此，依法行政在政府的数字化时代便显得更加重要。毕竟，依法行政原则要求政府的权责必须在法律框架下明晰界定，如果不依法行政、权责关系不明确便可能导致滥用权力、泄露公民隐私等问题。况且，要求数字政府坚持依法行政的成效也是极其明显的。其至少表现为：一是保护公民权利以提高政府公信力。依法行政能确保政府在数字政府建设中的行为合法，避免侵犯公民权利，维护社会秩序，故而应当遵循依法行政原则以树立政府权威，提高政府公信力，使政府决策得到更好的执行。二是避免信息孤岛和保障信息安全。依法行政能促使各地各部门按照统一标准推进数字政府建设，避免出现信息孤岛。而且，在数字政府建设中，依法行政能确保信息安全，防止信息泄露和滥用。三是有利于促进数字经济发展，数字政府建设需要与数字经济相适应，依法行政能创造良好的营商环境，服务于数字经济发展。

　　可见，政府的数字化转型进程要从多个方面具体落实依法行政的原则，而不仅仅是数字政府的行政行为本身需要满足合法性的要求，数字政府的发展政策、权利保护和民主参与同样也要遵循该原则。在数字政府建设的发展政策制定时，决策权力本身的来源应当是法律法规的授权，后续的各项举措和行为也不能越权。而在数字政府建设过程中对多元法律权力的保护同样应当立足于现有的法律基础，如数字政府的建设需要基于大量的数

---

　　[1]　参见李洪雷：《深化改革与依法行政关系之再认识》，载《法商研究》2014年第2期，第51～57页。

　　[2]　参见李明堂：《数字政府治理集约化的逻辑、挑战与进路》，载《东岳论丛》2024年第2期，第124～133页。

据收集、处理和利用。因此，对数据隐私的保护实际上可以在传统隐私保护法规的规范中融入数字化隐私保护机制，以保障政府对公民个人信息的安全和合法使用。[1]此外，就数字政府建设本身而言，则可以在行政体制内部设立相应的行政合法性审查机制，该机制的主要作用便在于对数字政府建设的各种政策、项目、应用和环节等进行违法行为纠正，以规避建设过程中的法律风险。

二、合理行政原则

数字政府的转型过程同时需要遵守依法行政原则与合理行政原则的一体和谐。诚然，基于依法行政的要求，数字政府的行政决策应当符合法律法规的规定，以防止技术黑箱对公民权利产生侵害。但对于依法作出的数字决策，还应当在决策后端审查其是否履行和实现了国家正义管理职能，[2]该决策对不同类型的群体是否存在数字偏颇等。由此，政府在数字化行政的过程中不仅要实现行政行为的效率最大化，更为重要的是寻求行政行为效益的最大化，而这种效益应当包括公平、平等等在法律框架内追求的最优社会效果。

与依法行政原则作为形式行政范畴所强调的合法性有所不同，合理行政原则追求的是实质行政中的公平和正义，它要求政府的行政权力行使满足客观、理性和合理的要求，该原则尤其适用于需要谨慎和综合地考虑多元因素[3]并进行行政裁量活动的情境。就其内涵的拆解来说，该原则主要涉及三项内容，分别是公平公正对待、考虑相关因素和比例遵守。[4]前者的具体要求是行政机关在行使行政权力时应同等情况同等对待；中者则要求行政机关在作出行政决定和进行行政裁量时，只能考虑符合立法授权目

---

〔1〕 参见王贵：《算法行政的兴起、挑战及法治化调适》，载《电子政务》2021 年第 7 期，第 2～14 页。

〔2〕 参见魏强：《析行政合理性原则的适用——以合理控制房价为视角》，载《东岳论丛》2013 年第 8 期，第 157～161 页。

〔3〕 参见胡溢武、刘恒：《行政裁量权的合理规制与法治政府建设》，载《重庆社会科学》2014 年第 3 期，第 13～20 页。

〔4〕 参见李登喜：《论行政裁量权行使的原则》，载《河北法学》2011 年第 7 期，第 164～169 页。

的的相关因素而不得考虑不相关因素；后者又称"禁止过分"原则，即行政权的行使虽为达成行政目的所必需，但给公民造成的不利影响不能超过目的所要求的价值和范围，即行政执法权必须在侵害人民权利最小的范围内行使。法治实践表明，通过合法性标准规制政府权力虽仍有必要，但其效用已递减至极低限值，故应突破传统法治主义预设的合法性窠臼，辅以合理性原则，从而形塑合法性与合理性并用的原则体系。[1]

　　数字政府应当恪守合理行政原则的目的不仅仅是满足社会对政府行使行政权力时客观、理性和防止权力滥用的期待。更重要的原因是，行政权力作为社会治理的权力类型之一，其与立法和司法权有所差异。它更加具有迅速性、主动性和干预性等特征。一般来说，行政权力的行使往往能够对普通公民的权利和利益保障产生直接影响，这在数字赋能以后更为明显。故而，对合理行政原则的植入有助于在最大程度上监督行政决策的公正性并实现对公民基本权益的守护。况且，对该原则的奉行也是明显助益于政府本身的。合理行政行为要求数字政府在使用技术手段展开科学和高效处理行政事务时更加考量综合效益，因而应当倡导更为透明的公开行政、更多维度的利益衡量、更为坦诚的社会监督。此外，在数字政府建设中坚持合理行政原则既可以提升政府的形象和公信力，也能够以此增强公众对数字政府的信任。原因在于，要求行政机关在行使权力时必须符合社会公德和科学公理，实际上能够显著增强公民对政府的信任和支持，而透明、公正、合理的数字行政过程和决策也能够表明政府的真挚和坦诚，从而促进政府与公众之间的良好互动，以强化社会的信任感。最重要的是，合理行政原则基于对数字政府行政过程的公正追求，要求行政机关在资源分配、决策制定等方面考虑各方的权益，能够有效避免偏袒和不公平的现象。[2]而从最根源的原因来看，数字政府之所以应当坚持合理行政原则，其实是因为其要求政府秉持数字工具主义的立场，即在政府的数字转型过程中始

---

　　〔1〕　江必新：《行政程序正当性的司法审查》，载《中国社会科学》2012年第7期，第123~140页。

　　〔2〕　参见张华民：《依法行政的德性要求及其现实观照》，载《现代法学》2014年第2期，第67~72页。

终坚守为人民服务的初心，强调数字的工具性和服务性，而不是为了实现数字化本身。政府应当将数字化转型视为一种用以提升决策科学性、服务便捷性和行政效率性的工具，从而更有效地履行其职责并实现公共利益的最大化。因此，如若认为合法行政原是在强调行政主体应当以明示的依据为圭臬，那么数字政府在建设和运行过程中对合理行政原则的坚守便是为了阐释政府本身以人为本[1]和为民服务的根本宗旨，从而引领数字政府在推进进程中注重人本需求的发展导向。而且，这种人本需求实际上可再次延伸出确保公共数据安全、尊重数据背后隐私利益以及禁止数字歧视等诸多具体的要求。

三、程序正当原则

在数字政府中强调程序正当原则是极其必要的。一般来看，理想的传统政府在保证程序的正当性上应当是理性、客观的，只按规则行事而"不考虑人"。毋庸置疑，政府的公平在很大程度上实际上体现在公务员身上，因受过专业训练，公务员主体原则上应当能够以高度规范和无私的方式发挥自己的判断力。然而，现实中的公务员并不是完美的，他们有时会忽略程序，有时会存有偏见，还时常将自己的生存需求放在首位，这显然不能完全做到维护社会公众的合法利益。因此，从表面来看，数字政府以数字程序代替传统公务员似乎可以让我们摆脱人可能受到的干扰——数字的冰冷和机械的客观性等特征似乎更应该值得庆祝。然而，需注意，数字政府对正当程序的贯彻与否实际上也是存在瑕疵的，因为人工智能政府——就像人工智能企业一样——越来越缺乏解释自己行为的技术能力，包括对自己的行为。诚然，政府的数字化转型无论是在其行动的范围内还是在决策的效率上都具有传统政府所无法比拟的优势，如数字行政既可以使得那些偏远而又资源和能力不足的人获取政府服务，也可在适用校准得当的数字系统过程中得出全方位的决策等。但与之附随的弊端是：无论是对于外行人还是对于专家本身来说，数字政府运行虽然在有些维度可以更加透明，

---

[1] 参见高秦伟：《数字行政中法治价值的设计与实现》，载《比较法研究》2024年第2期，第32~47页。

但也在部分维度让政府更加不透明。因为，数字政府决策中的公共数据实际上来源于私人数据，这些数据承载的信息背后有很大可能涉及敏感性或机密性。此时，要求数字政府运行时的数据完全开放显然是不切实际的，数字政府必然需要在数据开放和共享、数据隐私和安全保护之间进行抉择。显然，这种有限的开放性不可能让社会公众获取到全部的数据基础，更遑论完整地知晓其运作和决策的过程了。此外，数字政府的决策运行也愈加依赖于算法和数据分析，由此导致的困境是数字技术运行的黑箱性[1]也更加明显。甚至，即便是普通政府工作人员，在某些情况下也难以知晓和评估政府决策是不是立足于正当程序而得出的。可见，即便是在政府的数字化发展进程中，也同样需要对传统政府运行所坚持的程序正当原则予以关注和重视。

实际上，程序正当原则作为行政程序法的基本原则，[2]历来为行政法所倡导并已得到国际学理界的普遍遵循和研究。[3]根据程序正当原则的内容要求，该原则在多数情况下蕴含的是：要求政府权力的行使不应偏离既定的程序。而且，这种程序已经通过事前立法等手段予以明确公示，从而为保障行政相对人的合法权益及社会公共利益奠定基础。从本质上来看，程序正当原则的合法地位还是起源于公共权力不得滥用[4]的思想。毕竟，基于社会契约论，公共权力的产生是基于私权的契约让与，这种让与是为了追求集体幸福而非集体谋害。而且，当行为一旦超越社会契约签订者的集体预期，即意味着其有违正当程序滥用职权。[5]因此，在现实的社会实践中，该原则的内涵常常演化出行政行为应当遵循事先告知、阐述根据、

---

〔1〕　所谓"数据运行的黑箱性"指的是某些信息、某些操作或某些系统的工作方式对人类是不透明、不可知的，因此无法对其进行监控或者无法了解其内部的运行规律。

〔2〕　孙光宁：《正当程序：行政法指导性案例的基本指向》，载《行政论坛》2018年第2期，第107~111页。

〔3〕　周佑勇：《司法判决对正当程序原则的发展》，载《中国法学》2019年第3期，第26~45页。

〔4〕　许春晖：《正当程序：滥用程序权的判断标准》，载《法学评论》2019年第2期，第53~60页。

〔5〕　参见蒋红珍：《正当程序原则司法适用的正当性：回归规范立场》，载《中国法学》2019年第3期，第46~63页。

听取申辩及允许救济等诸多具体的程序性要求。

在政府的数字化转型和建设中，程序正当原则能够实现对行政相对人知情权、参与权以及救济权的保障，以防止由技术疏漏带来的公民合法权益侵犯。尤其是，在政府的数字化运行使得行政行为更加快速和不透明时，程序正当原则所维护的政府公共治理行动可预见性能够给予公民更多的沟通、更多的救济、更强的监督以及更厚的信任。因此，数字政府的建设和运行应当采取更多的举措来保证程序正当原则在数字化领域的应用。例如，借助相应的数字政务法律规范，明确数字政府建设应当遵守程序正当原则，以及应当在哪些环节履行法定程序，明确规定数字政府在具体的数字决策进程中应当进行信息公开以及如何公开等。最重要的是，数字政府的运作应当赋予公民监督和救济的兜底保障机制。在这种保障机制下，行政相对人如果认为数字政府决策影响到了其切身利益，既可以请求启动对数字技术应用的监管机制，也可以借助行政复议和行政诉讼等救济渠道来审查公民异议的具体缘由，甚至可以由政府聘请第三方技术评估机构为其权利救济提供法律和技术层面的援助支持。

第三节　数字政府法治保障的时代革新

技术的变革创新会为社会的发展提供了崭新的潜力空间，电力、计算机等皆是如此。同理，数字技术对传统政府的支撑和扩容也会使得新时代政府的公共治理呈现出与前不同的样貌。因而，在被局部更新的社会形态中既需要反思和取舍传统政府法治应当保留的原则，也需要重视数字政府时代需要增添的法治内容并予以跟进。基于此，在政府数字化治理的背景下，有必要重新思考传统核心价值观的数字内涵并重点关注数字领域的正义和人权价值与保障。

一、赋予核心价值观以"数字"内涵

任何时代的国家都会有属于自己的社会价值追求。不可否认，中国和西方国家不仅在经济上竞争激烈，而且在有关个人及其角色、权利、义务

及其最终决定权的思想和观念方面也竞争激烈。[1]处于不同的历史文化背景下，不同国家和政府机构的建设和改革实际上遵循着一个环境影响的过程。正因如此，数字政府的法治建设进程常常会捕捉政治、体制和外部力量的作用。这表明，社会公共部门改革的结果往往不是单纯由立法和技术支持决定的，而是由综合动态环境决定的，它使每个国家的价值追求呈现出有别的面貌。并且，社会公共改革必须接受这种"价值兼容性"的考验。此时的结果便是：与立法设定中的规范和价值观不兼容的举措将被拒绝，兼容的部分将被实施，而对有争议的部分则将被调整成可接受的。只有当社会公共建设和改革的基本价值观与现有的社会价值观保持更好的一致时，改革才更有可能取得成功。[2]一般认为，社会主义核心价值观在当代中国是社会主义核心价值体系的内核，其体现社会主义核心价值体系的根本性质和基本特征，反映社会主义核心价值体系的丰富内涵和实践要求，是社会主义核心价值体系的高度凝练和集中表达。正是将社会主义核心价值观作为中国式现代化的基本价值追求，[3]中国式现代化进程中的数字政府建设不仅强调"数字"进化的技术向度，其还蕴含着丰富的价值向度，是技术性与价值性相统一的发展样态。[4]因此，将数字政府仅仅被视为一个技术问题并专注于组织技术转型研究的做法，实际上并没有捕捉到信息和通信技术在"社会背景"中的作用，而这对传统政府的成功转型而言至关重要。[5]

　　不同社会关于价值追求的阐述离不开特定时代和疆域下的社会现实。可见，对社会主义核心价值观的数字内涵赋予，必然离不开对数字技术给

〔1〕　See Hans J. Scholl, "Digital Government: Looking Back and Ahead on a Fascinating Domain of Research and Practice", *Digital Government: Research and Practice*, Vol. 1, No. 1, 2020, pp. 7~19.

〔2〕　T. Christensen et al., *Organization Theory and the Public Sector*, Abingdon: Routledge, 2007, p. 132.

〔3〕　参见艾四林、徐若菲：《深入理解中国式现代化的价值观》，载《思想理论教育导刊》2023 年第 6 期，第 28~33 页。

〔4〕　参见孟庆龙：《中国式现代化进程中"数字中国"建设的价值向度》，载《江西社会科学》2023 年第 7 期，第 76~83 页。

〔5〕　Walter Castelnovo and Maddalena Sorrentino, "The Digital Government Imperative: A Context-aware Perspective", *Public Management Review*, Vol. 20, No. 5, 2018, pp. 709~725.

人类社会带来方方面面重大改变的紧密关注。可以肯定的是，数字技术对社会的传统发展和个人的生活方式都带来了举足轻重的革新。就前者来说，以数字技术为基础引起的信息通信技术快速化、便捷化和多样化发展使得人民可以基于移动网络和社交媒体随时获取和分享资讯。这种高效、即时和广泛也导致了社会公共服务模式和经济发展模式与传统社会有所不同。例如，现在的人们往往依赖于数字技术来获取公共服务，如在线教育、远程医疗和智慧城市服务[1]等。这种数字在线带来了数字经济发展的潮流，并使得传统产业不得已而展开数字化的转型升级，从而催生了我们当下的诸多数字经济新业态。而对于后者，数字化技术的发展则令个人的生活方式和社交方式更加灵活多元，人们通过数字媒体展开人与人之间的社交和互动随处可见。总之，不论是联系还是消费，个人生活的便利化、个性化、实时化和多样化等特征都因数字服务而更加凸显。

在这样的时代背景下，数字技术的产生不仅为弘扬社会主义核心价值提供了一个新的平台，同时也对数字政府建设中应当贯彻的社会主义核心价值内涵带来了拓展。[2]具体而言，社会主义核心价值观的数字内涵体现了其在数字化时代的特殊意义和新的要求，[3]其中的特殊之处主要表现在富强、民主、文明、和谐、自由、平等、公正和法治等方面。富强的数字内涵强调数字科技创新的驱动作用，鼓励人们在数字领域展现创造力，继而依靠数字化技术来促进社会经济发展；民主的数字内涵强调借助数字化技术在政治层面更大程度地扩大公众的广泛参与；文明的数字内涵要求关注数字文明的培育，通过倡导积极向上、真实有益的网络文化使网络空间成为传播社会主义核心价值观的重要平台；和谐的数字内涵则注重国际数字治理与合作，提倡通过构建开放包容的国际数字社会来共同应对全球性

---

〔1〕 "智慧城市"（Smart City）是以发展更科学、管理更高效、生活更美好为目标，以信息技术和通信技术为支撑，通过透明、充分的信息获取，广泛、安全的信息传递和有效、科学的信息处理，提高城市运行效率，改善公共服务水平，形成低碳城市生态圈而构建的新形态城市。

〔2〕 董慧、陈兵：《数字时代核心价值的建构——以法兰克福学派批判理论为线索》，载《东岳论丛》2015 年第 8 期，第 34~40 页。

〔3〕 参见李建玉、孟素锭：《数字经济时代社会主义核心价值观凝聚社会共识研究》，载《经济师》2024 年第 1 期，第 220~221 页。

挑战和构建人类命运共同体；而平等的数字内涵则强调更加关注数字空间的平等权利，追求数字社会中每个个体的平等参与和受益；等等。这种数字内涵的进化显然更贴合数字化时代的发展趋势和人民日益增长的数字需求，从而为构建数字社会提供了更具时代性的指导思想。

二、维护数字时代的正义价值与目标

因所处社会背景、文化价值和哲学体系的差异，正义成了一个广泛且又多层次的概念。但无论是基于历史的贯穿还是国别的跨越，正义几乎都可以被阐释为对公平平等道德理想的遵循和实践。这种善的品性使得正义成了任何一个社会和个人繁荣发展的必要追求。毕竟，任何一种形态的社会都要求群体创造一个可实现个体尊严和个人权益合理化的环境，每个人在该环境中也都应当不受歧视地拥有平等机会和权利，以促进个体最大化的潜力发挥。此外，由于任何的社会都会存在各种不平等和不公平挑战的情形，正义在绝大多数时候是法治社会实现的指南。原因在于：正义作为道德、伦理和秩序的关键，能够指示个体为创造一个和谐、团结、公平、平等和可持续的未来社会而奋斗，由此也可认为对正义的坚守在很大程度上是社会不断进步、稳定、繁荣发展的催化剂和助推器。诚如前述：大数据、人工智能等技术的进步令人类的生活方式及社会交互发生了巨大转变，这种转变不仅仅产生了如数据隐私、数字鸿沟和算法歧视等诸多社会伦理问题，也直接干涉到了处于数字环境的个人权益。故而，有必要推动正义内涵在数字化新阶段的研究，[1]从而强化数字环境中保障正当性个人权益和社会发展公平与平等道德理想的实现。

况且，数字技术的智能化、快速化发展和广泛应用在多个方面为正义的内涵提供了反思的契机和必要。[2]其中，数字世界的不法行为应当被认为是其中的一个典型问题。例如，数字网络攻击加剧了其对隐私和安全的

---

〔1〕　谷佳慧：《数字时代正义的内涵变迁及法治保障》，载《北方法学》2023 年第 5 期，第131~145 页。

〔2〕　参见李志祥：《数字智能技术的正义挑战与伦理应对》，载《上海师范大学学报（哲学社会科学版）》2023 年第 6 期，第 94~102 页。

侵犯；数字财产犯罪也给社会群体和个体都带来了与日俱增的危险、威胁和实害；数字空间的信息过度收集、存储和灰色交易不仅仅违背了法治的基本精神，也对相关的单行社会秩序展示出了诸多的不屑和践踏。而且，数字鸿沟的现实存在实际上也显现了社会治理的不周全和不平等。其中，数字技术访问不平等的客观事实无疑在数字鸿沟多元化的阐释当中占据了核心地位。而当下的数字技术研究又因过于关注数字治理的供给端努力而在很大程度上忽视了需求端的环境、想法和障碍。这种公共治理的数字化发展看似是一种技术和时代的进步，但对数字社会受排斥群体的研究缺失[1]却让数字正义的实现呈现出了一种微败的姿态。因此，如何在技术发展迅捷和高效的时代潮汐下为缺乏数字技能或数字物质条件的群体提供平等的数字保障基础，也是数字正义必须面对和解决的问题之一。

此外，数字正义还需要解决算法主观性、歧视性和自动化决策可靠性的有关问题。[2]算法作为一种很难为外人介入的不透明控制程序，看似是客观的，但其实很难客观。毕竟，产品的本质决定了其被生产的来源，而且这种来源只能是人造。技术专家并非政治家，他们无法隔绝所有的性别、种族、政治取向和其他相关偏见因素而成为一个算法制造的公正上帝。他们不可能完全考虑，也没必要这样去考虑。因此，当这种带有客观局限性的数字技术被广泛应用于公共治理分析和决策时，隐性歧视和偏见便也会潜入不正义的结果。可见，数字正义需要对基于客观数据信息转化而生成的主观认知模型进行关注。与此同时，无论是"模拟"政府还是数字政府，政府干预都依赖于最优治理结果的存在性、可知性和稳定性的假设。这种目标设定意味着制度的设置需要依赖于对公民偏好的充分了解并产生稳定的结果，而这两者实际上都与知识问题有关，但数字鸿沟的多维方面造成的知识不对称却会削弱数字治理的有效性。另一方面，需要数字正义介入的维度是：数字技术对广泛社会监控的无意形成。数字技术创建了大量的

---

〔1〕 E. J. Helsper and Van Deursen, "Digital Skills in Europe: Research and Policy", *Digital Divides*, K. Andreasson (ed.), CRC Press: Boca Raton, FL, USA, 2015, pp. 125~146.

〔2〕 参见孙斐、游鸿宾：《数字政府治理的公共价值失灵发生机制及其矫正——以 C 市智慧城市建设为例》，载《中国行政管理》2024 年第 4 期，第 107~119 页。

公共记录，这些非常私人的记录往往包括了一个人生命的开头到尽头。例如，一个人可能产生从出生证明、免疫接种记录、学校贷款到驾驶记录、结婚证书、离婚程序、破产申请以及社会保障福利等数字公共记录。而当几乎每一项活动都留下数字痕迹时，政府和私人监控就不再是模拟监控，而是"数字看管"，这种新的数字监控工具比以往任何时候都可以更有效、更完整地由相关主体掌握，以至于无论是公开的还是私人的个人数字线索都可以被调查人员所追踪。详言之，除了传统物理监控，警方还可以在不离开总部的情况下使用数字技术搜索嫌疑人的 IP 地址，以获取犯罪信息或者在公共场所发现可能的罪犯。此外，数字技术正在将政府的开放资产变成更有利用价值的资源。在纸质时代，公共记录往往都是在政府机构的地下室或隔离的文件柜中默默无闻。除非雇用一组调查人员深入全国各地的政府办公室，否则这些记录很难被找到或被汇编成有用的档案。然而，数字时代改变了这一准则。以数字方式存储的政府记录通常与互联网或其他网络相连，甚至可以由专业公司定期汇编成数据库，继而被允许免费搜索和附条件下载。此时，有必要在数字领域鲜明、广泛和深入倡导和要求正义原则的介入。可以肯定的是，这是传统社会正义原则在数字化变革中的体现，[1]其既包括分配正义、程序正义等传统形式，也包括互动正义和信息正义等新型形式，[2]本质上是数字社会和数字经济时代对正义需求的新质描述。[3]

三、确立数字环境下的人权保障价值

人权保障是社会文明的"试金石"，它既能够测试一个社会是否足够法治，从而使得每个与生俱来的个体都可以享有不被剥夺地、自由和有尊严地活着，也能够测试出一个社会是否具有进步和稳定的潜力，从而激发社

---

〔1〕　张吉豫：《数字法理的基础概念与命题》，载《法制与社会发展》2022 年第 5 期，第 47~72 页。

〔2〕　周尚君、罗有成：《数字正义论：理论内涵与实践机制》，载《社会科学》2022 年第 6 期，第 166~177 页。

〔3〕　张凌寒：《数字正义的时代挑战与司法保障》，载《湖北大学学报（哲学社会科学版）》2023 年第 3 期，第 133~140 页。

会个体的幸福感、信任感和成就感，铸就一个和谐、民主、活力四射的可持续发展型社会。而且，对人权的保障往往既是个人先天享有的道德权利，也是国家的法律义务。作为一种自然权利，人权要求任何个人和群体都有义务尊重和支持他人；而作为一种法律义务，人权则要求国家必须采取积极主动的条件进行人权守护。在数字技术引起的社会变革推动进程中，人类社会逐步由工业社会迈进数字社会。[1]该进程逐步衍生的全球性突出问题之一即：数字世界对人权的侵犯。可见，数字社会应考虑人权的数字形态以继续承担为人类社会进行道德守护的重担。[2]为此，我们需要考虑数字时代创造了哪些新生类型的人权，并通过制定一个系统性的框架确保人权在数字环境中得到满足。[3]

我们正处于一个数字变革的新时代，多种组织实体在这个时代正在不断地收集和应用数据以影响人们的生活。有研究表明：由于在数字空间中进行的文化、政治、经济和其他人类活动的份额越来越大，现有的歧视、不平等、排斥、欺诈、不安全、权力失衡等问题有可能被加剧。例如，30亿使用互联网的人中有90%生活在发展中国家；数字原住民占青年人口的30%但只有不到1/4的年轻公民参与数字投票；Facebook有14.4亿活跃用户，YouTube有10亿活跃用户，但12%的社交媒体用户报告称有人入侵了他们的社交网络账户并冒充他们；智能手机用户89%的移动媒体时间被用于与应用程序交互，但其中48%的用户会被限制使用应用程序，除非他们的个人信息可以得到更好的保护；谷歌和阿里巴巴分别占据了美国和中国在线搜索市场68%和电子商务市场80%的份额等。[4]在这样的数字环境中，诸多威胁到人类基本权利的问题也得以显现。例如，有的数据常常被过度收集并用于对人格权的侵蚀；有的数据使用主体通过收集无生命物体（人

---

〔1〕 马长山：《数字人权的"中国图景"》，载《人权》2023年第4期，第50~57页。

〔2〕 郑智航：《数字人权的理论证成与自主性内涵》，载《华东政法大学学报》2023年第1期，第35~47页。

〔3〕 Kay Mathiesen, "Human Rights for the Digital Age", *Journal of Mass Media Ethics*, Vol. 29, No. 1, 2014, pp. 2~18.

〔4〕 T. Janowski, "Digital Government Evolution: From Transformation to Contextualization", *Government Information Quarterly*, Vol. 32, 2015, pp. 221~236.

造和非人造）和生物（人、植物、动物、病毒、细菌）的数据来获取营利。可见，大多数组织都将数据收集视为当下社会运行的常态，而其一旦掌握了适当的技术诀窍，大部分机构都将寻求生成、挖掘、存储和"资产化"尽可能多的信息，哪怕有时看不到具体的最终用途。[1]再如，网络犯罪作为通过互联网非法实施的新兴刑事犯罪，包括破坏互联网证券、欺骗或非法侵入电子邮件账户、破坏银行账户密码、间谍软件攻击等在内的网络犯罪不断侵害社会主体的财产。究其原因，技术落后以及缺乏国际合作等往往会成为其重要的原因。[2]此外，从更为宏观的层面观察，由信息和通信技术不平等获取和使用而造成的数字不平等也成了阻碍社会经济弱势群体参与数字社会的一个严重问题。迄今为止，大多数旨在解决数字不平等问题的举措都侧重于提供技术介入，而这种方法实际上已被证明是无效的。究其根本，我们对这一现象的有限理解以及认为数字不平等只是数字获取的观点构成了该问题的直接因素。[3]

与向客户推销商品和服务的私营企业不同，作为现代国家中公民与国家之间独特关系的重要组成部分，政府机构必须为具有不同需求、信仰、态度、文化、语言和教育水平的各种各样个体提供服务。尽管对大多数政府来说，数字政府的概念从技术上讲是一个在线服务的过程，但数字企业与数字政府显然并不是从商业领域到政治领域的直接简单化转换。[4]原因在于：与商业服务不同，数字政府的建设必须将人权的保障置于核心地位而非市场营利。此外，数字政府对人权的保障也应当站在公民的视角看待需求。诚然，像公民一样看待事物通常缺乏像消费者一样从市场看待事物

〔1〕 M. Fourcade and J. Gordon, "Learning Like a State: Statecraft in the Digital Age", *Journal of Law and Political Economy*, Vol. 1, No. 1, 2020, p. 79.

〔2〕 See Ghulam Muhammad Kundi, Allah Nawaz and Robina Akhtar, "Digital Revolution, Cyber-Crimes And Cyber Legislation: A Challenge To Governments In Developing Countries", *Journal of Information Engineering and Applications*, Vol. 4, No. 4, 2014, pp. 61~68.

〔3〕 J. Hsieh et al., *Addressing Digital Inequality for the Socio-economically Disadvantaged through Government Initiatives: Forms for Capital that Affect ICT Utilization*, Computer Information Systems Faculty Publications, 2011, p. 24.

〔4〕 Patrice A. Dutil et al., "Rethinking Government-Public Relationships in a Digital World: Customers, Clients, or Citizens?", *Journal of Information Technology & Politics*, Vol. 4, No. 1, 2008, p. 86.

的预测能力，但是像公民一样看待事物却有其特定的数字人权需求探查优势。而且，数字人权既是个体在数字空间的正当性权利，也是个体基于数字媒介对其人格权的无限延伸。[1]它不仅在内容上可以囊括数字生存权、数字自由权、数字平等权、数字救济权四类二阶权利，[2]还可进一步衍生出一个具有开放性的权利体系。[3]例如，数字生存权项下可以包括数字隐私权，数字自由权项下可以派生出数字表达权，数字平等权项下可能涉及数字参与权，以及数字救济权中存在数字安全权等。

第四节　数字政府法治保障体系的内容

数字政府的法律治理体系保障涉及与法相关的多个环节。其中，立法先行有利于为数字法治政府的稳步运行提供行为准据，执法同步可为数字法治政府的良性运行提供实践跟踪，而司法兜底则可为数字法治政府运行的最终结果提供正义守护。此外，在数字政府的法治保障体系中强化全过程的公众参与，有利于警醒数字政府的建设初心和法治存在的基本使命。

一、事先立法保障

法制作为由国家制定并强制执行的公共秩序规范，具有道德、习惯和风俗等所不具有的普遍性适用效力。而且，这种效力主要表现在公民与公民以及公民和国家之间。就前者来说，立法必然为公民和公民之间设立以权利和义务为表现形式的社会行为框架。根据该框架的内容，合乎框架内部的行为是自由和保护的，而超越框架之外的行为则是被认定为不法和禁止的，从而为个体公民之间划定了自由行动的边界。就后者来说，个体权利的受侵犯来源并不仅仅是产生于公民彼此的行动，还源于国家公共权力

---

〔1〕　参见张龑、江烁：《数字人权的概念及其对基本权利的重塑》，载《人权》2023年第5期，第23~41页。

〔2〕　关于数字人权的分类还可参见伍德志：《数字人权再反思：基于功能分化的视角》，载《法学家》2024年第2期，第158~172页等。

〔3〕　高一飞：《数字人权规范构造的体系化展开》，载《法学研究》2023年第2期，第37~51页。

的行使，因此立法一方面通过对公民的基本权利进行阐释，另一方面为公共权力的范围划定限制。因此，以立法对数字政府展开法治保障有利于政府数字化转型的合法、平稳过渡。不可否认，数字政府在当下已进入更高阶段。由此，作为这一转变的推动者和促进者，政府不仅需要快速、灵活地制定新的法律法规，以维持我们社会所需的公共治理，还需要使新法规具有可调整性，以避免扼杀新技术的潜在有益用途。

通常认为，政府的数字化转型对既有的立法体系带来了法律制度供给不足以及数字化权利义务规范不清晰等现象。[1]而导致这种现象的因素主要有几个维度：一是数字政府对数字技术的广泛应用使得传统的法律框架无法适应新时代的社会革新。正如在计算机出现以前不可能存在与计算机相关的刑事责任规范一般，数字政府的建设使得政府的数字系统、数字基础、数字隐私、数字交易、数字安全以及其他诸多方方面面的数字化服务都有可能受到威胁，这使得立法制度必须紧跟数字政府的建设进程并及时提供相关的数字化行为规范。二是以数据为基础的数字政府改变了传统政府的运行方式。例如，不同层级和部门的政府机构在协作办公时往往需要数据的获得、使用、分享和协同，由此决定了数字政府本身的新型运作方式本身也需要通过相关的法律制度来保障其运行的稳定和可预期等。

而为了能够让政府的运行从工业文明形态平稳顺利地转向信息或数字文明形态，需要客观面对、总结和化解政府数字化升级过程中的障碍和挑战。就立法的能力和作用而言，主要有几个思路可供参考：首先是对既有立法体系的更新和对新兴立法需求的补全。对于前者来说，数字技术的广泛应用使得如何将之纳入传统法律的范围已然成了时代的新问题之一。[2]以宪法为例，政府数字化升级意味着整体型政府和可协作型政府的转变，而这种形态变更可能与宪法的规定相悖。详言之，传统宪法要求权力的行使需要将权力划分为差异化的层级和部分，而数字政府的全面集成和互操作性则

---

〔1〕　参见郑妮、汪家颖：《数据视域下法治链条与数字经济的印合：被动适应与主动保障》，载《理论月刊》2022 年第 12 期，第 64~74 页。

〔2〕　参见傅爱竹：《数字新兴议题专门立法热之反思》，载《法商研究》2023 年第 5 期，第 47~61 页。

显然是在技术层面突破了宪法科层的设计。[1]对于后者而言，数字政府的建设促进了诸多新兴技术和服务的应用，这种新兴立法的补全是数字时代发展的需要。详言之，数字银行、数字交易、数字隐私等公共管理问题在政府数字化转型后接踵涌现，这些领域均需要合适的立法来避免数字用户遭遇数字欺诈或数字犯罪，从而使数字政府能够在数字运行的社会中获得数字公民的数字信任和信心。其次是守护数字隐私权利。事实上，数字政府在建设过程中将公民的大数据、开放数据和关联政府数据与消费者或公民的私人数据相结合的技术能力远比我们想象得来得先进，其已经能够非常准确地预测消费者或公民的偏好、厌恶以及他们未来可能的行为和行动。显然，这种技术能力在多大程度上可以合法发挥，实际上需要通过重新制定、修正和实施哪些法律法规以及其他监管保障措施来确认，以维护公民的合法权利。一个常见的生活例子是，在一个无现金的世界里想要不泄露个人隐私是很难的，毕竟每一笔交易都需要身份验证，每一个步骤都可以被刁难和技术调取。可见，数字政府建设应当加强个人数字隐私和保护的法规制定，以确保在数字政府建设中对个人数据的合法、安全、透明处理。再次是保障数字运行的网络安全。立法者应当通过制定和完善数字网络安全法规来保障数字政府建设中的信息系统和网络的安全，并在其中同时明确网络运营者和服务提供商的网络安全责任和义务，从而防止网络犯罪分子在没有专门网络立法的情况下放肆地在网络社区逾矩，最终损害数字用户的合法利益。最后是完善边缘立法。鉴于数字政府建设可能引入智能合约[2]和区块链技术的实际情况，在数字政府建设的过程中需要制定法规明确这些新技术的法律地位和法律效力以规范其使用和运作。

二、事中行政保障

在数字政府的建设过程中，行政保障具有与立法保障和司法保障所无

---

〔1〕 Petter Gottschalk, "Maturity Levels for Interoperability in Digital Government", *Government Information Quarterly*, Vol. 26, 2009, pp. 75~81.

〔2〕 "智能合约"（Smart contract）是一种旨在以信息化方式传播、验证或执行合同的计算机协议，其允许在没有第三方的情况下进行可信交易，这些交易可追踪且不可逆转。

法显现的特色和优势。而且，这种优势至少体现在两个方面：一是行政保障的广泛性。由于行政组织在公共治理的范围边界包括但不限于教育、卫生、交通、医疗等维度，因此行政保障与数字政府在公共服务方面的内容具有高度的契合性。二是行政保障的直接性、灵活性、快速性和主动性等特征。作为国家法律的执行机构，行政组织不仅可以有介入管理的决定权，而且也可以根据实际情况进行行政程序的灵活调整，以适应多元的环境和变化，这相比于其他类型的法治保障措施而言显然是其所独有的。

当然，政府在数字化转型的过程中也给传统的行政运行带来了诸多新元素的融入和影响。最为直接的体现便是：由于在线数字服务可以取代传统的书面纸质服务，而且数字应用也为公民的相关手续办理提供了更加高效便捷的流程，因而也就导致数字政府的运行改变了传统上政府与公民之间的连接关系；在政府的内部，数字技术在不同部门之间的创新和改进也使得数字交互远远提高了政府服务的质量和水平，同时也为未来创设更加个性化、精准化和智能化的公共管理提供了可能；这种数字技术的应用也使传统政府的组织架构和人才需求产生了变革。[1]毕竟，作为公共治理组织的政府不可能将公共服务总是外包于私人组织，这种数字人才和数字保障部门实际上构成了数字政府不同于传统政府的新型架构需求和人才需求。在这种情况下，未来数字政府的组织部门可能会更加强调技术与行政的复合型人才培养。对于这些群体而言，他们不仅仅是能够给公民提供数字化服务的公务员，也是能够驾驭数字化运行的技术员。可见，传统行政在数字化革新的影响下必须深入思考相关机遇和挑战，以适应数字政府的转型脚步，否则便可能不仅无法提供充足的行政保障，反而还可能造成行政阻碍。

因此，为确保政府数字化转型的合法性、规范性和有效性，在数字政府的建设过程中可以有针对性地提供行政保障措施。例如，在行政组织机构建设和行政程序规范上成立专门的数字政府建设机构或部门来负责规划、组织、协调和监督数字政府建设工作；通过立法明确数字政府建设的行政

---

[1]　沈费伟、诸靖文：《数据赋能：数字政府治理的运作机理与创新路径》，载《政治学研究》2021年第1期，第104~115页。

程序和规范，以应对各种突发性意外等。详言之，在这种情况下，可以采取如下举措：针对自动化行政行为，在收集、处理与决策、作用的不同阶段设置合法性控制的行政程序，[1]这有助于规范行政行为并提高其效率与透明度；针对数字服务平台建设和数字身份认证，以统一整合各类公共服务为遵循来优化数字服务平台建设，并在该平台综合提供在线申请、查询、支付等功能以使公民和企业方便办理事务，同时也应引入数字身份认证系统以提高公民在数字平台上的安全性和便捷性；针对数字合同的管理监督，通过健全数字合同管理体系以确保数字公共服务外包行为在数字政府建设过程中更加公开、合法、合规等等。

三、事后救济保障

作为公共的社会共同体，国家成立的目标是让更广大的多数人可以获得公正的机会以求得生存和发展。倘若作为工具的国家本身无法实现这个目标，继而便可以有两种选择：一是自行设立目标矫正机制来回归本原追求；二是直接将工具弃之如敝屣。实际上，法治的事后救济保障正是国家自身创设的矫正路径，它在每一个现代化国家的征程中都肩负着重要的使命。[2]原因在于：没有哪一个国家能够保证自己的事先立法能够得到全部的遵从，也没有哪一个立法者敢自信地宣称其所有的法律本身都是正义无误的。因此，事后救济保障对于当事人主体的重要性意义在于公正保护，它创设了为个人、组织和国家之间的争端化解提供文明的机制平台。在该程序中，各方的权益可以尽量在不违背理性第三人常识的情况下获得公正裁决，而对社会集体的价值便在于社会秩序的确保执行和实施。毕竟，如果仅有立法和执法行为却无司法制裁，法治原则中的公共利益保护和非法行为打击目标便无法实现。

由于数字政府建设涉及大量信息和技术应用，存在诸多潜在的风险和挑战，在数字政府建设中以司法救济为事后保障便是极其必要的。其中，

---

[1] 张天翔：《数字政府建设中的行政行为类型化研究——以行政过程论为视角》，载《华侨大学学报（哲学社会科学版）》2023年第2期，第130~139页。

[2] 韩慧：《论新时代司法的守正与创新》，载《理论学刊》2021年第2期，第125~132页。

信息安全风险首当其冲。一般认为，数字政府可以被视为异构业务信息系统[1]的混合体，需要在政府机构以及从事政府业务的公共和私营部门之间交换大量信息。因此，数字政府的整体基础设施不仅允许不同和异构的安全机制之间进行无缝和安全的互动操作，而且还具有开放性和可扩展性的特征。此外，数字政府的基础设施环境还允许企业增加与政府信息系统的连接，大量的信息安全风险便也由此产生。例如，数据泄露、网络攻击、恶意软件等都可能导致信息被滥用、泄露，从而最终损害公众的合法权益及其对政府主体的信任。当然，数字政府系统和应用还可能存在技术漏洞或者由硬件、软件故障引起服务中断，从而影响公共服务的正常运作，继而给公众带来不便甚至危害。其次，隐私侵害风险以及权力滥用、监控问题。数字技术已经彻底改变了隐私的格局，任何致力于数字形式的"秘密"事物在信息时代都会得到即时和不可避免的传播，这似乎已经成了一种技术定局。在数字时代一切被记录、一切被分析、人人皆数字的背景下，数字身份被定位、数字轨迹被跟踪、数字行为被记录、数字交往被公开、个人隐私被侵犯，这在某种程度上使得传统社会的复杂人成了数字世界的透明人。此时，数字相关立法的滞后性、数字不法的广泛性以及数字保护的有限性之间便形成了明显的张力。况且，数字世界具有遗忘困难的障碍，即使数字记录没有被无限放大或扭曲，也可能会持久地将侵犯隐私的个人数据流转于数字节点中，从而让公众对数字技术的威力感到恐慌和抵触。[2]当这种数字信息被规模化收集和利用后，社会监控便可能因为政府权力的不当使用或滥用而形成。此时，政府数字化的转型和升级便不再是公众的福利，而是一种自由阻力。此外，法律合规风险与数字鸿沟风险等也是数字政府建设所应面临的问题。数字政府建设若不符合法律法规的规定便可能面临法律责任。故而，政府在数字化转型过程中需要仔细遵守相关法律法规，否则就可能引发法律纠纷和法律责任。而数字政府建设可能导致数字

---

〔1〕　"异构业务信息系统"是指跨越不同操作系统平台、不同数据库平台、不同应用服务器平台的系统集合，可以理解为一种多技术应用的开发环境。

〔2〕　梁华：《整体性精准治理的数字政府建设：发展趋势、现实困境与路径优化》，载《贵州社会科学》2021 年第 8 期，第 117～123 页。

鸿沟的原因则在于，一些群体可能因为缺乏数字技能或者数字设备而在数字政府建设的过程中被边缘化，或者是无法充分享受数字服务，从而在无形中导致了社会治理的不公平。可见，数字正义的实现均有赖于事后救济。而且，在司法救济途径中，应以消除数字鸿沟、推进司法公开、多元主体共治构建司法模式作为司法供给的建设目标，以提升纠纷解决效率、回应社会治理需求、提高司法的能动作用。[1]

四、全过程公众参与

全过程公众参与同样应当是数字政府建设过程中的重点内容。这主要是基于人本理念的贯彻和坚守。公众在数字政府环境中是一个具有复杂性的重要存在，他们可能以信息消费者、客户、合作伙伴和利益相关者等多种方式被提及。因此，尽管以人民为中心是数字政府研究和政策中的一个常见概念，[2]但诸多文献却几乎没有关于这个概念的明确定义。当然，可以肯定的是，以公众为中心在数字政府的建设中必然是具有一定特征的。在传统政府的运作中，其特点是强调官僚主义理念或以效率为导向的方法，其更主要的目的是节省成本而非以公民为中心。此时，公民在其中实际上很少被考量。不过，在以有效实现政府管理功能作为目标的技术应用中，数字政府的建设则应当以公众为中心并呈现出公众服务的导向。继而，由于公民是数字政府所提供的服务的使用者，以公众服务为主的政府亦应优先保证政府服务提供的合理性。此外，以公众为中心的数字政府建设还应具有公众参与的特征。毕竟，公民在数字政府建设过程中不仅仅是政府服务的被动接受者，也可以在决策和开发过程中发挥积极作用。[3]

数字政府建设缺乏公众参与的表现通常为以下两方面：一方面，在满足公民需求方面，数字政府面临的主要挑战是，假装了解公民的偏好而实

---

〔1〕 张凌寒：《数字正义的时代挑战与司法保障》，载《湖北大学学报（哲学社会科学版）》2023 年第 3 期，第 133~140 页。

〔2〕 吴进进、林向劼、金红：《数字政府公共价值创造的理论分析与实践逻辑》，载《东南学术》2024 年第 3 期，第 149~160 页。

〔3〕 See Sundberg Leif and Holmström Jonny, *Citizen-centricity in Digital Government Research：A Literature Review and Integrative Framework*, Vol. 1, 2023, pp. 1~18.

际上却没有掌握。一般来说，高效管理的数字政府意味着政府将获得规模性的经济并努力去降低成本，继而为用户服务提供技术支持。然而，数字政府发展节约成本、面向公民的服务意味着：政府应该知道公民想要从政府服务中得到什么并为此而积极寻求，以满足公民的期望和需求。不过，在现实中，政府收集这类信息的行为往往是罕见的。通常来说，"自上而下"或基于系统的数字政府设计其实并未充分考虑公民的信息需求。[1]另一方面，政府机构通常不会让公民直接参与其数字政府服务和资源的开发。为了满足成本节约以及相关的效率要求，政府机构在设计某些数字应用程序时虽然也会征求公众的意见，但其也仅仅是允许公众参与对其平台中数字政府服务和资源的反馈，即许多机构确实在平台中设置了"联系我们"的反馈渠道，但其却往往没有处理改进建议的正式流程，更遑论让公众亲自参与进平台设计了。

实际上，在数字政府的建设过程中，有关主体应当自始至终全面贯彻保障公众参与的宏观思想和具体措施。具体来说，数字政府并不是用另一种制度逻辑取代原有的制度逻辑。因此，在努力成功部署数字政府系统的过程中，需要提出一个以公众为中心的价值框架。而且，该框架应侧重于公民服务，尤其是公众信任。继而，以公民为中心的数字政府在建设过程中可能需要进行思维转变——从效率导向转变为用户导向。诚然，以公民为中心的数字政府在建设成本上可能会相对高昂，但以公民为导向的方法却可以减少政府服务提供商和用户之间的距离，从一定程度上来看，这同样是在降低政府服务提供的成本。对此，可在具体措施层面做到如下：其一，采取以公众为中心的数字政府服务设计综合方案。以公众为中心，数字政府的服务计划至少可以包括服务的综合方式、服务展开的管理结构、服务所解决的公众需求、提供该项服务的所需资源以及完成该服务的开发、实施和评估的关键任务和时间节点等内容。其二，进行公众服务需求评估。在设计和开发数字政府服务之前，政府机构需要了解如何寻找与公众有关

---

〔1〕　J. C. Bertot, P. T. Jaeger and C. R. McClure, "Citizen-Centered E-Government Services: Benefits, Costs and Research Needs", *The Proceedings of the 9th Annual International Digital Government Research Conference*, 2008, pp. 137~142.

的特定服务内容并获取服务内容的具体信息，而后征求助推服务的专业技术以及实现该服务的技术程序，这些流程有助于政府了解公众需要什么服务以及计划用服务解决哪些特定类型的问题。其三，了解公众信息和通信技术的可用性和偏好。数字政府在开发服务的过程中往往需要宽带连接、高端计算机和先进的技术能力，这可能会造成对一个或多个预期服务人群的排斥效应。因而，应当缓解系统开发人员与用户之间的紧张关系，通过优化应用设计来推动所有应该获得服务的人均可以使用数字化服务。其四，吸引公众参与设计。如果数字政府的政务系统在设计过程中完全采取自上而下、面向政府的立场，在这种情况下产生的系统产品和服务就可能无法完全满足公众的预期需求，例如通过收集不必要数据的冗长表格、无法容纳复杂指令的在线应用程序等，从而使得公众不能得到隐私和安全保障。不过，所有这些类型的问题都可以通过公众参与实际设计来实现识别和纠正。因而，政府在现实中可以利用一系列途径来开发公众参与数字政府建设的渠道。例如，在整个设计和开发过程中进行可用性、功能性和可访问性测试，并鼓励公众对所使用的服务进行实时评论和建议等。

第三章

数字政府法治建构的立法保障

当前，随着数字技术迭代更新的日益加快，数字治理已经全面嵌入我国的社会治理和国家治理，并推动了我国政府治理过程中的数字化转型。在数字政府与法治政府的双向互动中，统筹推进法治政府的数字化发展和数字政府的法治化治理，应当成为数字法治政府建设的核心议题。而且，这也是《法治政府建设实施纲要（2021—2025年）》的明确要求，即全面建设数字法治政府，运用技术手段促进依法行政，实现政府治理信息化与法治化深度融合。然而，必须指出的是，"全面建设数字法治政府"的目标导向在当前仍然仅是一个美好的愿景，其最终的推进与实现离不开以数字法治政府建设为核心内容的、完备的法律法规体系。毕竟，只有在规范层面率先实现数字法治依据的健全、充分，才能保障数字政府在依法行政的法治轨道与框架内有序运行，从而避免政府治理最终陷入"数字化陷阱"。

第一节　数字政府法治建构的制度基础

作为贯彻法治理念与推进法治建设的最直接载体，制度规范的制定对于推进数字政府法治建设进程的意义可谓是至关重要。自党的十九届四中全会以来，党中央、国务院从顶层设计层面对"数字政府建设"提出了明确要求，并通过"一规划、两纲要"的方式为数字政府法治建设的具体规划指明了方向，从而有力推动了我国数字政府的法治建设进程。继而，在法治政府建设的目标引领下，数字政府的法治建设在当前已经初见成效，并形成了一系列的规范性文件，从而为数字政府的法治建设提供了充足的规范性依据和正当性根基。

一、数字政府法治建构的宪法规范渊源

作为国家的根本法，宪法在我国的法律体系中具有至高无上的权威。在宪法至上的理念指引下，任何违反宪法的规范与行为均应归于无效。因此，在构建数字政府法治体系的过程中，必须以宪法规范为基石，确保数字化行政权的行使始终在宪法所允许的框架范围之内。虽然有学者曾指出："在我国宪法文本中，既没有一般意义上直接对行政权数字化实施的概括认可规定，也没有就某一类具体行政权内容作出技术化自动实施的授权。"[1]但具体规范的缺失并不意味着宪法在数字政府法治建构的过程中完全缺位。相反，宪法性规范所蕴含的基本精神和原则仍可为数字政府的法治化建构提供重要依据。

其一，《宪法》第3条、第89条以及第107条的规定赋予了政府在治理过程中实行数字化行政的基本权限。根据《宪法》第3条的规定，作为国家的行政机关，我国政府经人民代表大会选举产生、对人民代表大会负责并受其监督，这已然表明了政府在行使行政权时所具有的合法性权力来源。同时，《宪法》第89条与第107条关于中央和地方各级政府机关具体职责与权限的明确规定，同样可以被视作《宪法》对行政机关的事务性授权。结合该三条规定的内容来看，《宪法》并未在授权的同时对行政机关的行政权行使方式及其内容进行明确而细致的划分与限制。可见，《宪法》对行政机关的授权行为是广义且内容丰富的。因而也就可以推出，虽然数字社会的政府数字化治理在行政权运作方式与内容上不同于传统的政府治理，但其实际上已经具有了一定的宪法性基础和依据，其同样不能超出我国《宪法》所规定的授权范围。

其二，《宪法》第5条的规定明确了政府在依法行政过程中的依宪行政要求，从而在为数字政府运作划定边界的同时奠定了推进数字法治政府建

---

[1] 展鹏贺：《数字化行政方式的权力正当性检视》，载《中国法学》2021年第3期，第114～138页。

设的宪法性依据。根据该条的规定，包括行政机关在内的任何国家机关以及组织都不得违背宪法的规定，其所制定的各类规范性文件也不得超出宪法所授权的界限。这也即表明《宪法》第 5 条的规定在实质上已经涵盖了数字政府法治建设过程中的有关要求，包括主体合宪、内容合宪、程序合宪等。"社会法治国家通过创立及配置功能与权限而生成了国家行为的前提条件，并使国家行为以符合其内容原则的方式得以被规范。"〔1〕主体合宪，即指实施数字化行政行为的行政主体必须是合乎宪法规定并经过明确授权的有关主体，这是数字政府法治建构的前提性要件；内容合宪，即指合宪的行政主体所实施的数字化行政行为，在内容上应当同传统的行政行为一样以《宪法》为根基；程序合宪，即程序正当，要求数字政府在实施数字化的行政行为时应当遵循法定的程序，并不得违背《宪法》所蕴含的人民主权、人权保障等基本原则。

其三，《宪法》第 27 条的内容规定为数字法治政府的建构提供了方向性的指引和原则支撑。具言之，《宪法》第 27 条第 1 款的内容直接确立了国家机关的精简原则和效率原则，为行政机关"放管服"改革〔2〕的正当性奠定了基础。在效率原则的指引下，"如何用最小的成本获取最大的收益"目前已经成为政府在行政过程中所应当追求的核心目标。其中，成本指的是政府为实现有效管理而在行政活动中所耗费的各种资源，收益则强调的是政府通过依法行政所收获的效果情况。由此，围绕工作质量提升和工作效率提高的有效改革就应当因其符合宪法所要求的效率原则而被予以肯定，这也契合了行政治理能力现代化的当然要求。在数字化行政行为的推进过程中，政府治理数字化本身就是在以提升行政效率为纲，通过"互联网+监管""互联网+政务服务"等数字化的模式增进社会公平与正义，并力图通过高效、便捷的途径提升人民群众的满意度，这显然也同《宪法》所倡导的规范理念高度契合。

---

〔1〕 ［德］康拉德·黑塞：《联邦德国宪法纲要》，李辉译，商务印书馆 2007 年版，第 150 页。

〔2〕 放管服，即简政放权、放管结合、优化服务的简称。"放"即简政放权，降低准入门槛；"管"即创新监管，促进公平竞争；"服"即高效服务，营造便利环境。"放管服"改革是党的十八大后深化行政体制改革、推动政府职能转变的一项重大举措。

二、数字政府法治建构的中央立法渊源

诚然，我国尚未制定、颁布以"数字政府"等为主题的专门性法律规范和行政法规文件，但关于"数字治理""电子政务""数字政府"的规定却已经散见于各类中央立法文件之中。而且，这些立法文件呈现出了明显的"多样化"特征，既包括由全国人民代表大会及其常务委员会所制定的法律，也包括由国务院制定的各类行政法规，更是涵盖了由各个中央政府部门所制定的部门规章与条例等。这些不同的立法文件共同构成了数字政府法治建构过程中的坚实制度基础，并最终为深入探索数字政府改革与推进提供了有力保障。

其一，以《个人信息保护法》《网络安全法》《数据安全法》《电子政务法》《电子签名法》等为典例的各类法律规范蕴含着丰富的数字政府法治建设依据。例如，《网络安全法》不仅对个人和社会组织、平台机构提出了关于网络运营安全的具体要求，而且同时明确了各政府机关与部门在保护信息网络安全和基础设施时的相关职责，更是直接强调了包括政府在内的各主体必须在遵守合法性、适当性和必要性的前提下收集个人数据。这些内容最终为数字政府的法治化运作提供了一个体系性的规则框架，并划定了政府主体在实施相关行为时的底线。《数据安全法》则是围绕当前的数据治理需求，对国家各机关、各部门以及其他社会组织和个人提出了保障数据安全的规范化治理要求，并在数据开发、收集、存储、利用、开放等各个阶段进行了制度化设计，从而为政府的数字化信息资源管理、数字化政务服务、数字化监管执法等提供了操作范式。《电子政务法》作为数字政府建设的重要法律依据，同样规定了政府在信息化建设中应遵循的原则和标准，并对政府信息公开、电子证照等核心问题进行了制度性安排。此外，《电子签名法》《个人信息保护法》以及其他相关规范的出台等，也通过制度规范的形式为各相关主体施加了一个"紧箍咒"，从而为各类数据的安全性提供了坚实的保障。

其二，以《政府信息公开条例》《国务院关于在线政务服务的若干规定》《科学数据管理办法》以及《政务信息资源共享管理暂行办法》等为典

型的行政法规同样在数字化管理的各个环节中发挥着重要的规范和监督作用，其力图通过为公众提供更优质服务的方式，有力推动数字政府建设的稳健发展。例如，《政府信息公开条例》关于政府信息公开内容等的规定，同样可以为政府在统筹数字发展与数字安全层面提供方向性指导。《国务院关于在线政务服务的若干规定》则是为"互联网+"背景下的政务服务在线化运作提供了一个总体性的框架和规范，有效促进了跨地区、跨部门、跨层级的数据共享和业务协同。《科学数据管理办法》以及《政务信息资源共享管理暂行办法》等法规也都为主管部门的数据共享和数据利用确立了基本原则，为数据安全和数据利用的统筹推进构建了基本的规范引导框架。

其三，以《网络安全审查办法》《互联网信息服务算法推荐管理规定》《交通运输政务数据共享管理办法》等为代表的中央政府部门规章则是在法律和行政法规的基础上对政府机关政务服务的数字化运作进行了再次细化和明确，从而为各部门行政方式的数字化提供了相对明确的规范指南。例如，由多个部门联合发布的《网络安全审查办法》系统性地建立了一个相对健全的网络安全审查制度，从而在网络安全、关键信息基础设施供应链安全和数据安全中进行了有效的统筹，这显然有助于推进数字政府在实际运行中与现行法律体系的协同互动，进而保障数字治理的高效实施。《互联网信息服务算法推荐管理规定》则是针对算法治理的专门性规章，从而对五种不同的算法技术进行了制度化的管理，为政府的算法治理提供了可资借鉴的参照标准。

三、数字政府法治建构的地方立法经验

随着党中央、国务院以及各中央部门在推进政府治理数字化领域的规范建构，我国各地方也开始通过一系列地方性法规和地方性规章掀起数字政府法治建设的热潮，从而为我国数字政府的法治建构提供了充分的制度经验。而且，在这些制度经验中，与数字政府相关的规范内容实际上可以被进一步划分为三种类型：一是围绕政务数据应用管理所形成的规范性文件；二是围绕政务数据社会共享所开展的地方性立法；三是为化解数字政府建设所伴随的数据开放难点而推进的专门性立法。显然，随着电子政务、

数字政府建设的不断深入，数字政府的地方立法也在不断呈现出规模扩大化、内容专门化的趋向。

例如，浙江省从 2017 年开始陆续制定了《浙江政务服务网电子文件管理暂行办法》《浙江省政府信息公开暂行办法（2019 年）》《浙江省保障"最多跑一次"改革规定》《浙江省公共数据开放与安全管理暂行办法》以及《浙江省公共数据条例》等各类地方性法规与地方性政府规章，从而对省内的政务服务和数据治理提出了相对明确的细则性规定，有效推动了数字政府的法治化建设，并最终实现了数字政府和数字经济建设的统筹推进，收获了良好的治理效果。从具体内容来看，《浙江省测绘地理信息条例》可谓是一个典型的规范性文件。在该份文件的规定之中，浙江省将地理信息测绘工作同数字政府建设有效地联系了起来，通过着力改进测绘技术、提供智能健全服务等一系列示范性的项目改革，力图将数字政府建设予以贯彻落实，最终实现了政府部门同其他部门之间的交流沟通与数据交互，显著提高了政府工作的效率和质量。

广东省同样充分利用了大数据等前沿技术的带动作用，并通过数字政府建设的一系列创新性改革步入了数字政府建设的"快车道"。而且，无论是从省级政府部门还是从市级部门，全省上下都致力于为数字政府的建设提供可资借鉴的制度范本。例如，《广东省政务数据资源共享管理办法（试行）》的出台为解决政务数据资源的碎片化和"数据壁垒"等问题提供了良好的制度性参照；《广州市公共信用信息管理规定》的出台对于保障公共信用信息安全具有巨大的积极作用；东莞、肇庆等地也在全力利用智能技术推动一体化的电子化办公方式，有力提升了政府审批的工作质量和工作效率；深圳市通过采用智能化申报登记的方式改进了审批业务；珠海市则是通过构建系统的网络平台，从而对经济、社会的各项事务予以统一管理，有效推动了政府办公的数字化转型。[1]

除浙江和广东以外，其他各地也陆续出台了一系列规范性文件对本区域的数字政府建设予以推进。例如，贵州省于 2016 年开始施行《贵州省大

---

〔1〕 参见《广东"数字政府"改革建设 2020 年工作要点》，载中国电子政务网：http://www. e-gov. org. cn/egov/web/ article_ detail. php？id＝171008，最后访问日期：2023 年 10 月 26 日。

数据发展应用促进条例》、于 2020 年开始施行《贵州省政府数据共享开放条例》；海南省于 2019 年开始施行《海南省大数据开发应用条例》；上海市于 2022 年开始施行《上海数据条例》；重庆市于 2022 年开始施行《重庆市数据条例》；山东省于 2022 年开始施行《山东大数据发展促进条例》；苏州市于 2023 年开始施行《苏州市数据条例》；厦门市于 2023 年开始施行《厦门特区经济条例》等。这些规范性文件的内容规定都蕴含了丰富的数字政府法治建设内涵，从而对政务数据的深度利用和数字政府的法治化建构产生了积极的正向效应。

四、数字政府法治建构的政策制度根基

除可以归属为法律、法规以及规章等具有广义法律属性的规范性依据以外，中央以及地方在数字政府建设过程中出台的各类政策性文件与指南同样为数字政府的法治化建构提供了依据。虽然这些政策性文件的法律效力不如规范性文件，但其却为数字政府的法治化推进提供了明确的总体方向，并一次又一次成了数字法治政府建设的"助推器"。

从中央层面来看，除《中华人民共和国国民经济和社会发展第十四个五年规划和 2035 远景目标纲要》（以下简称《"十四五"规划和 2035 远景目标纲要》）为"十四五"期间的法治中国建设绘制了宏伟蓝图和总体指导以外，《法治中国建设规划（2020—2025 年）》《法治社会建设实施纲要（2021—2025 年）》以及《法治政府建设实施纲要（2021—2025 年）》也为数字政府建设的推进作出了系统且具体的规划。由此，可以作为数字政府法治建构宏观指导的最具有权威性的政策性指导文件已然确立。继而，《国务院办公厅关于印发全国一体化政务大数据体系建设指南的通知》《国务院关于加快推进政务服务标准化规范化便利化的指导意见》《国务院关于加强数字政府建设的指导意见》《国务院关于加快推进全国一体化在线政务服务平台建设的指导意见》以及《国务院办公厅关于印发进一步深化"互联网+政务服务"推进政务服务"一网、一门、一次"改革实施方案的通知》等，再度为数字政府建设提供了更为详尽的政策指导与方案指引。

从地方实践来看，当前也有多个省市在数字政府法治化构建的过程中相继出台了具有宏观指导意义的整体规划及其他政策性文件。例如，安徽省于 2020 年出台《安徽省"数字政府"建设规划（2020—2025 年）》；山西省于 2020 年出台《山西省数字政府建设规划（2020—2022 年）》；上海于 2020 年施行了《关于全面推进上海城市数字化转型的意见》；广东省于 2021 年施行《广东省数字政府改革建设"十四五"规划》；浙江省于 2021 年出台《浙江省数字政府建设"十四五规划"》；河南省于 2021 年出台《河南省数字政府建设总体规划（2020—2022 年）》等。除此之外，在数字政府法治化推进的历史潮流下，其他各省市也相继出台了类似的政策性规定，从而为加快推进数字政府法治建设奠定了坚实的政策基础和依据，为当地政府的数字化建设和数字政府的法治化建设指明了方向。

第二节　数字政府法治建构的制度困境

必须承认的是，虽然我国在数字政府法治建设方面已经初步建立了相关的法律规范体系，但在政府治理范式数字化变革的背景下，当前的规范架构仍难以完全应对政府职能与运作方式变化及其角色重塑所带来的各种挑战。若这些挑战无法得到有效应对，那么通过数字政府建设而全面优化行政服务体系、提升工作质效和人民满意度的基本目标将难以实现，数字政府建设的潜在优势也将无法得到充分发挥，并进而对数字政府建设的功能和作用产生一定的掣肘。

一、数字政府法治建设的体系框架尚不健全

正如学者所言："数字政府并非'信息技术–科层政府'的简单嫁接，而是政府职能、角色的再造与重塑。这种面向协同政府、整体政府的变革，必然会带来政府权力运作模式的深层次调整。"[1]在这种深层次的调整过程中，传统的行政权运作模式不仅仅从形式上发生了异化，而且在机制运行层面也已经发生了变革。例如，在数字政府建设的背景下，政府在数字化

---

〔1〕张梁、董茂云：《"数字法治政府"：概念认知、机理阐释、路径塑造与机制构建》，载《求实》2023 年第 5 期，第 25~42 页。

治理中出现了新一轮的去权与赋权，不同的参与主体已然产生了一定的角色转换，信息技术公司、企业因其掌握了算法等技术层面的要素内容，从而通过对政府治理的技术性支撑实现了其对行政权力的隐形行使，成了政府治理数字化过程中的行政行为实际参与者。[1]面对此情此景，基于传统行政权运作模式的法律规范体系并不能及时对其进行因应，最终导致了数字政府治理中的一系列难题。即便国家已经通过出台相应的政策性文件予以统筹指导，但其内容却明显偏向宏观，而无具体的细则性内容对其予以明确。

（一）推进数字政府建设的专门性法律"空白"

根据笔者对数字政府法治建构的前述规范依据梳理，我们可以明确地看到，当前我国数字政府建设的规范体系实际上呈现出了以行政法规为主干、以部门规章为枝干、以地方性法规和地方性政府规章为枝权的特征，其通过上位法规制的内容仅仅散见于不同的部门法律文件之中而仅仅起到补充辅助的功能。[2]可见，我国在数字政府推进过程中其实尚缺一部具有统领性、体系性的上位法律规范对其予以统筹和指引。而正是由于该统筹性规范文件的缺失，才导致法治保障数字政府建设的作用不能完全发挥。

其一，专门性上位法律规范的缺位导致数字政府建设中的各种政策与法规不能完全统一和协调。诚然，不同级别、不同地区的各级机关已经围绕数字政府建设陆续出台了一系列宏观的政策性指导文件和落实操作的规范性制度。但是，各地、各机关的数字政府推进实践目前仅仅做到了不背离数字政府建设的总体要求和目标导向，而在具体操作中则可谓是"五花八门"，难言具有一个统一的制度模式。在这种情况下，跨地区、跨级别、跨部门、跨层次、跨行业的数据利用和处理，必将因联动机制和协同机制的缺位而面临操作范畴的重重障碍，不利于数字政府的长效建设。

其二，专门性上位法律规范的缺位导致数字政府的行政行为界定不明。

---

〔1〕 参见王敬波：《数字政府的发展与行政法治的回应》，载《现代法学》2023年第5期，第112~124页。

〔2〕 参见马忠法、吴璇：《论数字政府建设中的法治问题》，载《贵州省党校学报》2023年第1期，第110~120页。

在传统的行政法律规范之中，各级行政主体的职责及其行政行为在界定上是非常明确的，这也为各级行政主体的行政行为提供了充足的法律规范依据。然而，当面临政府的数字化治理时，关于数字技术在数字政府治理中的定位是什么、数字政府可以通过数字技术行使何种行政行为、数字政府利用数字技术行使权力应当以何为边界等数字行政领域的基础性问题，传统的行政法规范已经不能适用。显然，数字政府的建设与推进在此种情况下面临着"无法可依"的状态。此时，如若对数字化行政行为的界定及其边界不能进行明确，数字政府的建设和推进必然会面临行政行为合法性的前提性质疑。

其三，专门性上位法律规范的空缺不利于数字政府的行政程序和结果正当性。在数字政府的治理范式中，基于提升工作效率和便捷服务的目标导向，依托数字技术的自动化行政可谓是较为普遍的行政工作方式。在这种自动化的行政行为中，行政决策、行政裁量、行政审批等各种行政行为都潜藏着智能算法等新技术的影子，行政执法的过程也不再严格遵循行政主体和行政相对人之间面对面接触处理的传统方式。可见，数字政府的运作过程对原来的政府工作形态进行了颠覆。然而，技术是把"双刃剑"。依托于数字技术的新型行政运作模式虽然具有传统行政所不可比拟的优越性，但在处理行政事项的过程中仅仅依靠技术而弱化人的作用时，极易形成"一刀切"式的批量执法。尤其是在当前缺乏上位法律规范对行政执法操作程序和救济程序予以明确规定的情况下，这些情况也难以通过规范的程序得到矫正。

（二）推进数字政府建设的配套性规则"缺位"

对于行政法治建设而言，实体和程序层面的具体规定仅仅构成了行政法律规范的主体内容。当其他的配套措施不能及时跟进时，很难形成一个完备的行政法治规范体系。"人类已进入数字空间，数字化时代将重塑政府与市场、政府与公民等各种关系。"[1]因而，在数字技术深度嵌入政府治理的模式下，必须通过一系列配套机制适应政府治理的数字化变革，以有力

---

〔1〕 钱锦宇、刘学涛：《营商环境优化和高质量发展视角下的政府机构改革：功能定位及路径分析》，载《西北大学学报（哲学社会科学版）》2019年第3期，第86~93页。

推进数字政府治理的法治化和规范化，从而真正保障数字政府治理的效率与质量。

其一，政府治理数字化过程中的监管制度缺失。客观来看，数字技术嵌入政府治理在带来一系列治理优势以外，在数据安全方面则对数字社会的运行与数字经济的发展构成了一定的风险与威胁。基于此，数据安全对政府治理数字化提出了新的监管需求。此时，数字政府的监管任务原则上便面临着更多的挑战与任务，亟须通过监管制度的革新等一系列措施实现对数据安全保护、个人信息保护、数据平台运行等难题的系统回应。然而，就当前而言，此类制度显然尚未被有效建立。

其二，政府治理数字化过程中的评估制度空缺。当高能信息技术的介入引起了政府权力运作形式的变革时，数字政府在具体的治理中便会同时面临技术受制与技术创新的两难问题，并最终需要经受技术治理效果的审视与考察。[1]毕竟，在数字技术的引领下，数字政府与民众之间关于行政治理的数字壁垒被明显抬升，相应的民主监督机能自然也会在数字技术的叠加之下被显著弱化，进而面临背离数字政府建构目标的法治风险。在这种情况下，关乎政府治理数字化运作的评估制度构建显然是指引数字政府运作调整、避免数字政府治理失误的有效手段。但从现实来看，由于评估机制的欠缺，数字政府的数字化行政效果在当前尚未得到充分、有效的检验。相应地，数字政府的行政运作方式也并未得到科学、合理的调整与指导。

其三，政府治理数字化过程中的救济制度欠缺。在算法技术的嵌入下，数字政府的行政管理活动并未满足科学性与合理性的要求。权力与权力之间、权力与权利之间的边界不仅被一定程度地模糊化，行政主体和行政相对人之间的关系、角色、责任也未完全厘清，再加上数字技术本身的隐秘性、专业性以及自我进化性特征，行政相对人的合法利益很容易在无形之中被公权力所侵蚀。[2]而且，一旦出现此类问题，对于行政相对人应当如

---

〔1〕　参见张梁、董茂云：《"数字法治政府"：概念认知、机理阐释、路径塑造与机制构建》，载《求实》2023 年第 5 期，第 25~42 页。

〔2〕　参见林杭锋：《数字时代的政府行政：异化与归正——基于法治的视角》，载《新余学院学报》2022 年第 4 期，第 52~57 页。

何维护自身的合法权益、最终的责任应当由谁来承担等核心内容，当前的规范性制度并未作出有效回应。即便《网络安全法》等规范性文件已经在具体的规定之中提及信息归类、信息收集过程中的政府权力、责任、手段及其救济等内容，但总体仍存在条文不够细化、规定原则化的不足，继而导致了数字政府具体运作过程中的行政相对人合法权利救济性难题。

二、数据共享和数据开放规定具有不完备性

在数字政府的运作框架下，各类数据和信息在数字时代的重要性不言而喻。为了顺应数字社会变迁的基本趋势并满足数字政府治理的总体要求，不同部门之间的数据开放和数据共享理应是不可或缺的政府治理环节与内容。若没有系统、完备、明确的数据共享与开放规定，那么来自不同部门、治理主体和行政相对人之间的数据壁垒和数据鸿沟便难以跨越，从而造成数字治理效能低下的尴尬局面，最终背离数字政府治理的目标初衷。然而，从实践观之，尽管我国已经在中央层面制定了《政府信息公开条例》和《政务信息资源共享管理暂行办法》，并且不同地区也出台了相应的共享开放条例，如《贵阳市政府数据共享开放条例》和《上海市公共数据开放暂行办法》等，但这些法规仍无法满足政府数据开放的法律需求。毕竟，信息公开并不等于数据开放、信息共享也不等于数据共享。因而，既有的这些上位层面的内容规定只能从宏观层面对数字政府治理背景下的数据共享与开放提供指导，但对于职能部门数据共享的权利以及各级部门的具体运作则并未提供明确的制度支撑。

（一）政务数据共享的制度规范有待更新

根据《政务信息资源共享管理暂行办法》的价值取向及其内容规定，我国各级政府所掌握的政务数据在进行数据共享时应当以无偿共享为原则，以不共享为例外。而且，该规范性文件根据"分级分类"的基本原则将各类政务信息资源划分为"无条件共享""有条件共享"以及"不予共享"三种类型，从而为各级政府提供了一个可供借鉴和参照的政务数据共享操作指引。但总体而言，当前关于政务数据共享的制度设置并不健全，关于政务数据共享的范围与标准也尚不清晰，进而导致政务数据流通效果也并

不尽如人意。

其一，政务数据"分类分级"的标准具有不明确性，从而难以切实地为各地政府数字化运作过程中的数据共享提供指引。详言之，《政务信息资源共享管理暂行办法》关于数据共享范围的规定并不明确，可共享数据与不可共享数据的具体内容指向及其范围也并不清晰。因而，政府在数字化运作的过程中在"哪些政务数据可以共享"和"哪些政务数据不可以共享"的问题上并没有一个清晰、明确和统一的制度性标准。继而，各地政府部门在制定适用于本地区的数据共享开放规定时，不同地区相关制度对于数据共享的内容范围在具体规定上便也有所不一。

其二，政务数据共享的方式并不清晰。明确的政务数据共享方式对于厘定数据共享的程序、保证数据共享安全等具有重要的意义。但从目前来看，《政务信息资源共享管理暂行办法》以及其他的规范性文件并未对此予以明确。由此，政府在数字化行政的过程中，对于需要共享的政务数据如何共享，是通过统一平台进行共享还是结合其他途径来进行、是不经处理地全部予以共享还是经技术处理后予以共享、数据接收方能不能对接收到的政务数据进行再次处理与编辑等，都已经成为政务数据共享中亟待明确的问题。

其三，《政务信息资源共享管理暂行办法》对于"不予共享"的政务数据内容有待明确，并同《政府信息公开条例》的有关规定存在不一致之处。从理论来讲，《政府信息公开条例》和《政务信息资源共享管理暂行办法》作为指引数字政府关于政务数据共享的同位阶规范性文件，二者之间并不应该产生冲突。然而，根据《政府信息公开条例》的内容，原则上不予公开的信息应当为"涉及法律、行政法规禁止公开的政府信息以及公开后可能危及国家安全、公共安全、社会稳定的政府信息、商业秘密、个人隐私、行政机关的内部信息"。可见，在《政府信息公开条例》的语境下，不予公开的政府信息多由法律和行政法规规定。然而，《政务信息资源共享管理暂行办法》的有关规定却与此不一致，其在法律、法规之外将党中央、国务院的政策性依据也一并纳入进来，这显然具有不一致之处。[1]即便认为将

---

〔1〕 参见冯延有：《政务数据共享的法治难题及其破解》，载《陕西行政学院学报》2023 年第 3 期，第 101~106 页。

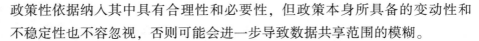

政策性依据纳入其中具有合理性和必要性，但政策本身所具备的变动性和不稳定性也不容忽视，否则可能会进一步导致数据共享范围的模糊。

（二）政务数据共享的主体和权责待明确

总体而言，当前的数字政府运行主要存在两种数据共享的方法：其一，一对一模式。即不同部门之间采用一对一的沟通交流方式，由一个部门向另一个部门进行数据共享申请，被申请者根据其申请的具体内容作出是否共享以及共享哪些内容的决定。其二，中心化模式。在这种模式下存在着一个数据管理者的角色，由数据管理者承担"共享平台"的责任，其既可以主动向数据享有者采集数据，也可以接收其他部门的数据共享申请，实质上起到一种"门"的作用。[1]但无论采用何种运作模式，主体不明和权责不明都客观地呈现于数据共享的过程之中。

详言之，数字政府在政务服务数字化的过程中存在着职责体系紊乱的状态，从而导致了各部门之间数据共享的管理职责不清。当前，数据管理的主体呈现出"多头管理"的状态，除新成立的国家数据局以外，国家互联网信息办公室、国务院办公厅、国家发展和改革委员会等仍然处于政务数据共享工作的推进阶段，在某种程度上也保留了一定的分工管理权限。而在各地的具体实践中，各级政府机关内容也呈现出多机关共同推进政务数据共享的状态，例如各地的政府办公厅、数据局以及其他部门等。虽然国家数据局的成立已经从源头上对这个问题有所改善，但国家数据局和各部门之间的职责关系与具体分工仍有待明确和理顺，否则将无助于高效协同工作机制的构建。

诚然，数字政府的法治化推进必然需要部门协同原则的全面贯彻和数据共享制度的全面建构。然而，必须承认的是，虽然数字政府通过推进数据共享具有优化政府数字化治理的重大意义，但通过数据联通打破数据孤岛和数据壁垒的法理本身就具有一定的障碍性。原因在于，在数据共享和联通的工作之中，原分属于不同职责的不同部门和机构被有效聚合，从而对原有的分工制约、条块协调的政府结构产生了巨大冲击，继而造成打破

---

〔1〕 参见禹竹蕊、吕悦：《我国数字政府建设的行政法规制》，载《广西社会主义学院学报》2023年第2期，第104~112页。

职责分工塑造的部门自主性风险，并加剧人们对数字权力交融与聚集的担忧。[1]

三、数据安全和个人信息保护矛盾亟待化解

高质高效的数据共享与数据利用应当是能够统筹经济发展与数据安全的，并能够在保障数据安全的基础上推进数字社会治理背景下各种数据的有效利用。这也即要求，政府在推进数字化治理的过程中注重对包括公民个人信息在内的数据保护。但从现实来看，数字政府的法治化建构并未妥当处理数据利用和个人信息等数据安全之间的冲突与矛盾，甚至造就了数据利用与个人信息等数据安全之间的不平衡性，继而引起了政府数字化治理的难题与困境。

（一）政府在推进数字化治理过程中的数据安全保护不足

一般而言，当不同政府部门基于治理需求而分别存储和掌握各自所需要的数据时，数据的分散性和局部性便决定了其具有一定的风险可控性。然而，当随着政府治理数字化的全面推进，各类政务数据被集中性地管理和存储时，其面对的风险及其安全保障要求自然也应倍增。但从当前来看，政府数字化治理过程中的数据保护机制尚未同数字治理的步调保持一致。总体而言，数字政府在建设过程中数据安全保护的不足主要表现在以下方面：

其一，政府所掌握的某些政务数据保密性不高。从原则上来看，注重并提升数据的保密性应当是维护政务数据安全的首要要求。然而，对数据的风险管控与安全保障需要数字技术的支撑与融入。因而，受技术要素的制约，当收集、存储数据的算法技术与程序不够完备时，不同政府部门对所掌管的政务数据便不能提供健全的安全保障，并继而产生了数据泄露的风险。

其二，政府所掌握的某些政务数据安全性有限。在数据共享的过程中，数据的流动必然以数据提供方和数据接收方之间的信任建构为前提。也正

---

〔1〕　参见张梁、董茂云：《"数字法治政府"：概念认知、机理阐释、路径塑造与机制构建》，载《求实》2023年第5期，第25~42页。

是在这个基础上，数据提供方才会在特定的情况下给数据接收方建立数据共享的"白名单"。在数据"白名单"的机制作用下，数据提供方在某些情况下其实会放松对数据接收方数据"防火墙"的相应设置。此时，如若数据接收方利用这种建立起来的数据互信而运用不当或恶意篡改，那么该数据原始性和真实性便很容易被改造，继而严重损害有关政务数据的安全性。

其三，政府所掌握的某些政务数据可控性弱化。在推进数字政府建设的过程中，数据共享、数据开放与数据传播都是发生于虚拟的互联网技术空间之中。因而，数据共享、数据开放和数据传播的效果都会受到互联网技术尤其是数字技术的影响和制约。然而，根据当前的技术条件，政府在数字化建设的推进过程中往往需要同第三方进行数字技术层面的合作，政府主体对数据共享和传播的效果和原理机制并不能做到绝对、完全地把控。而且，在互联网空间中，数据共享和传播的痕迹也不能完全被消除，由此也就导致被共享的数据不能被保证完全限缩于有限的传播空间内，从而造成对数据安全的严重威胁。

其四，政府所掌握的某些政务数据交叉性较强。在政府的行政权力运作过程中，各部门基于自身的治理需要往往需要对某些数据进行收集和处理。然而，由于当前尚未形成完整统一的数据库，政府数字化治理过程中的各不同部门便可能会存在对某类数据进行重复收集的情况。诚然，基于不同部门的具体数据需求不同，各部门的数据收集内容和范围也会有所不同，并继而造成各部门掌握信息具有不完全性。但不可否认的是，这些数据却会存在交叉重合的部分。而其中关于身份信息等核心的内容，更是各部门所共同涉及的数据。此时，只要其中某一个环节出现问题，就很可能造成部分或全部的数据泄露或滥用。[1]

（二）数字政府法治化构建过程中的个人信息风险凸显

就目前而言，数字政府主体在法治化建构的过程中虽然对作为政务数据内容的公民个人信息保护之重要性具有了明确的认知，但其所采用的具体制度性措施仍存在明显不足。而且，随着政府信息公开和政务数据共享

---

〔1〕参见任晓刚：《数字政府建设进程中的安全风险及其治理策略》，载《求索》2022年第1期，第165~171页。

的制度展开，合理的数据利用和公民个人信息保护之间的矛盾也愈发突出。究其根源，数据治理在政府行政运作中的深层嵌入以及技术要素和制度规范层面的不完备等共同推升了公民个人信息的泄漏风险。

其一，政务数据共享中关于公民个人信息共享内容及其范围的规定不明确，导致政务数据共享中对于公民个人信息的保护相对薄弱，从而引发了公民个人信息共享范围过度扩张的风险。正如学者所言："明确的共享范围不仅是政务数据共享机制规范、高效运行的前提性基础，而且是平衡政务数据共享效率与保护个人信息主体各项合法权益二者关系的一种有效路径安排。"[1]然而，无论是规范层面还是实践层面，政务数据共享和公民个人信息保护之间的平衡机制始终未能有效建立。即便是《政务信息资源共享管理暂行办法》也并未对政务信息和个人信息进行严格的区分，从而导致公民个人信息的共享范围并不明确，这与笔者在前文所提到的相关规范空白具有一致性。而且，同样如前文所言，既然"以共享为原则"，那么在强调政务数据共享的数字政府治理导向下，当公民个人信息的共享范围本就不确定时，政府在进行数据共享时便难免会对公民个人的信息合法权益有所忽视，从而造成对个人信息安全的巨大威胁。

其二，政府治理主体的多元化和政务活动的多样化导致政务数据在共享时对个人信息"知情—同意"原则有所突破，从而制造了公民个人信息保护的障碍。无论是数字治理还是传统的行政权运作，不同政府部门的类型划分决定了其权力性质及其内容的差异化和多样化。即便是对于同种类形或内容的个人信息或个人数据，各个部门也会基于自己的行政目的而对个人信息或数据进行符合目的的处理，其处理的方式和内容都可能会有所差异。在这种情况下，基于行政效率的追求，数字政府在展开数据共享工作时可能并不会完全遵守私法视域内公民个人信息处理时的"知情—同意"原则要求，而是在某些情况下充分发挥自己的行政主动性，将这些信息同有关接收主体进行对接。可见，数字政府在进行数据共享时面临着工作效率和公民个人信息保护基本规则之间的内在矛盾与冲突。

---

〔1〕　冯延有：《政务数据共享中个人信息保护的实践隐忧与完善路径》，载《贵州省党校学报》2023年第4期，第119~128页。

四、数字政府政务服务标准化体系建设不足

作为以为人民服务为宗旨的人民政府，政务服务标准是数字政府提供公共服务和便捷民生的基础性指南，其旨在通过规范化公共服务体系并确保各个环节标准的一致性，以达到优化民生、促进经济发展等目的。然而，正如前述，当前中央层面在数字政府法治化建构过程中的各种规范性文件总体以宏观的政策性文件为主，各地只能结合本地的实际情况进行探索式的规则细化与模式运行。而且，各地政府在数字政府政务服务的规范制度探索时间上间隔较近，这就导致各地政府关于数字政府法治化建构的标准与经验有所差异。况且，由于技术要素的快速更新，各地政府的规范化立法与数字政府建设探索本就滞后于数字政府平台建设，而经济水平和技术基础的差异则更是将不同地区的数字政府政务服务标准区别推向了一个新的境地。这显然同党中央、国务院在数字政府法治化建设层面的目标存在区隔，也无助于各地政府之间的行政协作。

（一）政务服务标准的具体内容存在缺失

当前，我国数字政府建设过程中关于政务服务标准的设立采用了"急用先行"的方针，通过在一些关键领域的标准制定获取了良好的数字政府治理效果。[1]然而，同国外发达国家一些先进经验相比，我国在数字政府治理过程中的政务服务标准建设由于基础薄弱而仍稍显不足。

其一，我国数字政府政务服务标准制定的整体总量有所匮乏。诚然，我国在数字政府建设过程中制定的政务服务标准能够应对某些在实务应用中较为频繁的热门领域，但这些标准无论是在总量上还是在覆盖面上都还远远不能满足当前的数字政府治理需要。详言之，关于数字政府的政务服务标准，我国在中央层面尚未予以统一制定和细化，而仅仅是提出了一个宏观性的内容与指导标准。即使不同的省、市等地区通过立法探索不断丰富着这些标准的具体内容，但在当前也仅仅形成了一百多份文件，并且其具体的内容也多有雷同。况且，在这些内容雷同的文件之中，其又多集中

---

〔1〕 参见许潇文、满鑫、赵逊：《数字政府建设背景下的全国一体化政务服务平台标准体系研究》，载《标准科学》2023 年第 10 期，第 48~53 页。

于重点领域、重点事项，而鲜少涉及其他的一般性事项。可见，当前的数字政府政务服务标准无论是在数量上还是在质量上都不能被称为全面。当然，对于并未通过制度设置予以明确的一般性事项，数字政府在具体的运作过程中也并非对其完全不顾。只不过，政府主体对这些事项的介入往往仅仅通过政令、通知等形式予以明确。而这种非经立法确定的标准制定与行政推进，显然在某种程度上缺乏了足够的明确性、规范性与权威性。

其二，我国的数字政府政务服务标准制定缺失关键技术标准。虽然我国各地区在当前已经初步实现了政务服务标准在重点领域和重点事项的覆盖，但这并不能掩盖关键技术标准缺失的普遍性难题。之所以认为关键技术标准缺失是一个普遍性难题，原因在于：在涉及政务服务事项管理、政务数据运营流程、政务数据交换共享操作、政务数据安全保障等各方面的内容设计中，中央与地方均未对其予以全面而细致的规范回应，从而导致了数字政府建设过程中关于身份认证、电子档案储存与交换、电子证照共享应用等各类政务服务活动缺少相应的技术性标准。然而，恰恰也是这些标准才能够为政务服务一体化建设提供充足且科学的总体指引。因而，这些关键技术标准的缺失也就对深入推进数字政府政务服务全国一体化建设形成了掣肘，不利于数字政府政务服务标准法治化建设的可持续性。

（二）不同地区政务服务标准的分散性

"急用先行"原则指引下的政务服务标准制定策略虽然能够暂时性地满足数字政府的治理需要，但其所带来的弊端则不仅仅是标准总量和关键技术标准缺失的问题，更重要的是不同地区与部门在制定数字政府政务服务标准上的"各自为政"，并最终导致了政务服务标准的碎片化和零散化。这种政务服务标准的分散性特征，也成了阻挡不同地区、不同部门在政务数据、政务信息共享与协作中的基础性障碍。

其一，技术层面的异构性特征造成了不同地区、不同部门在政务服务标准上的差异。技术层面的异构性强调处于不同数据库、不同操作平台与操作系统、不同应用程序之中的数据内容在其内部结构、存储模式、语义表达以及实现手段等层面的差异性。正是这种差异性特征的存在，造成了采用不同平台与数据库、不同操作系统的主体在交流与沟通过程中的实质性障碍。例如，如若 A 部门在政务服务标准的制定中采取了甲类数据库管理软件，B 部门在政务服务标准的制定中采用了乙类数据库管理软件，这就势必会造成不同部门在政务服务标准中的实质性差异。究其原因：甲、乙两类数据库管理软件所侧重的内容以及其所采用的类型化标准等可能会有明显的不同。此时，对于同一事项，采用不同分类标准的甲、乙两类数据库管理软件在具体的类型化结果中可能就会有所不同。[1]可见，当不同的地区与部门采用了不同的数据库管理软件时，那么就已经表明二者已经脱离了能够统一对话的平台，进而也即意味着二者直接共享、交流与沟通的不可行性。

其二，管理、投入的不平衡性造就了不同地区与不同部门在政务服务标准上的不同。基于我国幅员辽阔、人口众多的现实国情，各地区之间的发展不平衡、不充分已然成为不可否认的事实。在这些具有明显发展差异的地区，数字政府的建设进度以及政务服务的管理水平必然也会随着经济水平和管理水平的差异而参差不齐。究其根由，不同地区管理人员的素质差异以及经济投入等都是造成不同地区政务服务标准差异的直接原因。遵循这一规律，我国不同地区数字政府的政务服务标准总体形成了"东部地区优于中西部地区""发达城市优于欠发达城市""非基层政府优于基层政府"的基本格局。而且，这一格局同"东部地区信息技术发展水平优于中西部地区""发达城市信息技术发展水平优于欠发达城市""高一级行政级别城市信息技术发展水平优于低一级行政级别城市"的总体规律也是一致的。

第三节　数字政府法治建构的立法优化

作为一种依托现代信息技术并充分对其予以运用的现代化政府治理方式，政府部门在处理日常行政事务时的数字化表达已然成为大势所趋，并应当成为新型国家行政管理形式的典型特征。[2]然而，数字政府的全面建

---

〔1〕　参见王晓光：《我国电子政务中"信息孤岛"问题及对策研究》，山东大学 2012 年硕士学位论文，第 25 页。

〔2〕　参见马颜昕等：《数字政府：变革与法治》，中国人民大学出版社 2021 年版，第 11 页。

设与深入推进必然不可能离开完备的法治体系并以其作为基本保障。因而，国务院也早已在 2022 年 6 月通过并颁布《国务院关于加强数字政府建设的指导意见》。其中明确强调：要完善法律法规制度，全面建设数字法治政府，加快完善与数字政府建设相适应的法律法规框架体系。由此，针对全面建设数字法治政府所显现出来的各种问题与不足予以立法完善，应当成为未来一段时期内的任务重心。

一、制定《数字政府法》及其配套实施条例

数字政府的建设是一项事关全局的基础性制度变革，如若脱离高规格的法律规范指引必将使其变得困难重重。换言之，只有以法律为基础奠定数字政府法治框架体系建设的前提，然后由行政法规、部门规章、地方性法规以及地方性政府规章等其他规范性文件对该上位法律予以补充，才能搭建一个完备的、能够科学指引数字政府建设的法治框架体系，实现政府治理数字化变革过程中的有法可依、依法行政。[1]因而，亟须出台一系列相应文件对其予以规范化指引，以改变当前我国数字政府建设基础性立法空白的局面。

（一）制定统一的《数字政府法》以应对当前的上位法规范缺位

正如前文所述，专门性上位法规范的缺失为我国数字政府的法治化建设与推进带来了种种弊端。因而，为避免上位法规范缺失所引起的种种不利，应当通过专门性立法的方式对其予以化解。况且，这不仅仅是《国务院关于加强数字政府建设的指导意见》的要求，也是对数字政府治理需要的回应。而且，通过专门性上位法规范对其予以回应也不仅仅是我国的特色做法和全新探索。毕竟，国外针对数字政府建设的立法已经形成了相对充足的国际经验，如美国在 21 世纪初就已经颁布的《电子政府法》等。沿此逻辑，通过立法机关制定一部统一的《数字政府法》可谓是契合我国数字政府法治化建设需求的有效路径。而在《数字政府法》的规范设计中，则应当主要包括以下方面的内容：

---

[1]　参见郭一帆：《数字政府建设中的法律制度完善》，载《云南行政学院学报》2021 年第 1 期，第 38~46 页。

其一，《数字政府法》要明确自身的法律属性与地位，并规定数字政府建设过程中应有的组织架构。作为一项推动数字政府法治化建设的顶层设计，《数字政府法》必须明确自身的基本法地位，并将其视为政府数字化运作过程中所需要遵守的上位性法律规范。而且，从性质上来讲，《数字政府法》应当被归属为行政法领域的立法内容。在这一立法活动之中，处理好中央与地方数字政府之间的关系并分别对其权力进行明确应当成为规范设计所应关注的重心与核心，从而实现自上而下的政策传导与自下而上地方分散式立法相结合的良好效果。此外，除了中央和地方之间的关系以外，不同数字政府部门之间的权限与职责也应当得到内容上的明确，并最终为不同地区、不同部门间的资源共享与开放奠定良好的规范基础。

其二，《数字政府法》要明确数字政府主体、数字行政、数字行政行为等基础性的实体概念与内容。作为行政法领域的统筹性法律，数字政府的行政运作同传统的政府运作具有明显不同，这也就决定了数字政府运作过程中的基础性行为与基础性概念等均产生了一定的数字化异变。由此，什么是数字政府、什么是数字行政、什么是数字行政行为等不同于传统行政运作方式等各种新型概念就应当被明确界定。这既是《数字政府法》在规范设计时的应有之义，也是奠定数字政府行政运作的基本前提。毕竟，法律概念乃是奠定整个法律体系与法律大厦的基础性与核心性要素。

其三，《数字政府法》要明确数字政府在实施数字行政行为时所应当履行的具体职责及其所应当遵循的权力边界。政府在行使行政权过程中由传统行政运作模式转向数字化运作模式并非单纯为了追求自身方便或追逐潮流，而是在追求更好服务目的基础上进行的效率革新。换言之，即便是在数字环境下的数字行政，数字政府的终极目的也仍然是为人民服务，这是我国服务型政府建设的根本所在。由此，在政府与人民群众之间的关系中，注重对人民群众的利益保护应当是政府行政数字化变革的价值旨归。因而，《数字政府法》的制定亦应当遵循这一基本原理，将数字政府与公民的关系予以厘清。而在数字政府与公民的关系界定中，作为行政主体的数字政府和作为行政相对人的私人主体的权力和义务边界就应当成为《数字政府法》的重点内容。继而，数字政府在行政运作过程中的职责权限范围及其履职边界便也应当在这一关系中得以证成。

（二）分门别类地制定配套性规则以畅通数字政府建设路径

作为数字社会变革所带来的新兴事物，数字政府的行政运作实践和法治实践必然会走到规则制定的前面，因而也就决定了专门性立法的顶层设计仅仅是推进数字政府法治建设的一方面内容。我国的数字政府建设在本质上应当由政府从内部进行自我驱动，在坚持顶层设计为纲的基础上自上而下、由内而外地逐层发力与推进。[1]这也表明，在数字政府法治化建构的推进过程中，必然需要从平台治理、平台优化、规则细化、制度补足等方面分门别类地予以配套性制度供给，方能搭建起一个"集政府数字化履职能力、安全保障、制度规则、数据资源、平台支撑为一体的数字政府体系框架"。[2]

其一，强化数字政府运作过程中的监管制度，筑牢政府行政数字化改革中的网络安全与数据安全防线。在推进数字政府法治化建设的过程中，严格遵循数字治理的特征并从平台监管、数据监管等方面对信息网络基础工程建设进行优化和规范是其中核心的硬件要求。因而，监管制度的建构必须重视数据管理平台本身的建设与指标，以奠定数字政府行政运作的技术根基。当然，硬件设施的配套跟进与监管同样需要软性的政府治理措施予以协作，这也就决定了数字政府除了应当在数字治理技术层面下足"硬功夫"外，也应当在数字政府的行政运作过程、数字治理过程等方面下足"硬功夫"，通过强化运作过程的监管以防范数字政府运作的结果背离其初衷与目的。

其二，优化数字政府推进过程中的评估机制，打破政府与民众之间的数字壁垒并提升技术治理的效果。一般来说，无论是在政府的行政治理中还是在其他主体的社会治理中，乃至于在司法机关的司法运作中，评估机制都能够发挥不可忽视的重要作用。因而，健全完备的评估机制存在与否，

---

〔1〕参见余凌云：《数字政府的法治建构》，载《社会科学文摘》2022年第7期，第14~16页。

〔2〕杨思怡：《数字政府与法治政府：何以、以何、如何共进》，载《科技与法律（中英文）》2023年第2期，第14~21页。

关乎政府行政治理、司法机关的司法权行使及其他主体的社会主体能否取得良好的效果。而且，评估机制的建构也能够充分发挥民主监督的制度功能。由此，在数字政府行政治理的推进过程中，需要建构针对行政运作技术手段、行政运作法治风险的利益考量机制。只有行为能够始终处于在合比例性原则的范围内，才不致因技术治理手段的叠加而产生数字政府行政治理的反向效果。

其三，建立数字政府法治建构中的救济机制，明晰数字背景下行政相对人不满行政主体决定时的救济途径。在数字技术的要素叠加下，行政主体与行政相对人的数字鸿沟在数字政府运作过程中得以显现。而且，数字鸿沟背后实际上蕴含着行政相对人能否对数字政府行政行为、执法结果、行政执法合理性与合法性等层面内容的不可明知性。如此，势必会造成行政相对人在权益遭受侵害时的"救济低可能性"。因而，在数字政府治理背景下畅通行政相对人的救济路径迫在眉睫。否则，将可能有损数字政府的执法公信力、权威性以及基本的正义实现。当然，数字政府治理背景下的救济路径塑造并不能完全等同于传统行政法领域中的救济路径，而是应当充分建立在数字技术的要素背景下，围绕行政相对人的数字行政知情权、数字治理参与权等内容予以展开。

二、优化数据共享与数据开放制度

可行的、具体的、明确的制度规则是数据治理规范化、法治化的依据，也是数字政府在数据共享与开放的行政化运作过程中所应当首先达到的目标。况且，数据开放和共享本就是数据治理现代化的重要基础，因而其自然也应当是整合各类数据资源、推动数字政府治理现代化的必然要求。但正如前文所述，数字政府在数据开放和共享的过程中将不可避免地存在一定的制度漏洞，这也就决定了数字政府在深入推进数字化行政变革的过程中，必须建立健全完备的数据开放和共享机制，以有效平衡数据共享开放与数据安全之间的矛盾关系。

（一）明晰政务数据共享开放范围与制度

信息数据的共享互通制度是打破不同地区政府部门间与同一地区不同

部门间"数字鸿沟"与"信息壁垒"的唯一渠道。因而,优化政务信息与数据的共享互通机制,能够有效缓解不同地区政府部门间或同一地区不同部门间数据共享不足、协作效率低下的数字政府治理难题,并最终成功优化政府部门内部联动机制,有效打破不同部门间的数字鸿沟,实现政府间的政务数据沟通与交流,推进我国的数字政府法治化建设。[1]

其一,全面推进并明确政务数据的"分类分级",以奠定政务数据共享开放科学合理的基本前提。正如前文所言,当前的政务数据共享开放中存在着明显的"分类分级"不明确问题,并造成了一系列的政务数据共享开放乱象,最终制约了政务数据共享开放的效果,亟须对其予以加强。因而,数字政府在推进政务数据共享开放的过程中必须对其予以规则上的明确。而在这些内容之中,则又必须对可共享数据与不可共享数据的指涉范围进行清晰界定,并最终形成具有层次性的政务数据分级制度。根据《数据安全法》以及《网络数据安全管理条例(征求意见稿)》的规定,数据应当被主要分为三级,即一般数据、重要数据与核心数据。显然,该标准为政务数据的具体分级结果奠定了一个总体的标准和基调。由此也就决定了,政务数据的分级分类必须以数据的影响对象、影响广度、危害结果等不同层面的内容作为基本参照,并最终综合对象、广度和结果三个因素将数据分为一般数据、重要数据与核心数据。继而,若根据该标准形成了一个完整的政务数据共享开放目录,则最终能够满足可共享数据与不可共享数据的内容明确性要求。

其二,明确数字政府实施政务数据共享开放的具体方式,以便捷、安全的手段深入推进政务数据的共享开放。详言之,无论是对于掌管政务数据的数字政府部门还是对于未掌管政务数据的普通公众而言,政务数据的共享开放都需要遵循明确的法定程序与形式。对此,可通过以下措施予以处理:一是确立一个统一高效的政务数据管理平台,采用"自上而下"与"自下而上"相结合的方式将中央政府和地方政府的政务数据标准予以统合,从而为确立一个完整的、具有可操作性的政务数据共享方式奠定基础;

---

〔1〕 参见张震、王雪姣、华洁莹:《破除我国地方政府间信息壁垒的思考》,载《决策与信息》2019年第11期,第77~85页。

二是同时建立掌管政务数据的政府部门依职权开放以及普通主体依申请开放等两种方式推进政务数据的共享开放，并详细规定相应的流程；三是对经分类分级后的政务数据提出不同的区分性管控要求，根据数据的等级属性和风险属性采取不同级别的数据共享机制，也即在数据共享的过程中应该根据共享的数据级别确立不同的数据共享机制，通过制定专门的安全管理标准以防止由数据泄露带来的各种损失。[1]

（二）明确不同数据主体的共享开放权责

作为大量政务数据的掌管主体，数字政府内部的不同部门在其权限范围内对其掌管的政务数据自然也应当享有数据归属权、使用权与管理权。然而，权力和责任本身就是不可分的，享有权力的同时必然会伴随着责任与义务的承担和兑现，这是权责一致型现代化政府建设过程中的当然要求。可见，不同部门主体在数字政府推进的过程中必须切实地承担起其所应尽的义务和责任。不过，不同于传统行政运作过程中的主体结构与数据流通方式，数字政府推进过程中的政务数据不仅涉及政府部门自身，而且会关涉数据接收者等第三方，因此对其设置合理必要的责任同样重要。

其一，数据掌管主体应当承担保证其数据共享合法、合理、科学、有效、真实的责任，并同时担负起维护采集、更新与维护本部门所掌管的政务数据的责任。详言之，在实施政务数据共享开放时，对于拟向公众开放的政务数据，政府部门主体不仅应当审慎对待，并且应当确保数据共享过程中数据的完整性、保密性和可用性，同时也需要动态更新数据开放目录，从而将政府应公开的数据清单透明地呈现给社会大众。而且，政府主体也应当主动同数据接收方以及其他数据管理方等制定数据共享协议，规定数据共享双方能够共享的数据类型和范围，并详细审查相关方的数据使用目的，对其严密设置数据使用条件与限制，以充分履行自身的数据安全维护责任。此外，作为具有公信力与权威性的政府部门主体，数字政府也应当积极建立数据质量评估机制，通过对开放的数据进行质量检测以及时修正数据错误和缺陷，从而提高数据的可信度和实用价值。

---

[1] 参见黄如花、苗淼：《中国政府开放数据的安全保护对策》，载《电子政务》2017年第5期，第28～36页。

其二，数据接收方应当承担保证合法、合理、合乎目的使用政务数据的责任，防止政务数据被扩散、被篡改、被滥用。详言之，在政务数据共享的过程中，接收数据和具有数据使用权的主体虽然已经具有了使用数据的具体权利，但却并不等于其可以随意使用，其同样应当受到合目的性的具体限制。而且，此时的目的也不能被过度宽泛地予以解读，而是应当根据前述数据共享协议中的内容予以确定。在数据使用的过程中，数据接收主体也只能运用其接收到的原数据予以充分审视、分析和利用，绝对不能对这些政务数据所反映的事实与内容进行篡改与未经授权的不当扩散。即便是在已经获得授权进行二次传播或运用的情况下，这些数据的真实性也应当被充分保证。值得提及的是，对政务数据的不可篡改并非是指不可改变，如若是对于其中涉及的可能具有敏感性的信息或涉及他人隐私秘密的信息予以技术化、模糊化处理，这自然应当被允许，甚至是应当被鼓励和肯定。

三、强化数据安全以有效保护个人信息

数字政府的建设必须始终重视数据安全标准体系的建设。尤其是，在需要政务数据共享开放的情况下，维护数据安全的任务重要性便更为凸显。况且，前述所提到的政务数据分级也本就应以维护数据安全作为核心，其目的是有效打击各种数据违法犯罪以保证数据的规范管理，从而实现数字法治化，保护人民群众的人身财产安全和国家主权。因此，也就决定了，政府主体在实施数据共享开放的同时，必然要以数据安全作为底线，以有效促进数字政府的治理能力现代化建设并服务于数据时代的社会经济发展为目标。即便是从个人层面来看，公共数据的安全性本身得到保障其实也就同时保障了公民的个人权益。可见，数据共享开放过程中所产生的数据开放与公民个人信息保护之间的矛盾完全可以通过数据安全机制的强化予以实现。

（一）脱敏与加密：维护政务数据安全的核心要求

数据公开是数据开放的重要内容，也是《政府信息公开条例》等制度性规范对政府主体所作出的明确要求。然而，政务数据公开同样具有引起

隐私和安全风险的可能，因而如何对这些数据进行公开将成为有关数字政府主体所必须直面的难题和命题。围绕这些实践困惑，数字政府在未来的建设推进中可以从以下方面对其予以制度性优化。

其一，建立数据公开过程中的脱敏机制。对于数据而言，并非所有的内容和信息都要向特定主体或全社会公开，否则将会产生诸多风险。实际上，只有经过脱敏的数据才能向一定范围的社会主体进行公布。数据脱敏在维护国家数据安全和保障数据利益方面作用重大。数据脱敏的实质是在遵循数据脱敏具体原则的基础上，制定统一的数据脱敏处理规范，提升数据开放的标准化与规范化，从而可以安全使用脱敏后的数据，减少数据安全风险的发生。[1]数据脱敏制度的核心内涵应当是数据的去识别化、去敏感化，通过去识别化技术的合理使用降低数据的被再识别风险，并将敏感数据转化为一般数据，从而避免被依法公开的数据直接或间接指向特定主体，最终造成不可预估的不利影响。尤其是，当遇到直接涉及国家安全、公共安全和个人安全的数据时，更要设置去敏感化的不同程度要求，当不能达到相应程度时绝对不得公开，从而严格限制数据公开的范围。

其二，设立数据系统的强制加密制度。强制加密不仅应当是数据在收集、存储、传输阶段的要求，在数据公开阶段同样应当予以制度性规定。通过对数据系统的加密应用程序设置，能够有效防范对数据系统的攻击或违法获取数据信息现象的发生。但是，数据强制加密制度当前却没有被确立为数据处理过程中的一项制度，从而导致了诸多问题。从本原来讲，数据公开制度的强制加密其实也是对数据存储的要求，其防范的是未经程序授权公开的内容在没有加密的情况下被不当泄露并进一步导致诸多风险的情形。由此，设置强制加密制度，既能够从源头上保障数据收集、存储和传输阶段的安全，也能够防止数据公开阶段的不当泄露。对于强制加密制度的具体操作而言，结合数据安全和隐私保障的需求，应当加强网络密钥的使用，通过密钥访问和加强密钥管理对数据系统、数据文件进行加密，并对其予以制度化。

---

〔1〕 参见黄如花、刘龙：《我国政府数据开放中的个人隐私保护问题与对策》，载《图书馆》2017年第10期，第1~5页。

（二）全周期跟进：强化个人信息保护的有效路径

根据 2020 年颁布的《信息安全技术——数据安全能力成熟度模型》，数据的生存周期有数据采集、数据传输、数据存储、数据处理、数据交换、数据销毁等六个阶段。[1]由此，在不同阶段对涉及公民个人信息、影响数据安全的各类政务数据进行阶段性的制度保护，能够有效推进政务数据共享开放中的个人信息保护。不过，由于数据采集、数据传输通常主要涉及采集人员的技术培训与管理和采集技术手段的完备性等技术性内容，数据处理和数据交换又主要可以被前述的分类分级制度构建以及数据开放共享机制等所涵盖，而这些问题完全可以通过数据分类分级、技术加密与脱敏等来完成。因而，从规范优化的角度出发，笔者将着重介绍数据存储和数据销毁制度的优化和完善。

数据存储是政府数据开放全生命周期的关键，也为政府数据资源能够得到充分利用和有效增值打下了坚实的基础。[2]数据的存储可以说是影响数据安全的源头性因素。由此，在数据共享开放的全生命周期监管过程中，为了发挥数据库存储数据资产的最大作用，就必须明确数据库存储类型，加强对数据存储环节过程的监管。[3]一方面，制定数据存储清单，并建立定期审查和数据风险等级制度。建立数据清单能够使得数据存储者清晰地掌握其所掌管的各种数据清单，防止因遗忘或疏忽等因素导致数据的不当泄露。而且，数据清单和数据等级的清晰有助于数据存储主体对不同的数据进行分类分级，并根据不同的需求建立数据风险等级和定期审查制，以便及时地对数据安全风险进行检查和排除，从而实现降低风险和节省资源的双重效益。另一方面，建立数据的有限存储期制度，防止无限期储存。《个人信息保护法》明确规定了存储限制，是政府机关等主体在收集个人信息后应当遵循的制度性要求。同信息相类似，由于个人数据对特定自然人

---

〔1〕　参见郑文阳：《我国政务数据开放的价值面向及安全保障》，载《行政管理改革》2023 年第 9 期，第 70~80 页。

〔2〕　参见邸弘阳、任思琪：《政府数据公开网络平台的数据管理与利用方式研究》，载《图书馆杂志》2017 年第 1 期，第 88~96 页。

〔3〕　参见张聪丛等：《开放政府数据共享与使用中的隐私保护问题研究——基于开放政府数据生命周期理论》，载《电子政务》2018 年第 9 期，第 24~36 页。

身份的可识别性，同样应当适用有限的存储期。非个人数据虽然不似个人数据那般能够直接指向或间接指向特定的自然人，但其却具有涉及企业发展、行业稳定甚至是社会稳定的公共属性，因而亦可参照个人数据的存储制度来处理。由此，对于公共数据存储期的设置，同样应以实现数据目的为限，当所追求的数据目的实现后就不应再延长存储期限，此时需采用一定手段同删除、销毁等机制衔接，实现数据的退出。

数据的删除和销毁是数据保密义务的扩张和异化，是数据生命周期最后环节的"安全保障义务"，其直接功能在于避免个人数据、业务数据、重要数据等在使命完成后的大规模泄露。[1]因而，为了有效地防止数据泄露所造成的侵权风险，应建立数据利用完成后的数据删除规则，并明确对数据销毁的技术操作。一方面，建立数据销毁过程中的程序规范。其中，既应当包括对数据销毁主体的明确，也应当根据数据的分类分级情况对数据销毁流程进行细化；既应当对原始产生的政务数据进行销毁，也要注重对衍生数据进行删除。另一方面，要提升数据销毁技术的水平要求并予以明确规定。对于互联网数据这种高科技产品而言，数据删除制度的构建和确立仅仅为数据的删除义务提供了规范性要求，技术的完备与否才是决定数据能否达到删除和销毁目标的核心要素。因而，既需要根据数据的不同级别采用不同技术标准要求的销毁介质和工具，也需要根据数据销毁介质和工具的使用情况不定期进行更新，以保证数据销毁工作的完整性和安全性。

四、统一制定高质高效的政务服务标准

毋庸讳言，数字政府能否予以法治化推进并实现，其在相当大程度上取决于数字技术自身能力、数字政府在数字化推进过程中的方式选择以及经济社会生活数字化变迁的互动。[2]既然数字政府在深入推进的过程中已经呈现出"重点突破但总体不足"和"不同部门或不同地区间数据孤岛"

---

〔1〕 参见赵精武：《从保密到安全：数据销毁义务的理论逻辑与制度建构》，载《交大法学》2022 年第 2 期，第 28～41 页。

〔2〕 参见杨国栋：《数字政府治理的理论逻辑与实践路径》，载《长白学刊》2018 年第 6 期，第 73～79 页。

的不良现象，那么未来的数字政府推进策略也必将围绕这些阻挡数字政府法治化建设的问题来进行，以改变当前政务服务标准分散、规定层级较低以及可操作性不强的尴尬局面。

（一）补充优化非重点领域与关键技术领域的政务服务标准规范

"急用先行"的数字政府推进战略固然具有一定的合理性，但这并不表明"非急用型"的政务服务数据及其标准就不需要予以重视和优化。恰恰相反，即便是在重点领域和重点事项层面具有了科学的政务服务标准，但如若这些事务之外的政务服务标准不能得到确立，同样不能认为数字政府的政务服务标准化工作已经完成，政务服务标准体系也难言完整。因而，数字政府在推进政务服务标准化的过程中仍然应当对这些内容予以有针对性的优化和突破。

其一，统一完整的政务服务标准应当涵盖所有领域而非挑拣重要事项予以明确，因而应当对这些内容予以补充。众所周知，真正的数字治理现代化与政府治理现代化必然会具有全覆盖、全过程、全周期的基本特性，存在内容缺失与漏洞的数字治理并非数字政府所真正追求的数字化行政形态。由此，数字政府法治化推进应当对属于政府权限与职责范围内的一般性事项作出同样回应，从而实现政务服务标准统一过程中的范围扩充。在对政务服务标准范围予以全面涵盖的基础上，政务服务标准的补足又可以围绕以下方面予以展开：一是服务内容标准。明确数字政务服务的覆盖范围和服务内容（包括各类行政许可、公共服务、办事指南等），确保服务内容符合法律法规的要求，并通过电子化方式实现服务的便捷和高效。二是服务流程标准。制定数字政务服务的标准化流程和操作规程（包括预约、申请、审核、审批、领取等流程和操作），规范行政服务的流程和环节，进一步提高服务质量和效率。三是服务质量标准。制定数字政务服务的质量标准（包括服务态度、服务速度、服务准确性、服务满意度等方面），明确服务目标和标准化要求，提高服务质量和管理效率。

其二，关键技术标准的明确是推动数字政务服务标准化、规范化和集约化的内在要求，因而应当对其予以深入优化。如果说数字政府制定的政务服务标准的完备性与统一性是其数字化行政是否能够有效的规范性前提，那么数字化技术作为数字政府法治化建构的最基础工具，[1]便应当成为数字法治政府持续推进的关键。而且，正如前文所言，当技术工具与标准不统一时，不同部门所形成的结论也会有所不同。可见，数字政府法治化推进必须对关键的技术标准进行明确。详言之，数字政府必须制定相应明确的技术标准和行业规范，确保数字技术的运用达到一定的安全和质量水平，从而建立起科学合理的数字技术运用规范体系。不过，在对关键数字技术标准进行优化时，也应当明确数字技术运用的基本限制，从数据安全、技术合规、技术合理透明等方面着手，提高数字技术的利用效率和安全性。

（二）加强信息化平台建设以有效化解政务服务标准分散难题

习近平总书记早在 2016 年的全国网络安全和信息化工作座谈会上就曾指出："要以信息化推进国家治理体系和治理能力现代化，统筹发展电子政务，构建一体化在线服务平台。"[2]可见，通过构建全国统一的在线政务服务大平台以推进数字政府建设，是从中央到地方等各级政府都早已达成的共识。关键在于，基于各地实际情况的区分性差异，将这种共识在实践层面予以具体落实，以使得"数字化技术充分嵌入行政决策、行政立法、行政执法等行政活动全过程"，[3]并最终通过统一大平台的形式消解不同地区与不同部门间政务服务标准差异甚大的分散性问题。

其一，搭建全国统一的专门性政务数据平台，并统一运用相同的数据库处理软件，以消解不同地区或不同部门间政务服务标准因技术异构而产生的差异。若要完全实现政府数字化，建立数字化大平台是其成功转型的基本前提。[4]对此，应当着力推进技术手段革新，依托移动支付、人脸识别等不同的先进技术手段强化不同地区、不同部门间的协同联动，有效化解跨地区、跨部门、跨领域、跨层级的数据互联互通、共享协同过程中的

---

〔1〕 参见解志勇：《数字法治政府构建的四个面向及其实现》，载《比较法研究》2023 年第 1 期，第 1~18 页。

〔2〕 习近平：《在网络安全和信息化工作座谈会上的讲话》，载中国国家互联网信息办公室网：http://www.cac.gov.cn/2016-04/25/c_1118731366.htm，最后访问日期：2023 年 10 月 26 日。

〔3〕 王杰：《论数字法治政府建设》，载《南海法学》2022 年第 6 期，第 84~91 页。

〔4〕 参见余凌云：《数字政府的法治建构》，载《社会科学文摘》2022 年第 7 期，第 14~16 页。

信息碎片化、服务割裂化、应用条块化等一系列数据协同难题。[1]详言之，应当建立全国统一的政务数据库，各地区使用同一类数据管理软件对政务数据进行编译储存，并通过一定的技术性手段转化为可读、可用的具体内容，逐步推进数字政府行政运作的自动化与智能化。在这种情况下，对于某些类似的政务数据，无论是在分类分级结果方面还是在标准化运作等方面，不同地区、不同部门的政务服务内容都能够实现高质高效的目标与效果。

其二，打造数字政府背景下的复合型人才，组建中央和地方上级部门等不同层级的政务服务标准制定指导委员会（工作小组），以提升发达地区对欠发达地区的技术支持，最大限度地避免由经济发展不平衡与人才素质不一致而带来的政务服务标准差异。具体展开，数字政府的法治化推进应当同时涵盖处于不同发展水平的地区与不同级别的政府部门，推进技术标准规范的统一性。在统一的过程中，应当考虑到不同地区数字化技术水平发展不一的实际情况，采用分层式的制定与指导。在制定政务服务标准的过程中，由中央先制定统一的政务服务标准，各地区根据自己的实际情况在这一指导标准下建立地区内通用的标准，如若两者在某种情况下存在抵牾时由国家政务服务标准制定部门予以统合和决定。[2]当然，由于欠发达地区的技术欠缺性，地方政府部门在制定与实施政务服务标准时，国家可以成立指导委员会对省级部门工作人员予以指导，继而由省级部门成立指导工作小组对各地、市、厅级政府部门进行指导，以此类推。最终，通过上下级之间的分层式细化，形成一个能够兼顾不同地区实际发展水平的全国统一政务服务标准。

---

〔1〕 参见苗国厚、陈璨：《在线政务服务平台建设的沿革与前瞻》，载《中国行政管理》2020年第2期，第157~159页。

〔2〕 参见李桂林、李露雅：《"良法善治"维度下数字法治政府建设的"双化协同"》，载《南昌大学学报（人文社会科学版）》2022年第2期，第77~84页。

第四章

数字政府法治建构的行政保障

如若认为规范性文件的制定与制度的构建奠定了数字政府法治化建构的基本前提，那么行政运作过程的优化无疑应成为数字政府法治化推进的核心内容。原因在于，无论是在传统政府运作还是在数字化政府运作中，行政始终承载着职能核心的角色。换言之，行政才是政府履行职能的中心属性，这奠定了数字政府法治化推进过程中需要构建行政保障机制的根基。况且，即便是前文所述的立法优化等内容，其本质上也是围绕数字政府行政权运作优化来进行的。由此，本章将以数字政府的行政权运作为中心，从数字政府法治化建构的主体出发，围绕数字政府行政权运作的具体路径以及程序优化等方面逐步展开。

第一节　数字政府法治化建构的主体识别

在传统的公共行政权运作与管理中，科层制的政府运作特征非常显著。在科层制的框架下，各部门严格遵循自己的职权与分工独立运行，形成了"以部门为主体"的行政权运作方式。这种方式虽然确保了各部门之间的职责明确，但也导致了政府部门运作的条块式分割，最终从治理效果和治理效益等方面背离了行政权运作的初衷和目标。而且，由于数字技术要素的叠加，数字政府的行政运作更是将这种情况推向了一个新的阶段。正因如此，在法治化推进的过程中，数字政府开始注重引入非政府主体进行协作，构建了"多元参与、相互依赖"的协同治理模式，以改善科层制政府的弊端。基于此,笔者将对协同治理模式下的不同主体进行深入研究,并进行科学分析与定位。

一、"以部门为主体"科层制管理模式的检视

一般来说,行政运作中的"以部门为主体"实际上是传统政府科层制运作的典型体现,其所突出的是一种主体管理思维而非治理思维。正如学者的观点,从组织学的意义上来讲,科层制所指代的是一种权力依照职能和职位进行分工和分层,以规则为管理主体的组织体系和管理方式,[1]其最初是由马克思·韦伯提出的。科层制的初衷是通过一系列能够提升行政效率的规则来实现程序运行的协调和顺畅,以提升组织效率。[2]在这一过程中,明确的权力结构与等级体系、清晰的职责分工以及稳定的程序等要素均被科层制所涵盖。

（一）"以部门为主体"科层制管理模式的基本特性

从科层制管理模式的基本特征来看,其主要包括四种特性:一是严谨而细致的具体分工;二是严密且稳定的规范制度体系;三是森严的等级秩序和权力运行规则;四是行政执法主体的非人格化与理性要求。正是在这些基本特征与要求的共同作用之下,科层制管理模式在社会治理中的有效性得以确立,并延续至今。

其一,科层制管理模式所蕴含的分工制度奠定了科层制组织结构的基本运行形态。在科层制管理模式下,负责社会治理与行政执法的政府整体被切割为多个不同的行政部门,每个部门都具有自身存在的意义与具体职能。而且,这些政府部门只能在其所承担的职责范围内行使职权,既不能无缘无故地放弃权力的行使,也不能肆意跨越该部门职责权限的边界范围。显然,在这种科层制的运作模式下,行政权是由各部门内具体的专业执法人员所负责,每个主体的工作任务都被明确地定义和固定。例如,司法行政机关的主要职责就在于司法行政工作,农业农村局等部门的主要职责就在于负责"三农"问题。不同部门各司其职,共同推动政府工作的有序

---

〔1〕　参见陈振明、孟华主编:《公共组织理论》,上海人民出版社 2006 年版,第 72 页。

〔2〕　See M. Weber, *Theory of Social and Economic Organization*, London: Free Press, 1947, p. 152.

运行。

其二，建立严密且稳定的规范制度体系既是法治政府能够有序运行的基本前提，也是科层制管理模式能够稳定有效运作的内在要求。无论是政党的运行体系，还是政府的运行过程，明确而清晰的规章制度都必然是其能够顺利延续的基本前提，这已经得到了历史经验的无数次证实。在全面依法治国的战略背景下，法治国家建设、法治政府建设、法治社会建设等也对此提出了要求。可见"有法可依""科学立法"在政府运行中的重要地位。此外，严密且稳定的规范制度不仅为政府运作提供了规范性基础，还为政府部门的运作方式和权限提供了明确的指导原则，这无疑有助于提升政府在复杂多变的外部环境中的适应能力。

其三，森严的等级秩序和权力运行体系作为科层制管理模式的当然要求，有力确保了上级组织机构的权威性和稳定性。不同于横向的扁平化管理与协同式运作，科层管理模式下的政府运作呈现出了鲜明的纵向等级特征，并形成了一个逻辑紧密、结构复杂的金字塔式等级制度。在这种金字塔式的权力分配中，下级部门不仅受到上级单位部门的监督，而且直接受其领导。可见，上级部门的权力与权威在这种模式下能够被有效保证。因此，组织内部运行的稳定性和有序性得以被有效推进，从而为行政权的运作奠定了基本的框架与结构基础。

其四，行政执法主体的非人格化与客观理性是科层制管理模式对政府部门权力运作的要求和预设。在科层制的管理模式下，行政执法部门必须保持绝对的客观中立与理性，通过贯彻落实不偏不倚的态度，以更好地服务于人民群众，实现真正的公正执法。在这种情况下，行政执法主体必须具备足够的、高度的理性，其在执法过程中不能掺杂任何个人主观色彩与情感因素。其做决策的唯一根据便应当是客观事实，并继而以规章制度对其进行执法结果回应。可见，在理性的政府管理背景与要求下，确保具体执法主体的非人格化是保障政府决策理性的内在要求。

（二）"以部门为主体"科层制管理模式的运行困境

诚然，"以部门为主体"的科层制管理模式对于国家治理和社会治理产生了不可忽视的积极作用，但不能否认的是，科层制管理模式的运作也随着信息技术与经济的发展而遭遇了一定的困境。这些困境不仅仅包括由其自身运作机制复杂性所导致的内容，也涵盖了因数字技术要素介入而产生的数字政府科层制运行机制难题。

其一，政府部门在长期"单线作战"过程中所形成的自利倾向与封闭心理，不利于和其他部门的工作协同。基于职权分工的制度设置，各个部门在具体的行政运作中往往根据自己的治理需求来进行规则设置与决策，这种长期"单线作战"的行政运作方式虽然在一定程度上提高了工作效率和便利性，但也容易滋生短视和部门利益至上的心态。在这种情况下，部门可能为了追求短期的治理效益或部门利益而忽视整体的效益，甚至发生越权管理的不当行为。如果某个部门认为与其他部门的协同工作会对其权威性构成挑战，那么它就不太可能积极与其他部门协作，从而导致部门间的信息交流不畅。这无疑会极大地阻碍传统政府治理效率的提升，同时也会对数字政府法治化建设的推进造成更大的掣肘。

其二，基于职责分工的客观现状与行政执法主体的保守心态，科层制管理模式下的政府部门可能会陷入逃避、推卸责任的困境。在政府部门的内部，"事不关己，高高挂起"以及"少做少错，多做多错，不做不错"的错误执法观并未被完全杜绝。当这种心态存在时，科层制下的政府部门或执法主体可能就会严格地按照法律规范履行职责，而对制度规定之外的其他事项置之不理，更不会主动同其他部门沟通交流，共同处理和配合相关事务。更有甚者，部门之间对普通公众诉求"相互推诿"的现象偶有发生，这不仅不利于各部门之间的协同运作，更无法真正践行"为人民服务"的宗旨，从而背离了科层制管理模式所追求的高质高效目标。

其三，科层制模式下政府部门组织运行规则的固化与刚性使得其难以较快适应急速变迁的经济社会发展，进而造成了权力运作过程中的滞后性特征。科层管理制度模式下金字塔式的政府运作结构形成了权力运作的固定框架，所有的政府行为均需参照该框架规范运行。然而，无论是从法律规范制度的滞后性特征来看，还是从权力运行结构的固化性特征来看，在面对新事物时，政府部门的行政权运作往往会显得有些力不从心。即便政府部门已经认识到并努力去适应新的实践需求，尝试变革行政权运作方式，也必须考虑到上级部门的权威性和整体的稳定性，需层层上报。因此，在科层制的管理模式下，政府部门的行政运作实际上具有一定的僵化性，这显然不利于行政权的高质高效运作。

其四，数字政府建设过程中数字治理与科层制管理模式的协调冲突。不同于传统治理环境下的政府运作，数字政府治理视域内的行政权结构已经由原来的"科层级"向协同制进行转换。然而，当前"以部门为主体"的政府治理业务逻辑与权责划分并未能及时适应数字治理的实际需求，并形成了前文所提及过的以下弊端：各部门为满足自身需求通常独立开发信息系统和数据库，但因缺乏统一标准，数据往往难以实现共享和交换，进而造成数据孤岛和信息不对称问题，最终严重影响了数字治理的整体性和效率。可见，当前数字政府建设的层级性水平明显不足，尚不足以发挥出共筹共建的凝聚力和治理聚合力，从而极大地抑制了数字政府的法治化进程。[1]

二、"多元参与、相互依赖"协同模式的演进

"多元共治是现代化社会治理的重要特征。"[2]面对"以部门为主体"科层制管理体系所暴露出来的种种问题，我国数字政府在法治化建设的过程中已经初步构建了"多元参与、相互依赖"的协同治理模式，也即政府"通过向社会组织、市场主体分权，放松管制，如采用政府采购、公私合营模式（PPP）、服务外包等，引导企业、社会组织、中介机构和公民参与公共行政事务的共同治理"。[3]此时，参与社会治理的主体显然已经不仅仅是政府及其部门，而是同时涉及政府机构、社会组织、市场主体、专家学者以及社会公民等多方主体，从而由传统"以部门为主体"的科层管理模式向"以部门为主导"的"多元参与、相互依赖"协同治理模式转变，极大地优化了数字政府建设背景下的治理效能。

---

〔1〕 参见王孟嘉：《数字政府建设的价值、困境与出路》，载《改革》2021年第4期，第136~145页。

〔2〕 杨思怡：《数字政府与法治政府：何以、以何、如何共进》，载《科技与法律（中英文）》2023年第2期，第14~21页。

〔3〕 石佑启、杨治坤：《中国政府治理的法治路径》，载《中国社会科学》2018年第1期，第66~89页。

（一）"多元参与、相互依赖"协同治理模式的演进方向

协同治理模式相较于传统的科层制管理模式，已显著改变了政府与其他主体之间的关系性质。在此模式下，双方不再局限于单纯的管理与被管理关系，而是逐渐演化为一种相互依存、共同合作的伙伴关系。在这一新型关系中，政府与其他主体均成了社会治理的重要参与者，共同参与到权力与资源的互动与交换过程中。尽管我国的协同治理模式目前尚未成熟，但在治理理念、治理权力和治理结构等方面已呈现出明确的变革趋势。[1]

其一，治理思维和理念由"单一"向"多元"的转变。在传统科层制管理模式下的行政运作过程中，政府部门的管理思维较为单一，其往往是将自身预设为一个理性人的角色，并严格根据事实和规范对被管理者作出相应的行政决策，这种纯粹客观的、理性化的事后处置机制不仅在一定程度上忽视了人文关怀，而且不利于行政效能的提升。与之相反，借助于数字政府建设的契机，"多元参与、相互依赖"的协同治理模式在治理思维上也恰如其名，在治理思维上相比以往多了一丝"多元化"的色彩。在协同治理模式下，政府主体与非政府主体的"协同作战"成了该治理模式下的典型特征。显然，这种变革不仅颠覆了以往的碎片化治理方式，还融入了人文关怀和风险预防理念，并力图打造成一个以"协作"为特征的高质高效、充满人文理性的行政权运作机制，最终实现数字政府法治价值与技术治理效能的平衡共生。[2]

其二，权力结构由"科层管理"向"流动协同"的演化。不同于传统场域下的社会治理，数字技术的流动性和要素叠加使得数字政府建设背景下的行政权力结构也呈现出流动性。正如学者所言，网络社会的信息权力"存在于信息的符码中，存在于再现的影像中；围绕着这种新的权力，社会制度实现了再组织"。[3]与之呼应，"多元参与、相互依赖"的多元协同治

---

〔1〕　参见邢鸿飞、曾丽渲：《数字时代行政法治的结构性障碍及革新路径》，载《江苏社会科学》2023年第4期，第149~158页。

〔2〕　参见范柏乃、林哲杨：《政府治理的"法治—效能"张力及其化解》，载《中国社会科学》2022年第2期，第162~184页。

〔3〕　[美]曼纽尔·卡斯特：《认同的力量》（第2版），曹荣湘译，社会科学文献出版社2006年版，第416页。

理模式本身恰恰是因技术要素叠加而形成的，这也可以被认为是当代社会权力流动的典型案例。在多元协同的治理模式中，政府主体虽然是社会治理的主导性机构，但其却已经不再是唯一的权力中心。恰恰相反，在数字技术的开发利用以及数据的采集、存储、运用和销毁等方面，政府主体反而需要依托掌握数字技术的第三方。显然，在这种模式下，原来的权力结构已经在实质上被进行切割与划分，最终建立了"政府主体–技术主体–其他主体"三方交互的权力运作形态。

其三，治理逻辑由"封闭管理"向"开放治理"的演变。整体来说，我国的政府治理已历经了三个重要阶段，分别为："封闭管理""封闭治理"与"开放治理"。这一过程清晰展示了政府从"管理"向"治理"转变的基本趋势。而且，相较于"管理"而言，"治理"一词显然更为先进，其更能体现政府的服务型特征及其所追求的目标导向。从政府治理的演进形态来看，"封闭管理"的主要目标在于尽快实现社会的稳定。在此种形态下，政府主体上下级内部以及政府主体和其他主体之间呈现出"管理"与"被管理"的关系，被管理者往往会表现出较强的被动性与服从性特征。即便政府主体在认识到"管理"模式的不足后转向"治理"，但此阶段的"治理"也仅仅是从理念上对其予以更新，其所适用的情形仍然多为政府内部的机制改革与推动，整体上仍然偏向封闭。而后，由于规范制度的日益完备和技术要素的快速发展，"封闭式"的治理已经不能及时适应日益变迁的转型社会，政府便开始积极寻求外部力量予以行政协作，并最终形成了当前的协同治理模式。而在数字政府建设的当下，数字技术在行政权力运作过程中的高度嵌入与广泛运用已经成了一个不争的事实，这也进一步决定了此种演进趋向的不可逆性。

（二）"多元参与、相互依赖"协同治理模式的基本样态

鉴于当前的协同治理模式被称为"多元参与、相互依赖"型的协同治理，那么不同主体间的"参与"和"依赖"自然也应当成为该模式的核心特征。因此，根据政府数字化建设过程中多元治理主体的参与程度和依赖维度不同，"多元参与、相互依赖"的协同治理模式便可被细分为以下四种基本样态：

其一，"低参与——低依赖型"的协同治理模式。该种模式可谓是数字政府在建设过程中最常见的协同治理模式。根据该模式的基本表现，政府部门虽然在工作中需要其他部门的协作与参与，但整体的参与度和依赖度并不高。换言之，这种情况下的行政权运作较大程度地保留了原来的科层制特征，各部门都在职权范围内各司其职，仅仅在特定的情况下对一些数据进行对接、交流和互换。而且，这种交流互换所利用的平台与技术也相对简单和常见，如数字云盘、在线文档等，其他主体对本部门的工作并不需要深度参与。

其二，"高参与——低依赖型"的协同治理模式。该种模式同前一种模式中的依赖度基本相同，但在参与度上则存在着明显的差异。在这种模式下，多元治理主体之间往往需要通过一定的政务协同平台进行数据联动，并借助智能设备的优化来实现数据资源的汇总和共享。而且，这种模式通常适用于基层治理，其不再采用原来需要实地调研、深入调查的工作方法，而是通过智能工具的嵌入和应用来掌握实际情况，从而避免了数据获取与交流时的层层申请，并显著提升了各机关之间的配合程度和行政权运作效率。

其三，"低参与——高依赖型"的协同治理模式。不同于低依赖型的协同治理模式，此种模式下的政府部门往往对其他协同治理部门的数据和资源具有较高程度的依赖性。基于数据的高价值性特征，该协同模式旨在通过打造政务服务协同平台的标准流程并予以互联网的接口接入，从而实现对该类高价值私有数据的共享和交流，最终兼顾数据私密性、安全性和服务效率等多种考量因素。在实践中，这种模式常用于简化审批流程，政府部门依据社会公众与企业的诉求，联合其他部门进行专业数据分析，从而以快速有效的方法实现行政权运作的目标。

其四，"高参与——高依赖型"的协同治理模式。相比于其他三种协同治理模式，此种模式运用的情形显然是最为复杂的。在该种治理模式下，不同的协同治理主体之间不仅具有数据资源层面的高度依赖性，而且需要多主体的共同参与和推进，甚至需要自上而下和自下而上地双向搜集与分享。在这种情况下，各主体不仅需要构建双向乃至多向的信息流通渠道，

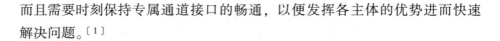

而且需要时刻保持专属通道接口的畅通，以便发挥各主体的优势进而快速解决问题。[1]

三、政企合作治理模式中企业主体的科学定位

无论是采用了政府主导型的政企合作治理模式还是采用了平等共促型的政企合作治理模式，政企合作治理始终都是"多元参与、相互依赖"协同治理模式中最具典型性的一种。原因在于，由于数字技术的快速发展，企业在数据分析、数字技术运行、数字技术推进等层面的作用日益显著。这也就决定了，在数字政府深入推进的背景下，企业主体参与社会治理已然成了不容忽视的重要事实。因此，在企业主体参与社会治理的情况下，如何对企业主体进行科学的定位便成了问题的关键所在。只有对其进行了明确的回应和定位，才能最大限度地激发企业主体在社会治理中的强大功能与作用。

（一）政企合作治理中企业主体的角色类型

总体而言，在政企合作的治理模式中，企业主体在社会治理中的角色类型可以从以下几个方面来考虑：

其一，企业作为数字技术及数字服务的提供者。企业作为数字技术及数字服务提供者的角色，是政企合作治理模式中企业主体的前提与核心角色。究其根源，一个企业之所以能够与政府合作打造协同治理的行政权运作模式，其最核心的要素就在于掌握了政府部门所不能掌握或尚未掌握的数字技术和数字资源，这也是它的作用和价值所在。具言之，在数字政府的法治化建构中，企业可以通过自身的技术和资源优势，为政府提供数字化转型所需的各种解决方案和服务。例如，通过开发面向政府的信息化系统、推动数字化政务平台的建设等措施，企业可以为政府的数字化转型提供强大助力。如若企业不具有这一功能，数字政府法治化建设的政企合作便没有了坚实的基础，因而也就无从谈起。

其二，企业作为数字治理规则制定过程中的实际参与者。企业既然可

---

〔1〕 参见王尉、王丹：《数字政府建设背景下多元治理主体的协同模式创新与共治效果提升》，载《领导科学》2023 年第 1 期，第 110~113 页。

以作为政企合作治理模式中的参与主体，便表明其已经是数字政府法治推进过程中的一个环节。此时，随着权力和技术、资源的交织互动，企业在这一过程中也必将成为数字治理规则的参与者和制定者。在这种角色的定位下，企业不仅需要遵守政府制定的相关规则，如隐私保护、数据安全等，确保企业在数字政府建设过程中的合法性和合规性，而且也有责任为政府的数字治理规则制定提供宝贵的意见和建议，从而实现身份角色的转换。

其三，企业作为数字政府政务数据与信息的知情者与共享者。作为数字政府数据库建设的承接者，甚至是直接运营者、维护者，企业主体不可能不对数字政府的政务数据以及各类政务数据标准具有明确的了解。甚至可以说，在某种程度上，掌管或运营数字政府数据平台的企业可能比数字政府部门本身更能全面、客观地掌握所有的政务数据内容情况。因此，即便是在不同部门之间的数据未能实现共通共享的情况下，运营数字政府政务数据并掌握平台维护权的企业对这些数据也具备明确的认识，更遑论在数据共享已经实现的情况下。

其四，企业作为数字政府法治化推进过程中的利益获得者。"天下熙熙，皆为利来；天下攘攘，皆为利往。"企业的活动始终围绕利益进行，因此在参与数字政府法治推进的过程中，企业主体必然会考虑其可能获得的收益或其他利益。正是基于利益的驱动，企业才可能参与数字政府的社会治理。可见，在政企合作治理模式下，政府和企业实际上都是数字政府建设事项过程中的利益主体。因此，企业在政企合作的协同治理模式中同样扮演着利益获得者的角色。这也进一步要求企业在数字政府的深入推进中应当更为积极主动地配合行政数字化改革，从而实现企业自身与数字政府之间的双赢局面。

（二）政企合作治理中企业主体的辅助地位

诚然，数字政府法治化建构需要寻求数字技术的支撑，政府和企业是行政权运作数字化转型的"一体两翼"，二者缺一不可，但这并不表明两者的地位就能够完全相同。从客观上来看，在行政权运作方式的数字化改革与转型过程中，由法律规范所确定的行政权主体仍然应当是整个数字化转型的主导者，这也决定了数字政府的核心地位必须被坚持和维护。因此，作为合作者的企业主体在数字政府法治化推进中就应当被定位为辅助性的功能者。况且，从技术运作的客观情况来看，作为行政权主体的政府部门具有法定性，而提供技术支持的企业则具有可选择性和可替代性，这也再次印证了前述的辅助地位论观点。

其一，数字政府是推动行政权运作数字化改革的核心引导者。不可否认，政府机关作为实施社会管理的行政主体，在履行职责的过程中具有单方性和主动性的基本特征。因而，行政权运作的数字化转型自然也应当由行政主体主动进行谋划与推进。如果缺乏了政府机关的程序启动和体制机制建立，数字政府的法治化建构便不可能实现，甚至可能仅仅成为一个理论上空谈的"伪概念"。在这种情况下，其他的各类主体也难以真正参与数字政府的法治化建设。可见，相较于其他协同主体，政府才是数字政府建设的启动者、倡导者与引导者。

其二，数字政府是数字背景下各类公共服务转型的制度与资源提供者。行政权运作的数字化转型是一个涵盖多方面的全方位改革，它不仅涉及技术层面的支持，而且要求投入人员、基础设施与资金等多方面资源，同时还要面临数据安全以及其他相关安全的挑战。而这些内容其他主体不能单独完成，其最终离不开政府机关的统筹协调。只有在政府机关的推动下，各类资金、各种配套性的制度措施等才能及时跟进，从而为数字政府的法治化推进奠定良好的基础。

其三，政府在行政机关数字化转型的整个过程中始终扮演着"黏合剂"和"平衡器"的角色，并发挥相应功能与作用。数字政府法治化建构往往会涉及多方主体、多方利益，这些主体和利益之间往往也会存在一定的冲突情形。在这个过程中，只有政府机关才能发挥利益平衡的功能。因此，政府机关应当积极地对各家主体与各类利益进行均衡、合理的分配，并通过整合不同主体的优势最终推动政府权力运作数字化改革的整个进程。[1]

---

〔1〕 参见姚怡帆、叶中华：《数字化转型中的政府与企业：角色定位与关系建构》，载《郑州大学学报（哲学社会科学版）》2021年第4期，第26~31页。

第二节　行政数字化的具体路径及其优化

无论是"以部门为主体"的科层制管理模式，还是"多元参与、相互依赖"的协同治理模式，数字政府的行政权运作数字化转型早已启动，并形成了一系列制度措施与经验。总体来看，政府在推进行政数字化的过程中并未仅仅采用一种渠道，而是呈现出一定的路径多元化特征。尽管这些多元化路径在很大程度上推动了数字化行政的发展，但其在实际运作过程中也可能面临正当性质疑。因而，为确保数字化行政方式的正当性，需要针对这些质疑采取相应的措施补强。

一、行政数字化过程中的多元路径

随着信息网络技术的迅速发展，当前的数字政府建设进程已然取得一定成效。智能算法、大数据、自动化以及平台建设等各方面的嵌入应用，有力推动了行政权运作的数字化改革，并产生了丰富的实践成果。只不过，这些成果基于不同的场景需求而在具体内容的呈现上有所不同。围绕数字政府推进过程中的不同场景，笔者将简要列举其所采用的多种路径并予以论证。

其一，整体政府治理视域内的业务协同与信息共享。整体政府理论是学界针对政府运作因部门分散而产生的碎片化管理特征而提出的。[1]随着信息技术的发展，整体政府理论在数字政府的背景下得以初步形成。在数字政府的系统运作中，各个部门已然形成了一个相互协作的有机整体，并共同致力于行政效率和质量的有效提升。为了达到这一目标，业务协同和信息共享便应成为跨地域、跨部门、跨层级之间政务一体化的基本要求。[2]因而，我国在中央和地方等不同层级分别构建了一定的在线政务服务一体化系统，从而实现各部门之间的数据融通与信息交流，为提升数字政府的治

---

〔1〕 See Alan Brown et al. , "Understanding and Implementing New Digital Business Models", *Palgrave Macmillan*, 2014, pp. 25~26.

〔2〕 参见于安：《加快建设数字行政法》，载《法治日报》2021年6月28日。

理功效奠定基础。

其二，基于风险应对与排查目的的公共性场景监测。由于各类公共安全风险的日趋复杂与多样，以数字技术为核心的视频监控、轨迹排查、生物识别等各类新技术手段被叠加使用，作为一种国家治理技术而非国家形态的"监控型国家"已经初具规模。[1]例如，在近期发生的突发性公共卫生危机应对中，疾控部门加强了其与第三方之间的合作，建立了各种依托数字技术而形成的"码防控"措施。健康码、场所码等同样是数字治理的典型代表，其是相关主体通过数据、代码以及算法技术等来展开设计的。此外，在各个道路以及其他重要场域所架设的"电子眼"等监控措施，同样是基于此目的和设计机理。可见，数字行政的具体形式在公共性场景监测中已经得到鲜明体现。

其三，基于幸福社会目标构建的各类福利系统软件。除了风险行政的领域以外，数字技术也被数字政府广泛应用于福利行政领域。详言之，政府部门正在致力于通过各种算法技术等手段全面推进基本公共服务的数字化应用，其中当然地包含了给付型的公共服务内容。例如，澳大利亚近年来已经打造了一个经由高频、准确、大规模数据分析后予以行为对象确定的收入支持福利算法系统，有效实现了促进行政合理给付与防止福利依赖的双重目标。[2]我国同样在积极推进类似措施。例如，在电磁技术和数字技术的叠加下，医保卡和社保卡等不仅全网联通，而且已经形成了数字性的虚拟卡，从而通过数据分析与算法决策等助力相关的需求主体享受医保和社保。显然，在这种数治模式的贯彻中，福利分配得到了数据技术和智能算法的驱动，如此不仅提高了行政效率，也优化了管理成本。

其四，基于行政执法能力提升与优化的数字化监管。数字化技术在行政化监管领域的深度嵌入同样是行政数字化的重要表现。从领域视角来看，数字化监管主要应用于市场领域，特别是在金融监管、社会信用监管以及

---

〔1〕 See Jack M. Balkin. "The Constitution in the National Surveillance State", *Minnesota Law Review*, 2008, 93（1），pp. 1~4.

〔2〕 See Cary Coglianese. "Administrative Law in the Automated State", *Daedalus*, 2021, 150（3），pp. 104~110.

市场风险监管等领域发挥着重要作用，其监管对象主要包括市场主体以及其他相关主体。例如，数字政府作为监管主体，往往会通过公民个人身份证号码以及组织机构的代码建立一个统一的社会信用代码，将市场主体的身份数字化，奠定数字化监管的基础架构。继而，监管主体通过一系列的技术要素介入实现数据的互联互通，并最终可以通过算法对监管对象的信用信息等予以分析和评价，并为后续的奖惩机制奠定基础等。

其五，基于风险预防与和谐社会目标的预防性执法。预防性执法是数字技术应用于行政数字化过程中的另一个场景，其不同于前述情况下基于风险应对理念的基本思路，而是采用了一种风险预防性的具体思路。数字技术被广泛应用于侦查预警、犯罪预测以及重点人群的监控与管理等方面。执法者基于数据和算法，往往能够提前预测潜在的风险和犯罪行为，从而采取主动措施，对重点人群和场景实施精准化的预防式执法。例如，在推动构建公共安全智能化监测预警与控制体系的思维导向下，部分地区已经实施了智能感知安防区大数据建设和防空圈建设，并在安防区实施联网门禁、卡口等，根据算法推测结果来推动区域的巡逻防控并追踪疑犯等。[1]

二、数字化行政方式的正当性审视

不可否认，任何事物都会具有一定的两面性特征。数字政府所推进的数字化行政方式自然也不例外。在数字化背景下，行政行为的数字化有其合理性和必然性。然而，由于传统行政法规范未能及时跟进，这种数字化行政方式在正当性方面存在一定的欠缺。因此，笔者将在此处对该问题进行深入剖析。

（一）数字化行政方式的正当性根基

作为党中央、国务院全力推动的一项重要战略部署，数字政府建设的全面推进具有重大的历史意义和深远的现实影响。在数字政府法治建构过程中，数字化行政方式作为核心内容，具有不可替代的重要作用。通过数字化行政方式，可以进一步提高政府服务效率和质量，优化政府决策流程、

---

〔1〕　参见王锡锌：《数治与法治：数字行政的法治约束》，载《中国人民大学学报》2022年第6期，第17~34页。

推动政府数字化转型，实现政府治理体系和治理能力现代化的目标。

其一，数字化行政方式的出现是信息技术发展的必然趋势，是数字治理的必然面向，与时代的发展潮流相契合。当前已经迈入了数字技术的时代，各种网络行为日趋繁杂，此时必然不能固守传统的线下行政权运作模式。以各网络平台为例，当前多数平台已采用了较高层级的、更为先进的智能算法实现数据的自动化推送。此时如果行政权不能及时跟进，那么行政权运作的现代化便难以实现。因此，各级政府正积极利用大数据技术带来的信息优势和算法优势，构建政务服务网站等，旨在优化公共行政内部结构，更好地服务社会公众。这既符合数字政府提高行政效率、降低行政成本的要求，也符合人民群众对于更加高效公正、透明负责的政府服务的期待。

其二，数字化行政方式的推进有利于克服传统决策机制的弊端与不足，从而有力提升决策的科学性。在数字化的社会治理环境中，如若仍然沿用传统的决策机制，则难免会出现信息不对等或"数据鸿沟"的客观情形，从而产生因"经验决策"而脱离实际，并最终形成严重的不利后果。然而，在数字化行政决策的视域内，数字化行政方式通过运用互联网、大数据和人工智能等先进技术手段，为行政决策提供了更加充分和准确的数据支持。数字政府能够依据算法技术和数据分析，对未来形势进行科学研判，制定更为合理的政策。此外，数字政府各部门通过整合数据资源，能够及时发现潜在的风险和问题，从而避免决策的随意性和盲目性。因此，数字化行政方式的推进对于提升决策的科学性和有效性具有重要意义。

其三，数字化行政方式的推进有利于强化行政行为的透明度，继而提升社会公众的政治参与度。相比于传统场域下的行政权运作，数字政府推进过程中的数字化行政方式可以突破原来的闭塞性，一体化的数字办公方式能够更明确地将行政运作的具体流程、具体进度呈现于公众面前，这显然是原来传统行政权运作所无法比拟的。而且，通过透明化的行政运作方式，社会公众可以更加真切地感受到行政主体在办案过程中的透明度和程序公正，从而增强公众对政府工作的信心，这无疑将激发公众更加积极地参与政治生活，为政府的权威性和公信力提供了坚实的支撑。

其四，数字化行政方式的推进不仅有利于提升行政权运行的效率与质量，而且能够提升社会公众的办事便捷度，最终实现政府与其他主体的双赢局面。数字政府的数字化行政运作实际上能够满足"让人民群众少跑一次路"的效果，能够极大地增强人民群众的办事便捷度，这与服务型政府建设的目标也是相一致的。在这种情况下，非接触性办公、无纸化办公等都能极大程度地提升行政权运作的效率，这对于行政主体和行政相对人来说都是较为方便的。

（二）数字化行政方式的正当性质疑

即便数字化技术在重塑行政权力运作方式的过程中展现出了种种优势，但这却不代表数字化的行政运作就不会受到正当性的质疑。恰恰相反，数字政府所推进的数字化行政对传统的行政权力运作逻辑与价值基础产生了极大的冲击，并引起了一系列正当性质疑。

其一，行政权力运作的数字化变革往往会忽视一定的人文关怀，这导致数字政府的行政伦理往往会备受质疑。从政府的性质来说，行政管理主体的定位意味着行政机关的权力具有明显的公共性特征，这种公共性导致了行政机关和行政相对人之间的地位不对等现象，作为被管理对象的行政相对人通常处于弱势地位。在这种强、弱势地位差异明显的情况下，以压制和强制为主要典型的不当行政行为在行政权力运作中就会或多或少地有所呈现。而且，该特征在数字政府的背景下表现得更为突出。原因在于，在数字技术要素的加持下，数字政府和行政相对人之间的"数据鸿沟"以及权力运行程序的便捷化使得行政机关采取更加主动和强硬的执法态度。例如，在新冠肺炎疫情防控期间，政府机关利用大数据对涉疫公民的行踪轨迹、疫苗接种信息、核酸情况等进行了精准定位和监测，实现了疫情的精准防控。然而，这种执法手段也并非不会造成任何的不利影响，公民被不当侵权的事件实际上偶有发生。可见，当数字技术最终极度趋向于理性化时，权力反而可能逐渐演变为一个纯粹客观理性的工具，进而导致行政权力运作过程中的价值祛魅。在马克斯·韦伯看来，科学理性具有祛魅的功能和作用，在价值向纯粹科学理性的转化过程中，"人们可以通过计算掌握一切"，最终使"生活有条理地理性化"。[1]然而，随之而来的是，当价值祛魅在行政权力运作过程中被深入贯彻后，行政主体在行政执法的过程中就可能会忽视其中应当蕴涵的人文关怀，并最终使得行政决策不仅不能得到人民群众的理解，而且背离为人民服务的根本宗旨。因而，政府在行使权力、管理公共事务的过程中必须遵循特定的"伦理准则和规范，以及所应确立和坚持的道德价值取向"。[2]

其二，数字化行政权的运作往往依赖于特定的技术主体，这将会导致其行政裁量的自主性遭受干扰。通常而言，无论是根据法理还是《宪法》《行政法》等法律规范的规定，作为行政权主体的政府机关在实施行政管理职能时都应当保持其执法活动的独立性与自主性，并不受其他任何行政机关、司法机关等公权力部门以及个人的非法干涉与侵扰。然而，在数字政府的治理背景下，由于政府主体对于数字技术掌握的不完备性，数字政府在行政运作的过程中不可避免地需要依托其他主体的技术支持。例如，在涉及数字行政过程的算法技术编写和结果处理中，数字政府所依赖的先进技术仍然需要专业人才的技术开发与指导。对于非核心性的数字行政辅助工具，尽管它们与核心技术有所不同，但也需要专业人员进行技术编写与指导，预先设定数字政府的执法场景、流程和目标，从而使数字政府的行政活动被严格限制在技术编写的框架内。这无疑极大地限制了数字政府行政的自主性、独立性和灵活性。尽管数字技术为数字政府的运行提供了便利，但同时也为行政权运作被资本裹挟提供了可能。换言之，正是因为行政机关等政府主体在数字技术以及资本、人才等方面的弱势，行政主体在与技术公司竞争中"往往处于不利地位，网络巨头们比政府拥有更多数据和更强的打击力量"。[3]

其三，由于数字技术的不断演进，数字政府推进背景下的政府行政权

---

〔1〕［德］马克斯·韦伯：《学术与政治》，冯克利译，生活·读书·新知三联书店1998年版，第29~48页。

〔2〕曹望华：《国内公共管理伦理学研究综述》，载《广东行政学院学报》2007年第1期，第93~95页。

〔3〕［法］弗雷德里克·马特尔：《智能：互联网时代的文化疆域》，君瑞图、左玉冰译，商务印书馆2015年版，第37页。

运作面临着私人性或私人化演进的风险。如前所述，政府行政权运作的公共属性是现代政府行政区别于私人行政的重要标志。然而，从客观来看，政府权力运作过程中行政权的私人属性却并未被完全消除。究其根源，政府的行政权最终需要被分解到不同的行政部门才能实现权力的贯彻落实，而这种分割又不可避免地会同该部门的具体个体相对接，这势必会造成行政权力最终掺入私人等因素，从而为私人的利益诉求提供一定的可能性空间。而且，随着数字技术的迅猛发展，行政权力运作的私人属性与运作能力也就会逐步增强。毕竟，数字技术越发达政府行政权运作的技术依赖性也就越大，此时政府行政权对第三方主体的依赖性与受限制性也就越来越明显。此时，如若数字政府所依赖的第三方主体不能及时自我约束，那么行政权的运作就可能被异化，成为该技术掌握主体所运作的、满足自身利益诉求的武器。更严重的是，在这个过程中，数字政府本身可能对此并不具有认知。正如有学者早已所表达出来对"公司国家化与国家公司化的忧虑"，[1]这似乎正在成为一种具有可能性的现实。

三、数字化行政方式的正当性补强

基于网络信息技术的快速更新，以数据为核心的数字治理必然会成为未来数字政府治理的新模式，也是现代行政法治所需要正视的未来方向。在数字政府的深入推进过程中，政府的行政权运作方式已经因人工智能和大数据等新技术的深度嵌入而得到深化与更新，初步实现了数字政府行政权运作的技术化与便捷化，符合现代行政法治的总体潮流。然而，即便数字政府行政权运作的数字化变革始终在行政法治的方向中进行，但这也并不表明其本身并不存在任何正当性阻却事由，具体如前所述。毕竟，数字化行政方式本身也是一种变革。此时，如若要实现数字政府在行政权运作过程中数字治理的优越性，那么首先要做到的便是对这些正当性质疑予以回应，并通过一系列的制度措施对其予以补强。

其一，积极培养数字政府主体的人民意识和服务意识，以法治文化培

---

〔1〕　庞金友：《全球性大国不是什么——新兴大国应当警惕的三种发展倾向》，载《学术前沿》2015年第21期，第17~27页。

训制度等措施强化数字政府主体的行政伦理责任。实事求是地讲，即便政府主体的运作模式经历何种变迁，我国政府都应当坚持以人民为主体并全心全意为人民服务的根本属性和总体要求并不会产生任何变化。由此，欲要解决数字政府在行政权运作数字化变革过程中所产生的各种行政伦理难题，就必须紧密围绕"以人民为中心"的立场来逐层展开。在这一逻辑内，数字政府在行政运作过程中的人文关怀也就自然而然地得以显现。具言之，在行政方式数字化变革的过程中，数字政府及其行政人员不应将视角过度集中于"数据导向"政府模式运作时的效率和速度，而是应当彻底摒弃"唯技术论"的行政权运作理念。继而，通过强化数字政府及其行政工作人员的行政伦理责任教育，引导其树立真正的数据观、技术观和效率观，从而将为人民服务的政府宗旨贯穿于数字政府及其行政工作人员的全部活动。[1]况且，在面对行政伦理责任的内部冲突时，"要求有利的环境支持才能负责任地行为"，这是构成符合伦理责任规范行为的关键。[2]因而应当重视数字政府的行政组织文化建设，以鼓励符合道德与文化的行政行为。在这个过程中，应当有针对性地塑造、推广和宣传，以培育数字政府依法行政的法治文化。具言之，在数字时代的数字政府治理背景下，应当在既有法治文化的基础上借鉴数字时代的特征，从而建立符合数字社会特征的、开放、包容的数字化行政组织文化。

其二，强化数字政府依法行政的制度供给，保障数字政府行政权运作的独立性与自主性。既然数字时代的政府权力运作在其运行逻辑与运行手段等方面产生了数字化的变革，并伴随着这些变革对数字政府行政权运作的独立性、自主性和灵活性产生了影响，那么也就意味着当前的数字政府行政权运作应当从其独立性和灵活性等方面进行切入，并予以制度性的完善和保障。而且，当这种影响行政权运作独立性和灵活性的主要因素可能是数字政府对其他主体的技术依赖时，如若可以从技术层面对数字政府行

---

〔1〕 参见刘鑫、赵涟漪：《论数字政府的行政伦理责任》，载《沈阳干部学刊》2023 年第 6 期，第 45~48 页。

〔2〕 参见张晓光：《当代中国行政伦理责任困境探析》，河北大学 2009 年硕士学位论文，第 36 页。

政权的独立自主性予以制度保障，显然是再好不过的最佳方案。对此，可以从以下方面进行针对性化解：一是加强数字政府行政工作人员的技术培训。既然数字政府在技术层面受制于人，那么对行政工作人员的数字技术进行优化和升级显然是降低他人因技术优势而损害行政自主性的有效途径。具体来看，无论是从技术平台的设计和使用，还是从数据的采集、监控、存储、披露以及修改、删除等各个阶段来看，数字政府都应当建立针对专职行政工作人员的技术培训机制，通过专业化的操作摆脱其他主体的技术掣肘。二是设置第三方主体（主要是涉及提供技术支撑的第三方平台等）的技术标准、技术使用边界等。诚然，技术本身具有中立性的特征，但这并不表明技术使用本身并不需要一定的标准和边界。因而，在保证数字政府行政权运作自主性的过程中，不能忽视对其他技术提供者以及服务者的边界限制，即便数字政府本身应当依赖于这些技术的支持。换言之，即便是数字政府在行政数字化变革中所需要的技术开发与提供，也不能突破行政权运行的合法性与合理性边界，而是应当在行政法治的框架内稳步前进。

其三，强化数字政府行政行为数字化变革过程中的监督与考核，保证数字政府的各项行政行为不偏离数字政府法治化建设的初衷与方向，确保数字政府在行政运作过程中的公共属性。权力是把"双刃剑"，其在产生之初便蕴藏着扩张性与滥用可能性等固有的属性和特征。因而，应当从严格执法、依法行政的角度对其予以制度化防范。不过，需要提及的是，对于防止行政权运作私人属性的措施而言，并不能仅仅依靠政府及其工作人员的素质提升和内心自觉，高效、全方位的权力监督体系可以说是一个更为有力的措施。而且，在数字政府的数字化行政时代，对数字行政行为的监督也应当予以适度延展，将其向外扩充至提供技术支撑的第三方。对此，可从以下方面分别予以展开：一是提升行政机关工作人员的职业素养与数字行政行为等相关知识，逐渐打造一支专业化、高素养、高标准的数字行政工作队伍，以从人才队伍层面强化数字政府行政权运作过程中的公共属性。毕竟，行政权本身最终是通过人来行使的，因而数字行政权的规范运作不能离开执法队伍的整体水准提升。二是致力于打造优良的业绩考核考评机制，将数字政府行政工作人员数字行政履职的基本情况纳入行政工作人员的业绩考核，从而以业绩要求的方式倒逼这些行政工作人员积极提升数字行政的效果与方式，并最终奠定高效便民数字行政行为的基础。三是着力构建内外联动的数字行政运作权力监督机制。一切有权力的人都容易走向滥用权力，这既是一条亘古不变的经验，也是导致行政权力运作具有私人属性的重要原因。因而，应当从内部和外部两个方向，对权力以及权力行使者进行监督。通过统筹权力运作内外的监督机制并强化监督力度，才能保证数字行政权运作过程中的合理、规范与有序，保证"权力为公"。

第三节　数字化行政运作的正当程序建构

正当程序作为起源于英国的现代法治理念，其所主张的程序正义是将自然正义作为控制公权力机关具有公共属性行为的一种方法和观念。正当程序或程序正义理念自诞生以来便一直为现代法治国家所推崇，并体现于不同法律部门的具体实践之中。行政正当程序作为正当程序理念的一个分支和具体体现，其被认为是规范行政权运行、保障公民合法权益以实现行政权力与公民权益合理平衡的一项重要制度。[1]在行政正当程序的内部构造中，行政主体在作出行政决策前后都必须遵循一定的程式和步骤，例如告知、听取意见、说明理由等内容。甚至可以说，在主张程序正义优先于实体正义的基本逻辑中，行政正当程序是实现行政法治的一个先决性、基础性条件。诚然，我国的行政法治实践始终在坚持推进行政程序的正当性与规范性，但在行政方式数字化变革的过程中仍稍显不足。正如学者所言，行政程序的数字化虽然同时带来了行政效率和行政能力的双重提升，但其也在行政相对人程序性权利保护等方面产生了一定风险。[2]由此，笔者在本节将围绕行政权力运行数字化变革过程中的程序性事项展开深入探讨。

---

〔1〕　参见张凌寒：《算法自动化决策与行政正当程序制度的冲突与调和》，载《东方法学》2020年第6期，第4～17页。

〔2〕　参见赵豪：《行政程序数字化的风险与治理——以正当程序理念为视角》，载《湖南行政学院学报》2023年第2期，第8～19页。

一、程序在数字政府法治保障中的价值分析

通常认为，行政正当程序作为关乎行政法治正义的基本理念，其真正概括了行政法治的规范和实质精神。在行政正当程序的内部，实际上具有丰富的内涵。根据不同国家和地区的具体实践，行政正当程序本身最终也是由不同的具体行政程序制度所予以体现的。不过，需要提及的是，无论制度规范最终应当如何设置，行政正当程序的内容实际上主要包括了三个方面：其一，行政主体在实施行政行为过程中的行政程序公开；其二，行政主体在实施行政行为过程中的行政程序公正；其三，行政主体在实施行政行为过程中对行政相对人参与权的保障。正是基于行政正当程序的上述内容与构造，行政正当程序在行政法治推进过程中的价值才可以最终得以显现。

（一）行政正当程序的公民基本权利保障价值

实际上，之所以要通过行政正当程序对行政主体的行政权力运行提出程序层面的规范性要求，其价值和目的并非程序本身，而是对作为行政相对人的普通公众与社会公民之基本权利进行保障。以行政正当程序的上述三个方面内容分别展开，行政正当程序的公民基本权利保障价值可谓是被充分彰显。

其一，行政程序公开制度的规范性要求是对公民知情权的充分保障。在行政程序公开制度的运作下，行政主体不仅应当事先对其所可以处理的事项及其后果等予以明确和公开，而且应当对整个行政行为的过程以及结果予以程序性的公开，坚持以公开为原则、以不公开为例外的行政执法标准。此时，无论是作为行政相对人的社会公民还是不作为行政相对人的普通公众，都可以对案件中的具体信息进行充分了解。阳光下的正义才能经得起检验。当行政程序能够始终保持公开时，现代民主政治的精髓便可以被鲜明体现。

其二，行政程序公正制度的规范性内容是对公民基本权利的根本保障。如果说行政程序层面的公开是一种形式层面的程序正义，那么行政程序的公正性能否得以保证便可以被认为是一种偏向实质层面的程序正义。在行

政程序公正的内容构造中，其主要涉及是否保证了行政决策的亲历性、双方在场性、行政决策主体的合法性以及双方意见的充分听取等内容。具言之，行政主体在进行行政决策时，不能在一方在场而另一方不在场的情形下直接作出决定，也不能忽视回避性的制度规定并对关涉自身利益的事项作出处理决定。而且，在作出行政决策时，应当充分听取双方当事人的意见，避免产生不当的偏向。

其三，行政决策过程中的公民行政程序参与权是保障公民能够充分参与行政活动的重要程序。行政主体并非具体行政活动中的唯一主体，作为行政相对人的社会公民同样是推动行政活动完成的重要力量。尤其是，社会公民本身就是具体行政行为所能够影响到的、处于弱势地位的利益方。因而，在行政决策的过程中必须重视社会公民的行政程序参与权。在这种参与活动中，除了作为行政相对人的公民在知情权上应当保证以外，其陈述具体意见的权利以及申请听证的权利等均应得到保障。

（二）行政正当程序的行政主体权力控制价值

一般认为，行政法并非表面上涉及"官"与"民"行政法律关系的部门法律规范，其在本质层面实际上是一部控权法或限权法，旨在对行政主体的权力进行规范、监督与制约。[1]这显然也是有限政府的应有之义。然而正如学者所指出的，"控权"或"限权"的意义本身就会随着政府治理实践和国家治理需求的变化而进行更新和变化。在当下的实践中，"控权"本身也明显更为强调政府行政权能的发挥，并对政府的行政权运作提出了更为积极的要求。[2]此时，在这种积极行政的政府行政权力运作面向下，正当程序作为一种最低限度的程序正义要求，就应当被坚定地贯彻到政府的行政法治之中。换言之，政府主体在实施行政权的过程中必须重视正当程序，并且在具有法律明文规定的情况下予以遵循。可见，行政正当程序本身是对政府主体行政权运作的一种限制和掣肘，是对政府权力运行边界的具体控制。

---

〔1〕 参见姜明安主编：《行政程序研究》，北京大学出版社 2006 年版，第 1 页。

〔2〕 参见谭宗泽、付大峰：《中国行政法法典化的理念与理论基础》，载《北方法学》2022 年第 5 期，第 20～29 页。

从另一个方面来说，通过行政正当程序对政府权力进行控制本身也并不全然尽是坏事。毕竟，当政府在实施行政决策的过程中能够遵循法定的行政正当程序，并最终保证行政决策的内容能够既合法又合理时，这显然是有利于政府主体及其工作人员的行政执法水平整体提升的，也有利于增强政府主体的公信力和决策权威性。诚然，追求效率是政府主体在实施行政执法活动中所应当注重的，但这并非表明效率就应当成为行政执法活动的唯一追求。恰恰相反，当公平正义同效率相抵触时，绝不能以牺牲公平正义为代价而强调效率。换言之，在行政执法活动中的效率和公正价值之中，公正价值是第一顺位的。只有如此，才能真正调和行政主体与行政相对人之间的不平等地位，并对二者之间的具体矛盾予以缓和，推动和谐社会和法治社会的构建。

二、数字化的行政变革引起行政程序的异化

同权力一样，技术也是一把"双刃剑"。与此相应，数字化技术的快速发展在推动政府行政行为数字化变革的过程中也带来了一系列风险，这可谓是数字化技术在行政执法领域引发的双重效应。从数字化行政变革的负面效应来看，数字化行政背景下的行政程序被显著缩短，数字化行政也使得某些核心性的程序事项面临着实质限缩的风险。

（一）数字化场景中的算法行政使得主体间的交涉失灵

根据行政正当程序的要求，行政行为作出时各方主体的直接交涉可谓是现代法律程序的核心要素。[1]正是因为这种交涉的存在，作为行政相对人的社会公民才能具有更多的参与感和尊重感，各方的意见才能被充分表达，行政决策的结果才能更容易被接受。但在数字化的行政背景下，这种由人与人之间的直接交涉演化为人与机器之间的交涉显然会使得交涉的效果大打折扣，甚至造成交涉机制失灵。

其一，行政相对人与行政主体之间的交涉频率明显降低。在传统的行政权运作模式下，行政主体和行政相对人之间的接触能够保证直接性，行

---

〔1〕　参见孙笑侠：《程序的法理》（第2版），社会科学文献出版社2017年版，第29页。

政相对人可以直接、当场向行政决策的主体陈述和申辩。然而，在数字化环境下，传统的面对面交流方式会受到挑战，这种直接交流变得困难，有时甚至完全消失。行政相对人通常只能在收到行政决策结果后，再启动其他审查、救济程序。虽然数字化行政方式在流程上有所简化、效率明显提升，但在某些情况下却排除了行政相对人的参与，这不利于保障行政相对人的利益。[1]因此，我们需要关注数字化背景下行政相对人参与的问题，确保他们在行政决策过程中能够充分陈述和申辩，保障其合法权益。

其二，行政相对人与行政主体之间的交涉质量显著降低。在数字化行政的运作模式下，所有的行政动作与结果都被流程化地、格式化地呈现于算法之中。在这种情境下，即便是行政相对人自己直接操作机器，但其也仅能被动地输入情形并等待结果，很难深度参与行政程序活动。更重要的是，由于系统无法准确理解行政相对人的口头陈述和其他交互意见，并将其转化为算法语言，导致这些意见在行政处理过程中无法得到充分考虑。因此，行政相对人的各项权益难以得到切实保障，进而大大降低了行政沟通的实效性。

（二）数字化行政中的算法歧视冲击了行政程序的平等

平等作为现代法治国家的核心理念，已被《宪法》明确规定，并贯穿于行政、刑事和民事治理的各个环节。在平等原则的视域内，只要是针对同一事项，任何人均不得因其性别、身份、地位、财产等各种因素而被不合理地区别对待。因此，在行政决策的过程以及行政决策结果之中，平等的理念同样应当得到充分体现。然而，在数字化行政时代，平等原则面临新的挑战。原因就在于，社会治理中的算法可以根据不同主体的数据进行差异化计算，进而产生具有不同倾向性的结论。而且，与传统行政治理中的歧视现象相比，这些歧视性内容往往隐藏在碎片化的信息之中，更加难以被察觉。但从实质上来讲，这种现象确实造成了一定的实质性不公。总体来说，在数字化行政的过程中，算法歧视对平等原则的冲击主要体现在以下几个方面。

---

〔1〕　参见张恩典：《人工智能算法决策对行政法治的挑战及制度因应》，载《行政法学研究》2020 年第 4 期，第 34~45 页。

其一，数字化行政中蕴含的算法可以对人们的主观要素进行重构，并最终引导行政主体产生一定的主观执法偏向。不可否认，嵌入行政治理过程的算法本身是科学技术迭代演进的产物，其本身就潜藏着"科学"与"准确"的内在意蕴，虽然这一意蕴本身并非不值得商榷。然而，因算法对人们社会生活的多方面介入，无论是社会公众还是行政主体，不同的社会主体都不可避免地会受到其影响。在算法技术的影响下，人们的思想观念显然会趋于多元化。此时，在算法行政的过程中，当算法将其推导出的某些结果、某些现象、某些观点等进行输出时，必然会对行政主体乃至社会公众在特定事项的立场与结论产生影响。此时，传统场景下的行政程序平等显然在一定程度上已经被冲击。

其二，数字化行政中蕴含的算法可以构成人们信息差距的基础，并最终使得行政相对人与行政主体间的不对等现象更为显著。一如学者所言，由于行政主体和行政相对人在社会资源调动能力方面具有明显的差异，行政主体和行政相对人的信息往往也会具有明显的不对称性特征。[1]而当数字技术和算法介入行政治理后，这种信息的不对称性只会更加明显。原因在于，政府主体在算法技术的助力下，信息获取能力得到了进一步提升。此时，不同主体间的"数字鸿沟"只会越来越大，这不仅不利于将双方的地位不对等性进行有效调和，反而可能进一步冲击原来本就薄弱的程序平等性。

（三）数字化行政中的算法黑箱导致了行政程序的封闭

在社会治理中运用算法技术时，数字化治理中的算法黑箱现象是不可避免的。原因就在于，数字化行政本身就依托算法技术，而算法本身就可以被认为是一个"黑箱"。根据算法黑箱的工作原理，我们在利用算法进行数据分析乃至社会治理时，只需要将我们当前掌握的信息投喂给算法（黑箱），其继而就可以很快地得出结果。因而有人对其予以调侃，算法黑箱实际上和风水算命区别不大，其更具有优势的一点就在于：与风水算命相比，

算法本身因具有科学性和技术性而更容易被人相信。[1]

相比于传统的行政治理，数字化行政中的算法技术并不具有公开性。究其缘由，算法本身的高度复杂化和超大运算量不仅使得其公开的成本较高，涉及国家秘密和商业秘密等不予公开的内容也进一步加剧了这种人为的不透明性。[2]继而，当算法过程和算法的技术等本身并不存在公开性时，数字化行政过程中的行政程序透明度和公开度显然难以得到保障。况且，即便是对算法过程和算法技术予以公开，基于其技术的复杂性和运行原理的高度抽象性，社会公众可能也不能对其专业代码予以真正理解，因而这种表面上的公开也就不具有实质意义。可见，无论是从哪种角度来看，数字化行政中的算法黑箱都会使得行政程序走向封闭，这与行政公开原则显然具有相悖之处。

（四）数字化行政方式降低了行政决策结果的可说服性

通常来说，政府的行政行为及其处理结果是应当向当事人说明理由的。然而，在算法技术嵌入行政治理的场景下，这种可解释性越来越不具有操作空间，继而影响到数字政府行政决策结果的可说服性，造成行政相对人对行政处理结果可接受性的降低。

其一，在数字化行政的背景下，算法技术的抽象性与复杂性使得政府主体在提供理由说明时面临更大挑战，甚至遭遇解释困难的情况。原因在于，算法本身就是一连串计算机代码，即便对其加以解释，解释的结论也只会是一系列代码文本，这使得行政主体对算法过程进行解释和还原的难度极高。更重要的是，现有的规范性文件并未明确要求数字政府行政主体对数字化行政中的代码进行解释，这进一步导致了在数字化行政过程中理由说明程序的缺失。此外，伴随着这种解释不能的情形，行政相对人对行政决定所依托的证据在可接受性层面予以降低，这是数字化行政带来的另一重问题。

---

〔1〕 参见吴靖：《"算法"具有自由意志吗？——算法主导社会行为背后的几个悖论》，载《中国出版》2019 年第 2 期，第 7~11 页。

〔2〕 See Jenna Burrel, "How the Machine Thine's: Understanding Opacity in Machine Learning Algorithms", *3Big Data &. Society 1*, 1（2016）.

其二，数字化行政蕴藏的算法行政本身是基于经验导向而产生的结果，这就造成结论确定性的可接受程度可能会有所降低。详言之，传统的行政决策过程通常采用三段论式的逻辑推理，其中行政主体和行政相对人均遵循固定的定律，将数据嵌入定律，先设定大前提，再依据小前提，最终得出结论。然而，在数字化背景下，算法行政则依赖于海量的数据来寻找规律，并根据这些普遍规律进行预测。数据的规模越大，结论的准确性越高；反之，则准确性逐渐降低。因此，与传统的行政权运作逻辑相比，算法行政的结论准确性存在一定的不确定性，这可能会影响行政相对人对行政处理结果的接受程度。

三、数字政府行政程序的归正及其制度优化

从客观理性的角度来看，人不能被技术所裹挟。因而，面对数字化行政带来的各种风险与挑战，有学者前瞻性地提出了"技术性正当程序"理念，要求合理调配行政相对人、利害关系人以及社会公众之间的权利与义务关系，以确保各方都能够知道甚至拒绝自动化行政的决策。[1]在这种情况下，技术性正当程序的主要目标就应当为维护人的自由和尊严，这也要求算法行政不能对当事人抱有偏见，而是应当听取各方当事人的意见，并对行政处理决定的决策理由予以充分说明。[2]此时，数字化行政背景下的算法行政就应当充分保护相对人的程序权利，维护公共利益并实现程序正义。

（一）建立行政决策过程中陈述交涉的人工渠道

鉴于数字化行政背景下的算法行政导致了行政相对人与行政主体之间交涉的力度与可能性有所下降，强化交涉的核心环节应当聚焦于畅通双方的沟通渠道。然而，考虑到算法技术本身的"冷漠"特征，这种交涉沟通机制的强化并非针对行政相对人与机器，而是需要重视并加强人工渠道的

---

〔1〕　See Danielle Keats Citron, "Technological Due Process", *85 Washington University Law Review 1249*, 1259（2008）.

〔2〕　参见刘东亮：《技术性正当程序：人工智能时代程序法和算法的双重变奏》，载《比较法研究》2020年第5期，第64~79页。

开发与应用，以推动双方的有效沟通。

其一，授予行政相对人选择行政方式的具体选择权。行政相对人的选择权实际上是对以往行政相对人程序抵抗权的补充与回应。通常来说，当算法技术可以嵌入行政治理时，为了节约行政资源并提高行政效率，行政主体通常倾向于默认采取算法的形式进行数字化行政办公。但是，数字化行政也带来了前述所涉及的各类弊端。此时，如若行政相对人认为自己在算法行政的过程中受到了不公正对待，其实际上具有拒绝参与算法行政的权利，并可以要求人工进行介入。换言之，行政相对人享有拒绝数字化行政并选择人工介入的程序选择权。此举无疑有助于提升行政相对人与行政主体之间的沟通效率与便捷性。

其二，建立专业化机制弥补算法决策中的监督缺位。在数字化行政过程中，算法行政本身就体现了专业化的特点。然而，由于社会公众对算法的不了解，算法行政可能会遭遇监督不足的情况。因而，可以遵循多元、专业的原则建立专家监督机制，以弥补算法行政中的监督缺位。在这种监督机制确立后，算法行政的运作过程、运作机理、运作结果等都会在一定程度上受到专业化的监督，这将有助于提升算法行政的合理性。而且，在监督机制的作用下，当行政相对人对算法处理的结果存在异议时，可以依托专家监督机制进行申诉并得到相应的解答，这也有利于行政相对人的交涉。

（二）构建理性的算法技术以回应程序平等需求

理性是现代法治国运行所需要的底色。因而，政府在推进数字化行政的过程中，不能仅仅注重技术层面的优化，而是需要将理性的思维融入其中。在理性思维的指引下，算法行政和平等原则之间的张力应当被妥协平衡，从而有效防止算法在政府数字化行政过程中的无序扩张和野蛮生长，促使算法治理机制回到理性与科学的轨道，最终有力推动算法行政的良性发展。为此，数字政府主体在设计和应用算法时，应当注重科技和法律的有机融合，通过法律规则和算法代码的有效结合，以同时兼顾算法行政过程中的平等理念和技术理性。其中，平等理念作为法律制度规范的意蕴内容，应当以技术规范作为基础性载体，并最终由法律规范为其提供坚实的保障。唯有如此，算法行政的过程中才可能实现真正的法律平等。基于此，算法行政应当以理性的算法技术为起点，通过建构理性的算法机制来实现算法行政过程中的程序平等，并对社会公众的平等期待有所回应。

其一，理性算法技术的构建应当体现平等的、非歧视性的数据价值观。作为现代科技发展的产物，算法在整个社会的发展中往往更多地体现其工具属性的一面。诚然，算法是一种以数据和代码为核心内容的理性工具，但却不能忽视其中所蕴含的人文色彩。原因在于，算法既需要数据为其提供支撑，也需要人这一主体来进行创造和加工。在算法的内部构造之中，数据仅仅是信息的承载者和传递者，而人才则是信息的拥有者。因而，在数字化行政的推进过程中，算法行政的建构必须统筹考虑人和数据，并最终将其纳入算法化的行政程序。而为了避免数字化行政程序中的算法歧视，行政主体在进行算法化的程序设计时就应当将反歧视原则和平等理念贯穿在内，以非歧视性的数据价值观来指引数据收集的全过程。[1]

从规范上来看，将平等理念贯彻在算法技术运用中的做法也并非没有先例。例如，欧盟委员会所制定颁布的《可信赖人工智能伦理指南》明确要求：有关主体在使用人工智能系统的过程中必须坚持"多样性、非歧视性和公平性"的系统使用原则。[2]国家新一代人工智能治理专业委员会颁布的《新一代人工智能治理原则责任的人工智能》也明确强调：在人工智能发展中应当确立公平公正的基本原则。可见，塑造以反歧视和平等理念为核心的数据价值观对于人工智能时代技术的规范运用具有重要意义。此外，数字政府在算法行政的过程中也应充分构建科学的人工审查机制等配套制度，从而将在来源方面具有明显异常的数据予以排除，最终有效消除算法行政过程中的歧视和偏见，充分保障数字行政过程中行政相对人的数字平等权利。

其二，理性算法技术的构建应当注重合理的差别对待，以有利于社会

---

〔1〕　参见石颖：《算法歧视的缘起、挑战与法律应对》，载《甘肃政法大学学报》2022 年第 3 期，第 58~68 页。

〔2〕　Nathalie A. Smu Ha, "The EU Approach to Ethics Guidelines for Trustworthy Artificial Intelligence", *20Com-puter Law Review International 97*, 101（2019）.

公平的理念推进数字化行政程序的实质平等，从而有效保障行政相对人的数字人权。通常而言，作为贯彻非歧视性理念的直接实践，《宪法》所明确的部门法体现的平等原则共同构筑了反歧视理论的正当性基础。从平等理论的演变历程来看，平等理论实际上曾历经从形式平等到实质平等的演进，并由最初的"法律面前人人平等"向"合理关照弱势群体"转化。从实践来看，各国公权力机关也在不断践行这一基本理念，通过对弱势群体的社会资源倾斜，以保障所有社会成员基本权利的实现，并化解可能潜藏的社会矛盾与冲突。这种实质平等理念并不会因场景的变迁与转化而有所改变，其同样适用于算法社会。毕竟，在算法社会中，数字人权已经成为传统人权新的表现形式，并蕴含着数字主体基本自由和尊严等人权价值。由此，以实质平等理念为根据，算法时代自然也应立足于数字人权的保护需求，采取一系列措施全力推进数字人权的平等实现。

（三）推进算法技术的透明化以推动程序公开性

通常来看，行政公开是社会公众监督政府机关行政权运作的一种手段，行政公开的内容应涉及行政机关行政权运作的诸多方面。在数字化行政时代，行政公开也应当适应政府机关行政权运作的新形态，将行政主体的算法使用过程纳入在内。也即，算法行政时代的行政公开应当充分保障社会公众对算法行政的知情权与监督权，而这自然应当以数字政府的算法透明度为前提。

在算法透明度的提升方案中，目前主要包括三种：其一，开展算法解释工作。在这种情况下，推进数字化行政的行政主体以及算法设计主体等应当以通俗的语言和方式尽可能地向行政相对人以及其他利益相关主体开展算法解释，以增强其认知水平。其二，公布算法决策过程。在这种模式下，行政主体应当对形成决策的算法输入乃至输出全过程进行主动公布，以保障行政相对人和其他利益主体的知情权。其三，算法公开。即行政主体应当将算法运作的源代码向行政相对人和其他利益主体甚至是社会公众主动公开。[1]不过，虽然算法公开应当成为行政公开的内容要求，但学界

---

[1] 参见郑智航：《人工智能算法的伦理危机与法律规制》，载《法律科学（西北政法大学学报）》2021年第1期，第14~26页。

对算法公开的实效却并非没有争议。原因在于，算法的强抽象性、复杂性和专业性决定了算法公开可能仅仅起到安慰剂的作用。因而有学者直言：算法公开"既不可行，也无必要"。[1]笔者认为，数字化行政中的算法公开在当前虽然存在不少难题，但我们仍然应当在至少两个层面考虑它的优点：其一，向行政相对人进行算法公开，不仅是保障其知情权的当然要求，也有利于社会公众对数字政府开展监督；其二，即便行政相对人不能准确地理解算法，但其可以通过其他社会力量进行算法破解，并在此基础上对数字行政展开监督，从而奠定算法问责的基本前提。

根据行政公开原则的要求，数字政府行政权运作过程中的算法公开也应该有"始"有"终"。其中，算法公开之"始"应源于行政程序之"始"；算法公开之"终"亦应对应行政程序之"终"。由此，政府数字化行政过程中的算法公开至少应当涵盖以下内容：

其一，行政主体应当及时、主动公布算法参与行政决策的内容与强度。行政权的运作具有单向性和单方意志性特征，因而应当为其清晰地划定范围，明确行政事项的种类和内容。只有当政府机关的权力清单明确后，社会公众才可能对政府事项具有一个明确的认知，从而为"看得见的正义"奠定前提。然而，从实际情况来看，行政主体的权力清单制度尚未尽善尽美，某些机关所负责或实施的具体行政事项同其权力清单或办事指南并不完全匹配。这种情况在数字化行政中有过之而无不及。因而，在算法行政决策的过程中，行政主体应当将数字政府的职权内容纳入权责清单，从而充分保障行政相对人、利益相关人甚至社会公众的知情权。

其二，行政主体应当在公布决策结果时，同时公布算法对决策结果的影响程度。[2]在数字化行政时代，算法对行政主体行政行为的影响强度虽然在不断加大，但其在具体的行政事项类别中却不尽相同。例如，江苏省无锡市已经在行政审批事项中实现了自动化审批，通过108个事项"免证

<hr />

[1]　参见沈伟伟：《算法透明原则的迷思——算法规制理论的批判》，载《环球法律评论》2019年第6期，第20~39页。

[2]　参见朱瑞：《论算法行政的技术性正当程序》，载《财经法学》2023年第4期，第103~117页。

办"、51 个事项"无感申办"等措施加快政府的数字化行政进程。但这并不表明其在办理过程中就完全不需要人工的介入。事实上，算法技术在这个过程中所起到的核心、主要作用仅仅为精准识别、判断行为，在最终的结果处理中不可能脱离人工的操作。因此，行政主体应当在公布算法结果时，同时告知行政相对人和社会公众该算法的适用强度和影响程度，才能真正实现算法公开。

（四）增强重点内容的解释力度以加强可接受性

算法解释，即针对算法本身进行阐释和说明，其目标在于向社会公众清晰解释数字政府公权力算法运作的具体过程，并最终减少算法黑箱的负面影响。相较于算法公开，算法解释具有更大的公开力度。原因在于，算法公开并不以算法解释为必备要件，而算法解释则必定建立在算法公开的基础上，其是在算法公开基础上的再次深化。[1]从目的来看，算法解释活动的重心在于，将抽象复杂的算法技术和操作过程转化为通俗的大众话语，争取得到社会公众的普遍理解和认同。毕竟，只有被社会公众所理解，才能得到社会公众的支持和响应，这也是算法决策具有正当性和权威性的必备要素。因此，面对算法决策过程因抽象性而缺乏可说服性的难题，算法解释应当被确定为行政主体在推行数字化行政过程中的一项基本义务，以便行政相对人和其他主体能够真正行使自己对数字化行政活动的监督权。

基于行政效率和效益原则的要求，政府数字化行政的算法解释应当仅仅针对重点内容进行解释，并始终保有算法解释的能力。如借鉴德国在自动驾驶汽车方面的做法，[2]行政主体在算法行政过程中只需保存算法的运行记录，待行政相对人提出异议时，再对个案做事后解释。而在算法解释标准方面，也应当关注算法解释的程度问题。考察当前的算法解释标准，主要包括两种模式：其一，以算法为中心，认为算法模型的解释是整个解释行为的中心，应当关注算法模型的解释；其二，以决策过程为中心，认为

---

〔1〕 参见朱瑞：《论算法行政的技术性正当程序》，载《财经法学》2023 年第 4 期，第 103~117 页。

〔2〕《德国自动驾驶法》明确规定所有具备自动驾驶功能的汽车都应配备"黑匣子"，以便能够存储车辆的运转信息，并作为未来责任分配的依据。

算法解释应当集中在算法结果的解释上，而不是算法本身。[1]对比两种解释标准，前者显然更严格，也更能抓住问题的本质，并有利于纠纷的解决。[2]然而，从实践来看，基于算法的抽象复杂性以及解释的操作难度，行政主体在数字化行政的过程中目前只能选择第二种方案。也即，行政机关在开展算法解释工作时，应当以算法基本原理、算法的影响程度、数据权重、决策理由等为重心。如此，至少能够保证行政相对人以及其他社会主体对算法行政的理解程度进一步加深，并有助于增强算法决策结果的可接受性。

---

〔1〕　参见刘琳：《算法解释权与商业秘密保护的冲突化解》，载《行政法学研究》2023 年第 2 期，第 168~176 页。

〔2〕　参见朱瑞：《论算法行政的技术性正当程序》，载《财经法学》2023 年第 4 期，第 103~117 页。

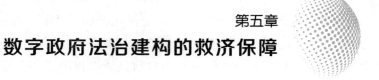

第五章
数字政府法治建构的救济保障

　　必须承认，在政府机关推进数字化行政的过程中，行政执法通常会遭遇一些不符合事实和法律规定的行为，最终导致以普通公民为主要类型的"数字弱势群体"[1]在合法权益方面遭受一定损失。如果说普通公民在传统的行政执法中尚可通过行政复议、行政诉讼、行政赔偿等得到权利救济，那么这些救济途径在政府的数字化行政中便可能遭遇一定阻碍。毕竟，普通公民等数字弱势群体之所以在数字化行政中处于弱势地位，其根源就在于这些主体在数字社会的边缘化及其引起的数字权利不平等。然而，无论是从宪法层面来看还是从一般法律层面来看，数字权利的平等享有都应当是法治社会的必然要求。因而，数字政府在法治化建构的过程中应当积极构建数字弱势群体权利救济机制，从而实现数字社会所有社会主体权利平等的目标。

第一节　数字政府建设中公民数字权利的救济需求

　　顾名思义，救济是某些主体对弱势群体合法权益受损事实的补救和帮助措施，其必然以合法权益的不当受损为前提。因此，数字政府法治建构过程中的救济制度构建，必须同时做到两点：其一，数字政府主体应当对公民等数字弱势群体的权利进行明确；其二，普通公民等数字弱势群体的

---

　　〔1〕　所谓数字弱势群体，是指并未适应数字技术革新进度而在数字社会中处于相对弱势地位的部分群体，如行政相对人等。

合法权益确实遭受到了行政主体的不当侵害。也即，数字弱势群体存在权利救济的实际需求。在数字弱势群体的成员结构中，普通公民实际上构成了数字弱势群体的最主要类型。因此，笔者将以公民数字权利的救济需求作为下文论证的视角与重心。

一、数字政府建设中公民享有的多元数字权利

根据中国信息通信研究院发布的《中国数字经济发展研究报告》：2022年我国数字经济规模达到 50.2 万亿元，同比名义增长 10.3%，已连续 11 年显著高于同期 GDP 名义增速，数字经济占 GDP 比重达到 41.5%。随着数字经济的迅猛发展和数字政府建设的全面推进，公民数字权利保护的重要性日益凸显。作为数字经济发展的产物，公民权利的数字化不仅体现了经济基础对上层建筑的决定性作用，同时也对经济基础的发展动力产生着深远的影响。因此，我们必须确保公民权利数字化的建设速度与经济发展数字化的速度保持同步，以避免对数字经济的健康发展造成不利影响，进而影响数字政府建设的整体进程。在数字政府的建设过程中，数字权利不应仅仅停留在口号层面，而是应具有明确的内容和意义，以确保其在实际操作中发挥应有的作用。整体来看，同传统场域一致，公民在数字社会的数字权利也呈现出多元性的特征，并可以被划分为公民基本数字权利和公民具体数字权利两类。

（一）公民的基本数字权利

公民基本数字权利主要包括以下种类：

其一，公民的数字安全权利。在所有公民的数字权利中，数字安全权利的核心地位不可忽视。就如同生命安全是人身权利体系中至关重要的一环，数字安全同样是其他数字权利得以行使的基石。例如，个人信息数据保护权是数字安全权利的重要组成部分，为了切实保障个人信息及数据的安全，我国已经颁布实施了《个人信息保护法》与《数据安全法》。这两部法律的出台，不仅为个人数据及其他数据的流通和使用提供了法律保障，更是彰显了国家对于数字安全的高度重视以及维护数字安全的坚定决心。

其二，公民的数字自由权利。数字自由权利主要是公民传统自由权利

在数字空间的延伸，是公民自由权利的数字化形式，是数字公民的基本权利之一。它的诞生标志着公民在数字化时代自由权利的正式确立，涵盖了数字身份权、匿名权、离线休息权以及参与公共环境建设的数字空间言论自由等多项内容。以公民的数字身份权和离线休息权为例，公民的数字身份权是公民身份数字化后的基本权利，是其身份的独特象征，具有独一无二的个人附属属性。而离线休息权则被称为数字断开权，是指所有个人都有权停止在线提供自己的服务并实施断开连接的措施，以防止被要求在线和可以联系，并保证其有权获得休息。而且，这些权利内容在法律层面的确认已经有了先例。例如，作为世界上第一个赋予工人数字断开权的国家，[1]法国通过《劳工法》的相关规定为员工有权在下班时间获得休息权提供了法律依据，这也是非工作时间数字公民具有自主决定权的体现。这些全新数字权利的诞生，将在数字政府建设和数字经济发展过程中发挥重要作用。通过保护公民的数字权利，能够显著提升公民在数字政府建设以及数字经济发展过程中的数字幸福指数，最终助力中国特色社会主义现代化建设。

其三，公民的数字平等权利。数字平等权利，可被视为传统平等权利在数字化领域的自然延伸。但相较于传统平等权利，数字平等权利的需求更为迫切。鉴于数字化空间独特的传播特性，信息流通的速度与范围相较于传统环境实现了飞跃式的发展，这使得平等权利的感知和体验得到了显著增强。因此，在数字化时代背景下，确保平等权利的保障显得尤为重要。从反面来说，一旦数字平等权利的保障出现问题，对数字经济发展和数字政府建设的影响力也将是加倍的。从具体内容上来说，主要包括但不限于保护未成年人、残疾人和老年人的数字权利，这一部分人在数字时代可能由于对数字技术的关注不够，对很多新兴的数字产品都不会使用，因而往往会成为数字时代的数字权利弱势群体。[2]由于这部分群体在数字时代的参与度相对较低，对新兴数字产品的应用能力有限，往往会成为数字权利

---

〔1〕 参见杨学科：《第四代人权论：数字时代的数字权利总纲》，载《山东科技大学学报（社会科学版）》2022年第2期，第10~22页。

〔2〕 参见宋保振：《"数字弱势群体"权利及其法治化保障》，载《法律科学（西北政法大学学报）》2020年第6期，第53~64页。

领域的弱势群体。因而，这部分弱势群体应当成为我国政府建设数字化转型格外注重照顾的一部分，数字平等权利也应当从此处体现出来。而且，除了上述较为有代表性的数字权利弱势群体外，还存在一些在数字环境中受到歧视或者不平等对待的现象，如偏远山区的贫穷人家的数据往往在大数据系统以及各种算法系统中会不自觉地滋生一种"算法歧视"，这种数据歧视的主体也应当是数字平等权利的保护对象，保护他们的平等对待权和不受歧视权。

其四，公民的数字知情监督权利。作为数字化发展进程中的一项重要权利，数字知情监督权同数字经济的繁荣以及数字政府的法治建设紧密相连。这一权利涵盖了数字知情权和数字监督权两个方面。其中，数字知情权可以体现在多个方面。比如，从政府信息知情方面来说，公民有权要求政府公开相关信息，包括政府工作报告、财政预算等。公民可以通过运用自己的数字身份登录相应的政府网站系统进行申请，充分了解数字政府建设的具体情况。同时，信息的公开透明是保障公民知情监督权的重要前提。又如，还有作为网络消费者的知情权。随着网络购物的普及，我国电子商务经济迎来了新的发展机遇。网络消费群体已成为推动国家经济增长的重要力量。为了保障数字经济的健康发展，必须重视网络消费者的合法权益，其中知情权是消费者权益的重要组成部分，应当得到充分保护。消费者作为买家，有权利清楚地了解自己在数字空间所看到的数字消费品的真实情况和信息。因此，可以说，保护了数字消费者的知情权，就等于保住了数字经济的信任命脉。这显然也是在数字政府建设过程中提升公民数字幸福指数的重要路径。数字监督权则是建立在数字知情权基础之上的数字权利。在数字监督权的视域内，公民有权获取政府信息，包括政策法规、公共服务信息等。这有助于公民了解政府的运作情况，从而更好地行使监督权。不过，数字监督权的行使需要数字政府进行较为完善的技术支持，从而为数字监督开通专门渠道。而且，数字政府主体也要用通俗易懂的方式将使用这一数字监督系统的方法表达出来，从而使得每一位"数字人"都能够清楚地对数字政府的建设进程进行深入了解。此外，通过收集并分析数字公民的监督反馈，还能确保数字公民在数字政府建设中的集体参与权得到充分保障。

其五，公民的数字化参与权利。一般认为，数字化参与权作为专属于数字弱势群体的基本权利，不仅立足于机会均等和实质公平的理念，而且应当围绕数字弱势群体参与数字社会的基本需要来证成。"数字化参与权的根本目的在于将脱离数字化公共生活的公民重新拉回社会场域之中，确保全体公民在数字生存空间内拥有平等的权利与尊严，以及人作为社会主体在数字交往中所享有的基本权益。"[1]可见，数字化参与权的重心在于保障社会公民在数字社会的各类事务参与权与发展权。因而，相比于数字安全权利、数字自由权利、数字平等权利、数字知情监督权利等公民所应当享有的数字权利，数字化参与权不仅仅是公民数字权利中的保障性权利，更应当成为普通公民等数字弱势群体在数字社会所应当享有的最基本权利。毕竟，如若不能切实融入并参与数字社会，数字平等、数字自由、数字监督等都将会沦为一纸空谈。

（二）公民的具体数字权利

正如公民权利可以被划分为公民基本权利和公民具体权利一样，公民数字权利的内部同样可以被细化为不同的具体内容。从内容来看，公民的具体数字权利主要包括以下两种：

其一，公民的数字人格权。在公民的数字人格权中，数字人格利益是核心的权利内容。数字人格利益是人格利益的数字化表现，其本身仍以各种人格尊严等人格权益作为基本内容，核心要件仍然是权利人对个人数据或信息中人格权益的自主控制。[2]在数字人格权的内部，常见的主要类型包括两种：一是公民的隐私权；二是公民的个人数字信息权。作为数字人格权的核心内容，公民的隐私利益在数字社会中存在着更高的侵蚀可能性，进而导致公民的私人空间被再次压缩。原因在于，不同于传统视域的私人空间，数字监控等数字化设备的出现模糊了公共空间和私人空间的边界，

---

[1] 冯泽华、刘向东：《数字化参与权：权利构造与国家义务》，载《社会工作与管理》2023年第5期，第78~87页。

[2] 参见罗有成：《数字权利论：理论阐释与体系建构》，载《电子政务》2023年第5期，第50~62页。

并造成公民隐私诉求的增长，隐私权的内容被明显拓展。因此，数字社会中的隐私权已经不再局限于传统的私人空间安宁，而是应当延展至私人生活的安宁，从而将个人身份以及个人数字生活免受不当监控和侵扰的内容纳入其中。公民的个人数字信息权在数字人格权体系中则处于基础性地位，其是公民个人信息权在数字化时代的异化和延展。相比于传统的个人信息权，公民的个人数字信息权可能增加虚拟身份、虚拟智能体等数字信息内容。因而，基于公民个人信息权强调公民对个人信息的控制权，公民的个人数字信息权在内容上就应当包括两部分内容：一是公民对个人信息的控制权；二是数字公民对个人数字信息的控制权。

其二，公民的数字财产权。公民的数字财产权是一种新型的、虚拟的无体财产权，其内容主要表现为以下形式：一是传统财产利益的数字化。在这种情况下，公民的财产利益仅仅是在形态上产生了数字性的变化，其本质上同传统的财产并无不同。例如，各种数字嵌入式设备（如智能手表、智能汽车）、数字货币等。二是虚拟财产利益。虚拟财产利益是基于游戏装备、平台账号、游戏币等而诞生的。三是数据财产利益。数据财产利益的前提是，数据本身不仅以一种新型生产要素的形态出现，而且融入了生产、分配、流通、消费等市场环节，其本身代表着生产方式、生活方式等数字化、智能化演变。四是知识财产利益。在数字化背景下，知识财产已经呈现出新的演进动向。其中最典型的表现即为：人工智能作品的涌现。例如，人工智能音乐作品、人工智能文学作品、人工智能美术作品等。当这些作品被商业使用时，其显然已经形成了相应的财产权，因而需要对其予以保护。[1]

二、数字政府建设中公民数字权利的侵害风险

数字政府建设作为数字中国建设的先导，是数字时代不可或缺的重要里程碑。在此过程中，与数字政府相辅相成的是公民数字权利体系的构建。公民的数字权利范围广泛，其中包括数字安全权、数字自由权、数字平等

---

[1]　参见李丹：《数字权利的生成基础及法治化保障》，载《求是学刊》2024 年第 2 期，第 124~137 页。

权以及数字知情权等。这些权利在行使过程中较为脆弱，容易遭受侵害。因此，我们必须高度重视对公民数字权利的保护，以确保数字政府建设的顺利推进和数字时代的健康发展。

在推进数字政府建设的过程中，保障数字安全是首要任务。无论是在个人层面，还是在集体、国家乃至全球层面，数字安全始终是首要考虑因素。数字政府的建设离不开数字安全的坚实保障，而数字安全作为数字时代的新型权利，面临着多种难以预测的风险和挑战。公民个人信息作为个人隐私的重要组成部分，其安全是数字安全不可或缺的一环。然而，在电信网络诈骗产业链日益猖獗的背景下，大量个人信息被非法倒卖，涉及数量高达上千万甚至上亿条。这种行为在数字政府建设的背景下是绝对不能被容忍的。造成这一问题的原因不仅与相关法律体系不健全有关，还与公民对个人信息保护的意识淡薄、平台数据和个人信息保护力度不够、小程序软件的开发者或运营者的数据和信息保护不完全等各方面因素密切相关。既然财产数字化是数字经济时代到来的重要标志，数字财产安全便应成为数字安全的重要一部分。而且，目前对财产权的侵犯已经可以通过攻击计算机信息系统并获取银行卡号的账户和密码来进行。可见，数字安全已经覆盖到了数字公民日常生活的方方面面。当这一权利被侵害的风险无处不在时，便需要不断通过完善法治建设来防范这些风险的发生。以数字安全为统筹，在数字政府法治化建构的推进过程中，公民数字权利的受侵害风险至少会表现在以下方面：

其一，数字自由权利的受侵害风险。公民数字自由权利的保护是数字政府建设的重要任务，因为这一权利往往在数字时代被忽略，且很容易被侵犯。公民的自由权利在我国是被庄重地写入《宪法》的，其中公民的言论自由权更是自由权利的典型代表。尤其是，随着数字政府建设的深入推进，公民在数字空间中的言论自由权显得更为重要。因而，基于数字平台系统独特的运行方式，在数字空间中充分表达个人见解需要进行适当的权限设置。如果未能赋予数字用户相应的权限，或者通过技术手段对其权限进行不当限制，那么用户将无法在平台或系统中自由发表言论。而且，在设置言论自由权以后，只要公民的言论没有越过法律界限，或者未引起网络公共秩序的混乱，就不应过度限制数字公民在数字空间的言论自由。然而，从现实来看，这一权利却并未完全得到保障。

其二，数字平等权利的受侵害风险。数字平等权利在大数据和人工智能时代被侵犯的风险较大，这也与大数据和人工智能算法的运行机理有关。在大数据时代，个人的内心想法和偏好可能不再属于个人隐私范畴。简单的手机操作或频繁在电子设备前讨论某一主题，都可能被大数据系统所捕捉和记录。基于这些行为数据，系统会分析并预测个人的兴趣和偏好，进而在各类应用程序或搜索引擎中提供个性化推荐。在对数字平等权利的侵犯方面，最典型的表现莫过于"大数据杀熟"现象。例如，通过某旅行服务网站订特定酒店时，不同主体在相同房间的平台价格并不一致，这显然有损公平和平等。究其缘由，特定主体往往通过深挖消费者过往消费甚至浏览记录，让算法洞悉消费者偏好，进而通过监控消费者的"底牌"就同一服务显示不同的报价，以达到利润最大化。显然，这种盲目追求利润而侵犯公民数字平等权利的现象极其恶劣，既不利于数字经济的良性发展，也不利于数字政府的法治化建设。这些情况在数字化行政中可能同样被延续。例如，有些算法在数据收集阶段时，经过一定的运算处理，能够识别出不同数据主体在经济状况、职业、民族、肤色、教育状况、家庭情况等方面的具体差异。继而，基于包括算法黑箱和算法歧视的内在困境，算法会根据不同人群的不同信息，就同一问题给出不同的答案，最终从技术层面侵犯公民的数字平等权利。这同政府推进数字化行政的目标显然是背道而驰的。

其三，数字知情监督权利的受侵害风险。数字知情权是数字监督权的前提，而这一数字权利在数字经济时代却经常遭到侵犯。目前，流量经济是数字经济的重要组成部分，但流量造假现象的普遍存在严重损害了消费者的知情权。网络水军的虚假点赞和评论以及此前电子商务平台上盛行的"刷单"行为，均是对数字消费者知情权的典型侵害。政府如果没有依据《反不正当竞争法》对其作出应有的处罚，那么实际上就是在纵容造假者继续侵犯公民的数字知情权，这无疑是对法治精神的严重背离。而这种手段如果被运用到政府的行政权运作之中，后果显然更为严重。虚假的流量和评论如果不能得到及时的规制，必然会导致政府的公信力大大下降，从而使得公民对数字政府的信任机制崩塌，这不但不利于数字经济的发展，更不利于数字政府的建设。数字政府信息公开是数字政府的应然体现，只有通过最便捷的数字化形式向公民展现政府的工作情况，才能得到公民的监督和反馈。然而，数字公开目前进行的力度依然不够，公民的知情权容易受到侵犯，即使公开信息全面，公开不及时也是一种对知情权的侵犯。

其四，数字人格权的受侵害风险。正如前文所言，在政府推进数字化的过程中，治理手段与治理方式的革新虽然带来了一定便利，但同时造成了一定的数据安全风险。而且，在这些不同种类的数据安全风险中，个人数据是最易被侵蚀的一类数据内容。当个人数据被不当侵蚀后，社会公众对自己数据的控制权将被显著削弱，其关于数据的支配权也将被无序剥夺。在这种情况下，公民的个人信息利益、隐私利益等人身利益不仅未能得到保护，其人格和尊严显然也未得到尊重。毕竟，在这些被侵犯的个人数据利益之中，某些情况下往往会涵盖公民个人所不愿意分享或公布的内容，而且这些内容可能也并非必须公开或共享的内容。对于这些内容与利益，个人有权对其保持匿名或隐藏状态。况且，从另一方面来说，平等、自由等权利能否得到保障，也能够反映出数字政府是否对行政相对人以及社会公众等保持足够的尊重。因此即可认为，如若数字政府在数字化行政的过程中对公民的数据权利造成侵害，实际上已然侵犯了其所应当享有的数字人格权。

第二节　公民数字权利的救济机制检视及路径优化

随着数字化时代的到来，网络化、信息化、智能化技术深度交融发展，人们的生存方式及生产生活关系正经历着根本性变革。如今，人们的行为愈发倾向于在线化，每日产生海量的身份、关系、行为、影像、语音等数据。[1]因此，当人们正在被逐渐数字化时，数字人这一全新的存在形态便

---

〔1〕　参见马长山：《数字公民的身份确认及权利保障》，载《法学研究》2023年第4期，第21~39页。

也应运而生。[1]在自然人、社会关系以及政府数字化的时代，公民的数字权利自然受到越来越多的关注，涉及个人信息保护、网络言论自由、数字隐私等各方面。然而，正如前文所述，社会公众在政府推进数字化行政的过程中具有明显的权利受损风险和权利救济需求。因而，与传统的物理空间中的公民权利保障一样，数字化的公民权利同样需要建立相应的保障机制，此机制既应保有传统公民权利救济机制的基本模式，又需独具数字时代语境下公民权利保障的特色。可见，在对传统公民权利保障机制予以改进的过程中必须充分考虑数字时代公民权利救济的独特之处，以更好地保护和维护公民数字权利。

一、公民数字权利救济机制的当前局限

诚然，由于数字技术的存在，当前时代的人类生产生活已经打破了原来的物理时空限制。但不可否认，数字技术在对人们行为进行赋能的同时，也造成了数字公民的"失能"问题。[2]而且，同传统的行政救济一样，在数字政府推进数字化行政的背景下，公民数字权利的救济机制仍然可以被分为内部救济和外部救济。只不过，相较于公民个人而言，由于平台企业和数字政府在数据处理和算法掌控等方面占据主导和优势地位，如若公民数字权利救济的内部机制和外部机制不够完备，公民的数字权利即便受到不当侵害也难以获得充分的救济和保障。这凸显了建立一套完善的公民数字权利救济机制的重要性。不过，在对权利救济机制进行优化前，必须对我国公民数字权利救济机制的不足予以充分审视。

（一）公民数字权利行政救济机制的内部缺陷

在内部救济中，行政相对人的权利救济机制往往以行政复议为主。也即，根据《行政复议法》第2条的规定，公民、法人或者其他组织认为具体行政行为侵犯其合法权益，向行政机关提出行政复议申请，行政机关受理行政复议申请、作出行政复议决定。而且，行政复议作为一种传统的行

---

〔1〕　参见段伟文：《信息文明的伦理基础》，上海人民出版社2020年版，第8页。

〔2〕　参见马长山：《数字公民的身份确认及权利保障》，载《法学研究》2023年第4期，第21~39页。

政救济途径，在数字时代依然发挥着重要作用。然而，必须承认，数字时代的行政复议与传统的行政复议显然有所不同，因而应当对其予以更新和优化。然而，在公民寻求数字权利救济时，就目前的行政复议机制来看，实际上还存在着很多缺陷。

其一，数字权利救济过程中的证据采集难度大，从而造成行政复议的立案难题。在数字时代的行政复议实践中，普通公民在收集自己数字权利受到侵害的有关信息材料时往往会遇到一定障碍，继而会因证据收集不完备等因素导致公民所提起的行政复议在立案阶段往往很难被通过。详言之，在数字时代，众多材料的收集过程极具挑战性。对于数字形式的电子证据，其收集工作不仅要求高度的专业性，而且在众多情形下，还需获得相应的搜查令方可进行。若无政府部门的协助，普通公众往往难以有效获取能够证明公民数据权利遭受侵害的证据材料。根据《行政复议法》的明确规定，行政相对人在申请行政复议时需要提供足以证明相关事实的证据。行政相对人如果不能充分提交用于证明关键事实的证据材料，便会被要求补充证据。而如果行政相对人仍然无法提交，就不能通过行政复议的救济途径进行救济。

其二，公民数字权利内容的具体界限不甚清晰，继而导致行政复议的受案范围模糊不清。相较于传统场域下的公民权利，公民数字权利的具体内容在数字空间中不仅会表现得更为抽象，而且也会产生一定的认定争议。例如，在涉及虚拟货币的认定上，虚拟货币是应当被认定为数字财产，还是应当被认定为普通的数据，学界一直存在争论。在类似情况下，如若行为人的有关数字权利被不当侵害，其在提起行政复议以寻求权利救济时，便可能会因数据权利属性内容的理解差异而被排除出行政复议的受案范围，从而被驳回。况且，从行政救济机制的实践反馈来看，由于行政权力行使的主动性、单向性和国家意志性等特征，行政机关在行政权运作中所受到的限制相对较弱。因而，在公民数字权利界限本就模糊不清的情况下，行政复议机关便可能会从维护自身权威的角度出发，在法律解释许可的范围内维持原已作出的行政裁决。可见，数字权利内容及其界限的模糊性，同样是公民数字权利救济不畅的重要因素。

其三，由于不同行政主体之间的权力交叉性，权力与权力、权力与权利的博弈失衡会导致数字背景下救济主体的模糊不清。不同于传统执法体系中行政部门、行政相对人和行政相关人相互制衡的格局，数字政府的建设往往需要借助私主体的力量。科技企业、互联网公司等因掌握前沿科技而可以参与政府的数字化行政运作。而且，私主体参与数字政府建设并不仅停留于片面的知识保障和技术支撑，还会通过对算法设计和数据选择的控制力参与行政治理，对治理结果发挥影响力甚至控制作用，逐渐崛起为数字政府治理中的新兴力量。[1]此时，政府、私主体和个人间力量对比失衡，原有的权力与权利的制衡状态实际上已经被打破，权力运行失序的风险也陡然增加。而且，这种风险同时涵盖数字政府内部与外部两个方面：在数字政府内部，不同部门之间的权力与责任划分尚待明确；在数字政府外部，数字政府与私主体之间的权力边界以及责任划分也存在制度漏洞。可见，当行政相对人的权利受到侵害时，如何确定行政复议的主体以及责任主体，并如何追究相关主体的责任等问题，均有待于实践的有效回应。对这些问题的妥善处理，对于保障数字法治政府的顺利运作和公民权利的充分保护可谓至关重要。

（二）公民数字权利诉讼救济机制的外部不足

对于行政相对人而言，其在面对行政主体不当侵害时的外部救济途径主要是司法救济，即通过人民法院提起行政诉讼。不过，在数字化行政运作的过程中，公民数字权利的行政诉讼救济机制困境主要呈现出以下三个方面：

其一，诉讼主体的缺失问题。一般而言，在诉讼程序启动的过程中，具有适格的诉讼主体并能够依法提起诉讼是核心前提。因而，如若诉讼主体缺失或不适格，行政诉讼程序将会因其自始无法启动而不能发挥应有的作用。此时，行政相对人的诉讼救济渠道便无从谈起。而且，诉讼主体缺失和诉讼主体不适格并不一样。如若认为诉讼主体不适格是主体不符合提起行政诉讼的资格和条件，那么诉讼主体的缺失便应被理解为诉讼主体的

─────────

〔1〕　参见岳彩申：《数字法治政府建设的深化、困境与超越》，载《数字法治》2023年第4期，第7~12页。

自始"不存在"。不过，在笔者看来，诉讼主体的自始"不存在"并非指诉讼主体在物理层面的缺失，而是指行政相对人不具有提起行政诉讼的诉讼意识。毕竟，在行政相对人缺失诉讼意识的情况下，其根本就不可能提起行政诉讼，此时诉讼主体当然也可以被认为"不存在"。这在政府数字化行政的过程中尤为凸显。基于算法行政的复杂性、专业性与高度抽象性，行政相对人在多数情况下并不清楚行政处理结论的完整过程与来源。因此，即便行政相对人的知情权、平等权等合法权益受到侵害，也可能处于不自知的状态。在这种情况下，行政相对人自然不会主动提起行政复议，更遑论行政诉讼。

其二，诉讼程序更具复杂性。从提起诉讼到审判终结，行政诉讼程序是一个专业化程度很强的过程，其本身便会呈现出一定的复杂性特征。然而，如果与数字化行政推进过程中的行政程序相比，传统行政诉讼程序的复杂性便不足为奇。事实上，当算法等数字技术介入行政程序之后，行政诉讼程序的复杂性特征已经显著抬升。例如，面对算法行政所带来的行政程序异化，行政相对人在提起行政诉讼时的被告具体为何？该行为是否属于行政诉讼的受案范围？对于这些内容，当前的法律规范并未进行详细的规定和明确。毕竟，算法行政掺杂着其他主体、技术平台等各种复杂要素，这同传统的行政治理显然不一样。因而，在这些基础性的问题尚未形成精细化解决方案的情况下，难以确保救济途径的畅通无阻。

其三，证据的认定更加艰难。证据，是诉讼过程中的核心内容。只有对证据进行精准的认定，才能真正地还原客观事实，并最终实现诉讼双方的公平和正义，维护各方当事人利益。然而，在算法行政的治理背景下，由于算法行政结论的复杂性，其整个运作的过程都仅仅是一系列的代码，这导致其难以通过直接的语言对其予以转化。此时，算法行政的具体操作是否真正有误，其能否直接表明行政主体的行政行为有所不当等，这些都是尚存疑问的。在这些基础性问题未明确的情况下，这些证据与事实难以在法律诉讼程序之中真正得到还原和认定，这显然不利于行政相对人的权利救济。

二、公民数字权利救济的内外路径优化

既然数字化行政过程中的公民数字权利呈现出内外路径不通的问题，针对性的化解方案自然也应分别从内外两种路径予以展开。

（一）畅通公民提起行政复议的渠道

在面对可能不公正的行政决策结果时，行政相对人及相关人员理应首先寻求对自身合法权益的救济。作为行政救济体系中最基础且关键的环节，行政复议在此过程中的作用至关重要。为确保行政复议的有效实施，必须采取一系列必要措施，其中最为核心的是将数字化行政情形纳入行政复议的受理范畴。传统的行政复议以线下的行政行为作为参照，这并未及时适应已经变迁的数字化行政潮流。对此，需要紧密结合当下的行政法治实践，从数字法治的逻辑出发，通过制度性的规定与规范化的程序设计，对其予以优化和明确。

其一，优化行政复议体制机制，重塑证据收集过程中的数字化运行逻辑。政府在推进数字化行政的过程中，不能仅仅以数字嵌入作为数字化行政的核心，而是应当全力推动政府行政由数字化嵌入向智能办案的转变，提升行政复议的数字化场景应用率。因而，面对普通公民在行政复议过程中的证据收集难题，应当通过行政复议方面的顶层制度设计来补充行政相对人在证据收集、举证等方面的不足。具言之，政府主体可以探索设置行政复议的协查机制，在行政相对人明确表达出需要提起行政复议的情况下，由专门的证据协查机构协助行政相对人收集相应证据，从而显著缓解行政相对人在数字化行政背景下的证据收集难题。

其二，明确公民数字权利内容及其界限，消除行政复议主体的受案"壁垒"。面对公民数字权利内容与属性不明确的情况，立法机关应当注重制度供给，以明确的规范性文件为各级行政主体提供行政权运作的参照和指引。在这种法定的规范性文件指导下，公民数字权利的种类、内容及其限制等均能被统一明确，从而为确定行政复议的受案范围等划定标准。这显然有助于行政机关妥善处理政府数字行政权和公民数字权利间的矛盾，并切实维护公民的数字权利。

其三，明晰不同权力主体间的权责界限，打破不同层级、不同部门等行政主体的数据管理"壁垒"。在解决政府数字化行政过程中的权力交叉、主体不明等问题上，以制度性措施来确定不同主体的数据行政权力及其权责关系，无疑是数字政府法治化建构的必然路径。对此，应当从部门职责、数据技术标准、数据质量监控、数据使用审批、数据共享监管等不同方面对各权力主体的权责关系进行明确，继而实现行政执法机关、行政复议机关、争议调解机关等部门的互联互通，最大化地实现行政机关内部与社会公众对行政行为的监督合力。[1]

（二）优化数字化行政的诉讼程序设计

正如学者所言："目前我国智慧法院建设已卓有成效，如何实现行政审判制度与智能技术的深度融合、人类智能与人工智能的有效协同成为行政诉讼智能化的重要内容。"[2]立足于公民数字权利在政府数字化行政背景下的外部救济路径难题，行政诉讼同数字化技术的结合显然具有较强的必要性。因而，立法机关在设计和优化行政诉讼程序时，应当充分考察数字技术对政府行政以及行政诉讼程序的影响，如此才能最终进行科学合理的程序建构。

其一，强化政府数字化行政行为的阐释性工作，为行政相对人数字权利的诉讼救济途径奠定前提基础。行政相对人以及利益相关人等主体能够真正理解政府数字化行政行为的内容及其结果，实际上是其能够正确行使诉讼权利、维护自身合法权益的前提基础。因而，行政机关在作出行政行为时，应当采取一定措施进行充分说理，以加强行政相对人及其他主体对该数字化行政行为的理解能力。只有在该理解能力被肯定的情况下，相关主体才可能真正成为有诉讼意识的适格诉讼主体。可见，行政机关在数字化行政过程中的阐释性工作是数字化行政诉讼程序能够真正起到作用的第一步。由此亦可认为，优化数字化行政诉讼程序的第一环节，其实在行政

---

〔1〕 程晟、沈费伟、王江红：《数智治理视角下行政复议变革的实践逻辑与优化建议——以"浙里复议"数智应用为例》，载《中共杭州市委党校学报》2024年第2期，第50~58页。

〔2〕 陈子君：《论行政诉讼智能化的逻辑理路与制度建构》，载《东北大学学报（社会科学版）》2023年第6期，第105~114页。

诉讼程序之前或之外。

其二，在行政诉讼程序过程中要强化行政机关、审判机关等有关主体对数据要素的分析和使用。对于政府的数字化行政而言，"数字化"是行政权运作的核心与关键。因而，在政府全力推进数字化行政的背景下，应当将智能化与数字化嵌入行政诉讼程序的全过程。在这一过程中，不仅要解决行政诉讼受案范围的问题，而且要强化审判机关在立案审查、数据审核、数据共享以及全流程在线诉讼等方面的参与力度。继而，审判机关对各种诉讼数据予以深入分析、综合研判，最终形成科学有效的审判结论。此外，针对某些案件类型并无法律规定的情形，则应该探索类型案件智能审理，最终通过构造全国统一大平台，以类案检索的形式为相关案例的审判提供依据。

其三，在证据认定的难题方面，构建"人工+智能辅助办案"的诉讼路径。如前文所言，关乎数字化行政的行政诉讼之所以会产生证据认定的难题，其中一个重要的因素就在于算法技术的抽象性和数据代码的复杂性。对此，笔者认为可从以下两方面予以解决：一方面，在审判系统引入专业化的技术人才，由这些技术性人才对抽象的代码进行解读和分析，力图还原出行政机关的真实意志和行为样态，为认定其是否合法、合理奠定技术依据和基本事实根据；另一方面，在证据标准化的应用场景中，充分利用人工智能技术归纳实践中的证据认定做法，结合审判集体的审判经验，通过比较不同判决在证据认定层面的依据，最终统一证据认定标准，并为证据的认定提供参照。

（三）构建公民数字权利公益诉讼制度

在公民个人因缺乏专业理解能力而无法有效通过行政诉讼途径保护自身合法权益的情况下，公益诉讼成了一种切实可行的替代方案。类似于环境公益诉讼，数字权利公益诉讼旨在维护算法行政下的公民权益，防止行政权力对公民合法权益的不当侵害。从可行性和理念层面来看，数字权利公益诉讼是一项值得推广的新型制度。此外，通过构建数字权利公益诉讼制度，至少可以带来以下积极效果：

其一，在社会公众对算法行政不甚了解的情况下，数字权利公益诉讼可以化解公民的权益救济难题。不同于普通公民所提起的个人诉讼，公益诉讼是以国家为担保、以国家为主体的诉讼机制，国家以原告的身份维护整个社会的公共利益。在国家背书的情况下，公民个人诉讼中的算法行政理念难题、算法行政运作不清晰等情况都可以通过技术和专业性的手段予以还原。在被还原后，国家可以真正地对算法行政的机制合理性以及结果可行性作出判断，并对其予以相应的策略应对，这显然是有利于维护公民基本权利的。

其二，公民数字权利公益诉讼制度可以和普通公民的申诉制度有效衔接。当行政相对人不能接受算法行政所得出的结果时，在其并不具备理解算法行政基本原理的情况下，行政相对人可以向有关的国家部门提起申诉，由接收申诉的部门为其提供技术支持与讲解，并予以备案。继而，受理申诉的部门可以将这些备案情况提交给专责数字权利公益诉讼的部门主体，从而将其纳入数字权利公益诉讼制度的衔接范畴，以切实畅通公民数字权利的救济渠道。

第三节　政企合作治理中的主体识别及其责任承担

正如前文所述，随着信息化技术的快速发展，公私协力已经成为公共行政的新型模式。在这一新模式之中，政企合作已经成了数字政府建设的重要保障。诚然，通过政企合作推进数字政府法治化建设具有显著的社会治理优势，但其所蕴含的风险也更为复杂。毕竟，不同于传统的"行政主体-行政相对人"二元对立模式，其他主体对公共行政的参与使得行政责任的承担主体等更复杂，这也带来了公民数字权利救济的新难题。毕竟，在社会治理之中，政府代表着"公共利益"，其行事的过程往往是基于"公益驱动"。但企业主体则存在明显不同，企业往往以"私益驱动"作为其行为遵循的基本原则。[1]当企业实际参与了数字政府公共政务的各个环节后，其便掌握了海量的公共数据信息与要素。此时，基于"私益"的目标考量，

---

〔1〕　参见马颜昕、谢煌凯：《数字政府建设下政企合作责任承担机制研究》，载《学习论坛》2022年第2期，第85~92页。

企业主体将这些公共数据资源向私主体延伸的可能性便有所增加，并最终影响数字化行政的效果。而且，企业即便参与社会治理，其本身也并非行政主体，这就导致出现了行政纠纷，责任将难以确认。这显然无助于公民数字权利的充分保障。因而，应当对数字化行政过程中的政企合作治理模式进行充分审视，通过明确责任主体及其责任承担机制，奠定公民数字权利保障的制度根基。

一、传统二元对立行政模式中的责任主体识别

传统的二元对立行政模式，是指在整个行政运作的过程中，仅仅存在"行政主体"与"行政相对人"两大主体，是公权力机关和行政相对人间的对立或对应，其间不涉及任何的第三方主体。在这种二元对立的传统行政模式下，行政主体在行使行政权过程中的责任主体相对容易确认，并具有相应的法律依据。而且，在涉及行政责任的具体承担主体方面，我国的当前立法已经颇为丰富，并总体确立了行政责任承担的两大主体——行政主体及其工作人员。因而，学界在对行政责任主体的探讨与阐述中，往往也采取了"二元主主体说"的观点，认为行政主体和行政机关的工作人员均应被认定为行政责任的承担主体，这已经形成了基本的共识。

从规范层面进行考察，《公务员法》将公务员规定为责任主体；《行政机关公务员处分条例》对行政机关公务员的责任承担进行了明确；《国务院关于特大安全事故行政责任追究的规定》将各级政府主要领导人、政府部门正职负责人明确为责任主体；《关于实行党政领导干部问责的暂行规定》将中共中央、国务院的工作部门及其内设机构的领导成员、县级以上地方各级党委、政府及其工作部门的领导成员以及上列工作部门内设机构的领导成员等纳入了责任主体的范围；现已失效的《行政监察法》曾将国家机关、国家公务员和国家行政机关任命的其他人员纳入规制范围；《监察法》与《政务处分法》则是将规制的对象覆盖到全体的公职人员。可见，无论是正式的法律规范，还是行政法规或部门规章，中央层面的立法均已经将行政主体的工作人员确立为责任承担主体，这在理论上是毫无疑问的。

而从地方性立法文件来看，《北京市行政问责办法》将责任主体明确为

行政机关工作人员、法律法规授权组织及行政机关委托组织中从事公务的人员；《广西壮族自治区行政过错责任追究办法》将责任主体明确为行政机关、法律法规授权组织、行政机关委托组织及其工作人员，而且其将非在编制内的聘用人员同样纳入；《深圳市行政过错责任追究办法》将行政机关、法律法规授权组织、行政机关委托组织及其工作人员作为该规范的适用对象；《哈尔滨市行政问责规定》也是将适用对象明确为行政机关工作人员、法律法规授权组织及行政机关委托组织中从事公务的人员等两类责任主体。可见，在地方性立法文件的规定中，行政组织也被明确为行政权运作过程中的责任主体。

从理论上来看，由于行政权的运作本身具有国家意志性的属性，其行使公权力的行为来自权力机关对行政机关的授权，因而由行政主体承担相应责任，这并无任何不当之处。关键在于，行政机关的工作人员并非行政主体本身，其只是代表行政主体去履行职责、行使权力，为何其应当以个体责任的形式承担行政责任呢？在笔者看来，其原因在于，虽然行政机关工作人员的行为基于其身份属性而具有国家公权力属性，但必须承认行政机关工作人员也是独立的个体。独立的个体必然有独立的意志，因而当其行权行为不符合国家意志的要求与合理期待时，其实际上已经违背了行政机关的意志，而仅仅是一种个人的不当行为，因而其应当承担相应的行政责任。而且，从范围上来看，工作人员也应当同时涵盖非编制的聘用制工作人员。毕竟，从职责权限和对外身份来看，聘任制工作人员的权力同样来自行政主体和法律法规的授权，因而其与编制内工作人员并不具有明显的不同。

二、政企合作模式下责任承担机制的不确定性

在政府推进数字化行政的过程中，公共行政领域的私主体介入显然改变了原来"行政主体-行政相对人"的二元对立结构，而是形成了"行政主体-私主体-行政相对人"的三方关系，从而使得行政法律关系成了事实层面的"多方法律关系"。由此，在公私交融的数字化行政权运作背景下，由于数字化要素与政府行政管理职能的深度融合，协助行政主体设计、维护、

安装、运营数字化平台的企业等私主体客观上已经替代政府履行了一部分的行政职能，从而导致了责任边界的混淆，并形成了以政企之间责任推诿和内部责任承担混乱为主要类型的两大风险。

（一）政企间的外部责任承担推诿风险

从政府与企业间的外部责任承担来，由于行政主体与企业在不同合作模式下的责任承担具有一定差异，再加上行政主体和企业间责任承担的优先次序并不具有明确的规范性依据，从而极易导致行政主体和企业之间在责任承担方面的互相推诿。

一方面，在政府推进数字化行政的过程中，行政主体和企业之间的合作方式并不具有唯一性，而是具有多样化的特征。不过，政企间合作模式的多样化也会或多或少地带来一些责任承担难题。详言之，如果政府在与企业合作的过程中始终维持科层制运作的惯性，此时政府和企业之间实际上处于一种内部管理与被管理的关系，企业在整个数字化行政的过程中仅仅起到协助和辅助的作用，其仅仅是为政府的数字化行政提供技术支持，尚未真正参与数字政府的行政管理。显然，在这种情况下，企业主体参与数字政府建设的深度极其有限。[1]在这种内部管理的模式下，企业是在政府的管理下参与数字政府活动，此时就不应当要求政府和企业风险共担，相应地也就不能要求企业承担责任。但如若政府和企业基于平等地位签订服务合同并采取服务交付的合作模式，企业便具有了独立的法律地位，其自然也应当为此承担独立的法律责任。然而，在这种情况下，参与数字化行政管理的主体实际上是"双主体"，行政相对人与政府、企业等主体可能会存在一定的信息不对称，此时如若企业所交付的产品和服务产生了风险或损害，实质的责任承担主体通常也不能被有效辨认与区分。但如若政府和企业采取统一平台的合作模式，由政府和企业共同合作成立专门化的运营公司，并由该公司承担公共产品和公共服务的给付义务，这显然是一种"管运分离"的政企合作模式。在这种情况下，发生风险与损害的阶段无论是"管"还是"运"，政府主体在责任承担上都存在"隐身"的可能，这

---

〔1〕　参见刘祺：《当代中国数字政府建设的梗阻问题与整体协同策略》，载《福建师范大学学报（哲学社会科学版）》2020年第3期，第16~22页。

些责任最终实际上均由企业来担责，这显然不利于行政相对人合法权益的保护。[1]

另一方面，政府与企业等不同主体在承担外部责任时是否有一定的次序等级，目前并不具有统一的适用标准。在政企合作共同推进数字政府法治化建设的过程中，由于企业在参与数字政府运作的环节中实际掌握了部分数字化行政权力，此时如若产生了行政相对人权益受损或社会公共利益受损的结果，具体的责任追究便可能会出现两种不同的路径。其一，立足于实质公平的角度和理念，根据数字化行政风险及其权益损害的实际情况严格划定政府与企业分别应当承担的责任范围，继而由不同主体根据该承担份额向行政相对人予以补正或赔偿。其二，立足于整体效率的角度和理念，先由其中一方（一般为行政主体）向行政相对人承担整体责任与担保责任，然后由先行承担责任的主体方向另一方进行内部追偿。可见，以何种理念或次序指引政府与企业的责任承担，目前尚未形成统一的运作模式。而当这个问题不能得以解决时，便又不可能实现行政相对人数字权利的全面救济，因而需要予以重视。

（二）内部责任承担的混乱和无序风险

从政府和企业的内部责任承担来看，其最大的问题便在于责任内容的模糊性。从表现来看，内部责任之所以具有一定的模糊性，原因在于两个方面：一是实质责任的分配问题；二是政府和企业阶段性责任分配不明的问题。

一方面，由于政府和企业等不同主体在数字政府建设背景下始终未能确定有效的归责框架，从而导致不同主体间的责任分配困难。以人的行为为核心，传统的归责主要以过错原则和严格原则作为归责标准。但这在政府数字化背景下并不完全适用。毕竟，在数字政府建设的过程中，责任产生的原因已经超出了人的范畴，以物、技术等为表现的其他要素同样可以成为其中的具体原因。而在以算法、数据等为代表的新兴要素中嵌入行政决策过程后，对于技术漏洞等非人为因素所可能造成的各种情况及其责任

---

〔1〕 参见马颜昕、谢煌凯：《数字政府建设下政企合作责任承担机制研究》，载《学习论坛》2022年第2期，第85~92页。

划分，当前的归责制度尚未对其予以系统性回应。

另一方面，在政企合作共同推进数字化行政的背景下，关于政府和企业在不同阶段的具体责任，目前并无任何规范性依据对其予以明晰。例如，在行政主体和企业主体建立合作关系的阶段，政府应当积极承担"事前的合同责任"，从而竭力避免行政权运行与合同内容的冲突；在数字平台或数据库的建设与运营阶段，政府应当积极承担"事中的监管责任"，并将其对财物、人员以及数据内容等方面的监管作为本阶段的核心任务；在接管与兜底阶段，政府则应当积极承担"事后的担保责任"，在企业难以给付公共产品和公共服务的情况下为其提供补充和担保，以保证公共产品供给的稳定性。然而，就目前而言，政企合作的责任承担机制显然尚未将数字政府的有关内容纳入进去，并最终导致了实践过程中责任承担的无序性。[1]

三、数字背景下政企合作责任承担的机制优化

根据实践反馈可知，在政府推进数字化行政的过程中，政企合作的责任承担之所以具有不确定性并引起相应的归责困境，实际上可以从内部和外部两个方面来着手考虑。而且，如若认为外部责任承担是形式层面的内容，内部责任分配则具有更多的实质性意义。因而，政企合作责任承担机制的优化应当紧密围绕形式层面的外部责任承担机制和实质层面的内部责任分配机制来展开。

（一）通过国家担保确立外部的责任承担

众所周知，之所以要建构政企合作责任承担机制，旨在贯彻落实为人民服务的政府宗旨，是为了更好地推进行政相对人的权益保护。可见，如何对行政相对人合法权益实现周延、快捷保护，应当是政企合作外部责任承担机制优化的逻辑起点。因而，在政府推进数字化行政的过程中，应当明确一个基本的理念和底线：无论政府和企业采用何种合作方式，只要其处于推进数字化行政的环节，都不能因合作模式的差异而弱化相应的责任承担，更不能因合作模式的不同而损害行政相对人的合法权益。

---

〔1〕　参见马颜昕、谢煌凯：《数字政府建设下政企合作责任承担机制研究》，载《学习论坛》2022年第2期，第85～92页。

然而，从政府和企业的角色和地位来看，无论企业主体如何参与社会治理，甚至是直接性地参与公共行政，其都不能完全成为公共事业的代言人。原因在于，和政府主体相比，企业的属性决定了其并不具有充足的公共信用。对于企业而言，其所做的仅仅是一种"类似于政府"的活动，仅仅是基于法律和政府的授权而享有"相似权力"，其本质上并非完全意义的权力主体。可见，如果仅仅由企业对公共事务以及社会公众的合法权益承担责任，并不具有充分的合理性和科学性，也不能得到社会公众的信服。因而，政府必须在政企合作的过程中承担起担保和兜底责任。

作为一种国家责任，国家担保责任立足于公共行政中的公私合力机制，旨在推动公私合作模式下公共行政事务的顺利完成，从而为公共利益的实现提供行政保障。由此，借鉴民法中的担保责任制度，在行政法视域中将国家担保责任理论契入政企合作中的行政相对人权益保障便具有了一定的可行性前提。在政府推进数字化行政的过程中，由于数字化行政的运作离不开私主体的参与，因而政府的角色和功能就有所转变，在原来纯粹意义的公共事务执行者角色基础上增加了一种新的身份，即确保私主体能够顺利执行公共任务并完成特定公共福祉。继而，从不同方面进行审视，可以得知将国家担保责任理论融入政企合作责任承担机制的当然逻辑：从本质上来看，根据国家权力机关和公民的关系定位，政府应当切实履行保障社会公民合法权利实现的义务和责任；从公民基本权利的实现路径来看，社会公众合法权益的实现与救济，需要国家与政府的辅助；从形式上来看，政府推进数字化行政离不开政企合作的基本范式，即私主体确实参与了数字化行政。

而且，在国家担保责任理论全面融入的情况下，行政相对人通常也能够更好地维护自身合法权益。原因在于，国家担保责任能够满足行政相对人权益救济效率和数字政府建设质量的双重要求。一方面，在政府推进数字化行政的过程中，由于受"数字鸿沟"等因素影响，行政相对人在数字政府背景下的抵御风险能力显然更弱，其对救济的要求也明显更为迫切。此时，如若从实质责任分割的角度进行判断，由于对政府和企业的责任分配会经历一个复杂的过程，这便会导致行政相对人权利救济的过程漫长。

然而，从数字风险的蔓延程度来看，拖延时间越长，对行政相对人的权益保护越不利。可见，从效率的角度出发，从外部形式的责任承担机制中引入政府担保责任，具有积极的一面。另一方面，国家担保责任在内容层面实际上并非仅仅是担保，其同样以政府在政企合作模式下行政权运作的全过程监管为核心内容。在政府切实、严格履行监管责任的前提下，企业在数字技术的设计、运营等方面通常不会敷衍了事，而是会谨慎地开展数字技术建设。在这种情况下，政企合作的质量便能够得到显著提升，行政相对人的合法权益也能得到更好的保护。继而，为了充分保障行政相对人的合法权益，在国家担保责任的引导下，行政主体应当树立起整体政府的理念，在整体政府理念的指引下确立责任承担机制，有效防范政府在政企合作中的"不作为"，从而全面优化政企合作中的外部追责模式。

（二）"两步策略"推进内部的责任分配

通常而言，形式层面的外部责任承担仅仅是行政主体通过责任承担来保障行政相对人合法权益的保护手段，其着重关注行政主体和行政相对人之间的关系。实际上，内部责任的分配才应当是政府和企业在政企合作过程中确立最终责任的核心与关键。毕竟，相较于外部责任而言，内部责任的分配实际上是政府和企业在数字化行政过程中的内部追责机制。而且，有效的内部追责机制能够为政企合作的规范有序奠定坚实的制度基础。不过，在构建政企之间的内部责任分配机制时，应当全力避免内容的杂糅，而应以结果为参照，按照"两步走"的方式来进行。

其一，在政企合作的风险产生前，明确政府和企业等双方主体的义务内容及其义务范围。在数字政府的建设过程中，政府与企业等主体所提供的公共产品与服务往往同数据、算法等新兴要素具有高度关联，这也决定了相应风险的即时性和系统性特征。因而，在政府准备在数字政府建设中实施政企合作之时，应当通过一定的行政协议提前进行风险分配，对政府和企业等不同主体的合作边界与内容进行明确。而且，政府和企业在进行内部责任的分配时，应当同时兼顾风险预防、风险分配、节约成本等不同的目标，并以密切性和控制性标准进行统筹。其中，前者强调主体和风险的距离，而后者则强调主体的风险预防和控制能力。

全面审视在数字政府推进数字化行政过程中政企合作的数字风险，技术风险和管理风险构成了其中的两大最主要类型。根据这两类风险的种类及内容，笔者认为，应当以密切性和控制性作为风险分配的基准，并将政企合作中的义务总体划分为企业技术义务和政府监管义务。一方面，企业作为数字技术的开发者和运营者，其不仅与数字化行政中的技术要素紧密程度高，而且也因具有更高的技术能力而具有更强的风险预防和风险控制能力。因而，企业应当承担起数字技术风险的防范义务。例如，企业在数字政府建设过程中的事前技术说明和备案义务、对技术事项的合法性评估义务以及消除算法歧视等可能造成技术风险的内容等。另一方面，政府作为担保公共事务规范运行的主体，其在数字政府的建设过程中理应承担起一定的监管义务，从而为政企合作过程中的风险防范与消除奠定基础。例如，政府不仅应当对参与数字政府的企业进行资质审查，而且要对数字技术的标准进行鉴别和评估，更要对数字平台的设计、运行全过程等加强监督，确保政企合作在全过程中始终处于合法的轨道范围。

其二，在政企合作的风险显现后，通过归责制度来明确政府和企业应当承担的具体责任。不同于传统的法律控制手段，以前的归责原则在面对新技术的介入时并不能被完全适用，因而需要对其进行重新厘清或确立。在政府推进数字化行政的过程中，人工与数字化技术同在。由此，在具体的责任归结时就应当充分考察技术在某一事项中的介入程度。在数字技术参与程度较低的情况下，由于数字化系统并未对实质事项进行过多的干涉，因而应当以"人"为中心，根据传统的归责原则对其予以处理。但如若数字技术参与程度较高，那么就应当按照密切性和控制性的标准来确定最终的责任承担主体及其范围，此时也更多地涉及政府和企业之间的责任分配。

从原则上来看，在政府与企业合作的过程中，由于双方的合作是基于行政协议而非行政命令，因而二者应当基于平等的地位来分配责任。而且，在该责任的分配中，应当以过错责任为原则而以公平责任为例外，以促使双方均恪守合同义务，全力推进数字政府的法治化建设。在过错责任的适用中，应当以技术为核心，融入密切性和控制性标准来进行判断。在具有技术强密切性和控制力的场景下，应当以过错原则进行追责；在不具有技术高密切性和强控制力的情境下，应当以公平原则作为追责的基准。而且，公平责任的适用也应当涵盖一个特定情形：即便风险具有技术高密切性和强控制性，仍无法认定造成该结果的具体原因，也即不能直接区分出该损害的直接原因到底是监管漏洞还是技术风险。此外，在因不可抗力或情势变更造成行政相对人权益损害时，应由政府承担担保和兜底责任。

第六章

数字政府法治建构的公众参与

数字政府法治建构的公众参与，是旨在数字政府建设的过程中广泛征求公众意见、鼓励社会各界积极参与，以促进公共决策透明化和阳光化的一种方式。2022 年 6 月，国务院关于数字政府建设的相关意见（《国务院关于加强数字政府建设的指导意见》，国发〔2022〕14 号）明确指出：要推进公开平台智能集约发展，改良政务公开程度和更新数字化信息政策的发布。数字技术在大数据时代的广泛应用不仅推动了数字政府法治建构的进程，也对政府信息的公开性和政府建设的公众参与性提出了要求。而且，当前的政府信息传递愈加依赖数字化平台，[1]且信息发布也更加数据化，[2]数字政府的管理也更加集约化、汇集化和开放化，[3]这种政府平台的构建显然增强了公众参与的能力。况且，在政府数字透明化和数据开放的并行实践中，社会公共群体对数字信息的需求已不再满足于知情层面，而是同时关注数据的深度利用空间。公众参与不再局限于政府信息数据文件的制定阶段，而是延伸至文件的实施与后续应用过程。可见，数字政府法治建构的公众参与是推动数字化时代公共决策民主化进程的重要环节，因而应当采取切实可行的措施，以强化公众意见征集管理并积极倾听公众的声音，

---

〔1〕 参见后向东：《政策发布数字化转型：机遇、挑战与现实路径》，载《中国行政管理》2021 年第 12 期，第 52~57 页。

〔2〕 参见鲍静、张勇进：《政府部门数据治理：一个亟需回应的基本问题》，载《中国行政管理》2017 年第 4 期，第 28~34 页。

〔3〕 参见彭强、陈德敏：《政府信息公开中公众参与规范化水平的优化与提升——基于信息权的探索》，载《中国行政管理》2023 年第 1 期，第 52~59 页。

最终为数字政府建设注入更多的活力和动力，更好地服务于公众利益。

第一节　数字政府法治建构的公众参与困境

在政府的数字化转型过程中，公众参与面临的困境是多元的。这种障碍的来源主要源于两个方面：其一，由于数字化政府的建设主要是采取自上而下的推进，而这种推进过程实际上又缺乏对公众参与要素的统合，政府端由此便未对数字民主行政的功能予以充分开发和利用；其二，公众端对于数字政府法治建构的参与能力、兴趣等有限。当然，此外还存在其他方面的影响因素。正是这些要素共同导致了政府数字化转型普遍缺乏公众参与的局面。

一、数字政府转型普遍缺乏公众参与

政府数字化转型是指政府在政务处理、信息管理和服务方面，采用数字技术以提高效率和公共服务质量的一种转型过程。[1]然而，在这一过程中普遍存在公众参与不足的问题，其主要表现在参与范围不够全面和参与程度不够深入两方面。从参与范围的角度来讲：一方面，公共群体参与的总体比例低下且不同区域的差距性较为明显。一般来说，经济发展水平较高、包容开放性程度更大与创新能力更强区域的公共群体参与程度普遍高于条件相对落后的区域。此外，从理论上来看，由于政府数字化转型过程中涉及的范围涵盖了如网络安全、数据隐私等诸多领域，因而其需要充分考虑到公众权益和安全保障，以加强对公众参与的监督和调整。然而，从实践观之，由于信息透明度不足、沟通渠道不畅等，政府部门往往不能及时披露相关信息并听取公众意见。这便导致了政府数字化转型过程中公众参与不足，因此容易引起公众对政府合法性的质疑。另一方面，公众参与

---

〔1〕　参见孙友晋、高乐：《加强数字政府建设　推进国家治理现代化——中国行政管理学会2020年会会议综述》，载《中国行政管理》2020年第11期，第147~150页。相似观点还可参阅孟天广：《政府数字化转型的要素、机制与路径——兼论"技术赋能"与"技术赋权"的双向驱动》，载《治理研究》2021年第1期，第5~14页。

在政府数字化转型中的角色比较局限。从参与的内容来看，公众参与主要涉及环境决策、社区管理和政务服务评估等方面，而未全面融入数字治理的各个层面。从参与的深度来看，公众的参与则往往局限于如投诉、建议和网络发言等零碎的事务。这些方式虽然对公共服务项目的提升有一定帮助，但缺乏政治性和决策性的参与。而在当前制度下，公众在决策过程中的权力几乎等同于表达意见，[1]这限制了公众对政府数字化行政决策的实际影响力。可见，公众参与的深度亟须加强。

公民参与政府数字化转型治理的深度不足主要是由几方面原因综合导致的：其一，尽管新媒体平台增加了公众参与政治的途径，但这些渠道在促进公众有效参与方面仍显不足。从目前来看，公共群体参与数字政府相关项目主要是通过线上问卷调查、留言板等方式实现的，其形式较为单一且难以满足公众多样化的参与需求，这导致公众无法及时了解项目信息并表达自己的想法。况且，现在的公共群体参与社会治理也大都是社会组织和社区居委会等的临时性安排，这种做法显然不具有制度性和规范性。其二，公共群体的参与积极性有待改善。一方面，由于数字治理的意识不足、多数人带有政治排斥的心理，再加上公众参与活动范围中维权倾向比较多，当前的公众参与更多地停留在咨询、投诉等相对机械化的形式中，其决策参与的热情并不高涨。其三，数字政府公共治理的时间尽管改变了公共群体的便捷性和接触性，但同时也对公共成员的个人知识和能力提出了更高的要求。然而，由于国民素质欠缺、城乡发展不均衡等原因，很多成员对于数字技术和信息通信的掌握实际上并未能达到相应的要求。如果是年长者、身体存在瑕疵的群体以及遥远地区的公民，他们可能会认为数字政府建设与自身利益关系不大。在这种趋势下，数字鸿沟的现实障碍使得他们虽然可以从形式上接触到数字网络和技术，但实质上却被剥夺了参与治理的可能。此外，基于我们国家的实践现状，公共群体的数字素养、数字信息获取能力和数字安全意识都不够全面和充足。此时，即使是政府的强力宣传引导和措施鼓励可能也无法提供长期的制度保障。这就容易

---

〔1〕 参见王德新、李诗隽：《新时代公众参与的社会治理创新》，载《哈尔滨工业大学学报（社会科学版）》2022年第2期，第66~72页。

导致数字政府推进中的公众参与互动形式，有时并不具有真正的实践价值。[1]

二、数字政府未能充分激发民主行政的功能

纵观全球，各国在建立数字政府法律框架的过程中普遍实现了从提供信息和服务到促进公民参与与互动的智能化治理之转变，[2]这种转变在一定程度上提升了公民参与数字政府建构的程度。然而，无论是联合国还是其他的多数国家，目前对公共群体的支持措施都主要表现在宏观政策与宏伟战略层面，而不是在道德和制度机制层面。[3]这种状况势必会造成公民在民主行政方面行使功能权力的流失，进而限制公民在数字时代的赋能范围和数字技术的应用方式，而这显然与数字政府法治建设中公民参与的基本原则相矛盾。

随着数字政府逐渐成为主导的行政形式，起源于启蒙时代的传统行政模式正在经历深刻的改变和全面的转型：数字技术的进步——特别是互联网和大数据的迅猛发展——正在重新塑造一种以数字治理为特征的、全新的政务结构。在这种新的政务结构中，政府主体与公民之间的传统政治协议关系实际上发生了改变，并逐渐转向以服务为导向的契约关系。平台化的数字政府同传统型政府的主要不同在于确保一个稳定且开放的环境，并提供规则、技术、信息和服务等基本要素，进而为公众提供更加便利的服务。[4]例如，公众既可以在阿里云平台上如同淘宝浏览和交易一样办政事，也可以在支付宝和微信的接入渠道中缴纳政府事务的相关费用等。不过，需要注意的是，数字政府往平台层次发展也是一种利弊相融的情形：一方面能够从技术创新中促进不同机制的产生，另一方面也会带来公民参与行

---

〔1〕　参见谭溪：《加拿大数字政府治理改革实践及反思》，载《中国行政管理》2021年第7期，第140~146页。

〔2〕　参见黄建伟、刘军：《欧美数字治理的发展及其对中国的启示》，载《中国行政管理》2019年第6期，第36~41页。

〔3〕　参见马长山：《数字公民的身份确认及权利保障》，载《法学研究》2023年第4期，第21~39页。

〔4〕　参见马长山：《数字公民的身份确认及权利保障》，载《法学研究》2023年第4期，第21~39页。

政事务的边缘化和无力感。原因在于以下几个方面：其一，无论是在数字政府的开发过程中还是在设计过程中，往往仅涉及政府和技术公司，公共群体在此阶段都很难介入。即使是现在流行的众包模式，也难以为政府和公民提供更多关于民主行政方面的互动和权力共享机会。不仅如此，行政主体和技术专业平台的协同也通常由政府主导，这同样导致了公众参与的缺位。其二，公民在数字平台政府法治建构过程中的政治参与感不足。从理论上看，基于服务中立特性构建的数字化政府平台不仅应当能利用互联网技术为公民参与数字政府法治构建开辟新路径，也应当能利用平台内各方的互动合作和创新动力来推动服务供应的发展。然而，从实践来看，这些开放性、多中心的互动则更多存在于公共服务领域而非政治参与和数字民主方面，[1]公众所期待的与政府之间的互动讨论和政策参与并没有被充分和同步地纳入政府的议程。[2]其三，公民参与过程并未对数字政府法治建构形成有效的监督约束机制。诚然，政府的数字化优化了组织内部结构并提高了行政执法的效率，然而这也导致了政府工作人员与公众在参与民主行政方面的鸿沟。详言之，由于数字政府的中立性和双向互动性等特征，政府工作人员在数字化行政管理中容易权力寻租和渎职，这实际上使得公民在参与过程中往往会感到无能为力。[3]

三、公众参与数字政府治理的实际能力受限

在信息化、数字化日益成为主流的时代背景下，自动化行政的目标是促进政府权力行使从传统的繁琐程序向信息化、数字化和自流程化的模式转变。这样不仅能够有效提高行政效率，而且可以有效提升行政的精准性并减少人为自由裁量的占比，最终构建一个以大数据和算法为基础、能够实现权力监督和技术调控的数字政府架构。总体来说，在自动化行政的算

---

〔1〕 参见彭箫剑：《平台型政府及行政法律关系初论》，载《兰州学刊》2020 年第 7 期，第 54~72 页。

〔2〕 参见彭箫剑：《平台型政府及行政法律关系初论》，载《兰州学刊》2020 年第 7 期，第 54~72 页。

〔3〕 参见黄恒学、冯向阳：《新技术时代的"数字官僚主义"》，载《决策》2020 年第 7 期，第 24~26 页。

法驱动决策过程中，公民的参与能力往往会受到以下情况的限制：

第一，算法决策中的公民参与色彩淡薄：

首先，通过将行政决策要素转化为数据、行政规则编码程序化，以及政府流程的建模技术化等方法，实现了自动化行政模式，从而完成政府法治建构全数据化的蜕变。这一过程完成了对人之决策的替代，包括行政执法人员、行业专家、公民代表以及其他社会主体，最终将算法融入行政机关的日常运行，导致公民参与的缺席和难以真正实施并融入权力制衡的准则。与此同时，算法黑箱、算法偏见、算法滥用和算法错误等问题使得算法并不具备完全的中立性，故而导致政府在形式合法性方面确保算法决策严格遵守法律法规的挑战仍然存在。此外，由于算法决策过程中的"逻辑隐蔽性"和"数据封闭性"等特征，公众的知情权、表达异议权以及提出建议权等也可能无法得到有效保障，[1]这显然有损于公民参与的正当性。

其次，公民在参与数字政府建构时存在权利减损。算法行政是政府对其运作机制和体制进行重塑的过程，通过算法对众多行政程序和法规进行处理，这些信息将被转换并应用于自动化决策系统。数字政府一般会通过数据清洗标注、绘制知识图谱等多个环节搭建基础性的架构，但这一过程也往往因由政府主导而难免受到规划设计过程中价值利益偏好等因素的影响。而且，关于监管原则、法律法规和自由裁量权等内容的代码转化也通常是基于行政机关自身的立场和价值观所作出的决策。可见，以这样流程形成的算法系统，其通常体现的是有利于公权力的政府架构，这必然会导致公民参与权利的损耗与克减。

再次，公民在参与数字政府建构时存在互动消解。从外观上来看，算法决策实际上是一种高度自动化的行政流程。在这个流程中，人工干预难以得到最有效的体现。从理论上讲，数字政府法治建构的过程提高了执法行政的效率，但公众在参与数字政府法治建构时则会因无法直接与执法人员面对面交流而不能及时有效地进行互动，继而导致政府工作人员也难以

---

〔1〕 参见王怀勇、邓若翰：《算法行政：现实挑战与法律应对》，载《行政法学研究》2022 年第 4 期，第 104~118 页。

及时有效地处理相关事务。即便是存在公众的事后陈述，其也难以对抗"机器执法"的"铁面无私"，从而在司法裁判和行政监管等方面呈现互动难题，这显然有悖于数字政府法治建设的初心。[1]

最后，公民在参与数字政府建构时存在规制失衡。利用算法进行决策类似于操作黑箱的模式，是一种非人为的、不可见的、闭环性质的数字化技术。在算法的加持下，政府的运转实际上已经跳离了传统的行政环境。此时，政府权力的运作不仅缺乏必要的监督手段和控制程序，而且也会因非实体性的算法体系导致其无法构成法律上的行政复议和民事诉讼对象，这与行政法上的正当程序原则存在严重的背离。况且，相应的私法救济渠道能否生效目前还未可知。在这种情况下，倘若数字政府在法治构建的过程中演变为洪水猛兽而不能受到有效约束和规制，可能会逐步削弱乃至取代法律对行政流程的监管作用，从而导致所谓的"法律统治"演变成"算法统治"。[2]诚然，数字政府法治构建有意利用大数据互联网技术来打造更为科学合理的问题即时反馈机制，并力图建立具备全面记录执行过程的自动化行政模式能力，从而将公共权力置于"数据囚笼"之中，令其变为一种较传统"制度牢笼"更具效力的公权力制约方式。然而，由于实践中的公民参与缺席、权利减损、互动消解和规制失衡等因素，其反而构成了限制公众参与的"算法囚笼"，导致公民在"数字决策体系"中处于被动局面。[3]由此，数字政府法治构建的过程实际上被异化为了"非个人的、不透明的算法系统"，而非国家意志的体现。[4]

第二，公民参与过程受到数字控制。基于互联网技术搭建的数字政府法治体系使得公民在参与行政事务时拥有了数字身份。数字身份的"镜像"

---

〔1〕 参见马颜昕：《自动化行政的分级与法律控制变革》，载《行政法学研究》2019年第1期，第80~92页。

〔2〕 参见张恩典：《人工智能算法决策对行政法治的挑战及制度因应》，载《行政法学研究》2020年第4期，第34~45页。

〔3〕 参见［美］弗吉尼亚·尤班克斯：《自动不平等：高科技如何锁定、管制和惩罚穷人》，李明倩译，商务印书馆2021年版，第5页。

〔4〕 参见［立陶宛］伊格纳斯·卡尔波卡斯：《算法治理：后人类时代的政治与法律》，邱遥堃译，上海人民出版社2022年版，第156页。

扩展不仅赋予了公民超越物理空间的数字参政能力，[1]而且也带来了算法系统通过赋予公民数字身份进而控制公民意志的社会风险。纵观历史发展，社会控制自始至终一直存在于王朝的统治中。不过，传统的社会控制主要依赖于实体法律体系或具有震慑力的物理措施，从而在直观层面给予公民切身的感受以达到控制的效果。但在进入数字政府法治建构时代后，大数据、互联网和算法系统其实正逐渐颠覆传统的秩序模式和结构机制，并使社会控制超越了以往实体存在的控制手段，从而营造出兼具数字性和虚拟性的控制形态。由此，数字政府法治的构建固然解决了传统社会中公民治理效率低下的问题，但公民在参与政府构建的过程中却始终饱受数字技术的控制。

首先，算法系统在信息采集方面存在数字控制。面对数字化的政府机关、自动化的行政程序和在线提供的政务服务，公民需要时刻提供必要的身份信息，以完成数字信息认证的过程。而且，这一过程涵盖交通出行、社会治安、社区治理等多个日常生活领域。换言之，通过大数据互联网技术，政府搭建起一个持续不断的电子监控和网格化的法治管理体系，继而使得我们这个时代的信息监控节点遍布各处。[2]在这个复杂的系统中，政府和第三方网络平台掌握着数据和技术的主导权，民众和用户则仅仅是数据的产生者和消费者。[3]这种角色定位使得公民变成了无意识的监控对象和数据收集的标的。此时，他们既是数据生产的来源也是数据输出的主力军，更是数字政府处理信息的基础。然而，囿于公民不直接参与数据处理过程而只是被动采集数据和依赖数据的客观事实，公民自己实际上难以掌

---

〔1〕　"异在'镜像'"是指"在二维空间里，一个物体（或二维图形）的镜像就是该物体在某平面镜中反射出来的虚像。但在福柯的异托邦理论中，镜像具有更深层的哲学隐喻，也即镜子让我在自己并不在场的地方看到了自己，这乃是一种'乌托邦'；而当镜中我的目光从虚拟空间的深处看过来时，镜中我是真实而又不真实的幻象，这就具有了乌托邦和异托邦的双重属性"。更为具体的内容可参见马长山：《数字公民的身份确认及权利保障》，载《法学研究》2023年第4期，第21~39页。

〔2〕　参见［美］弗吉尼亚·尤班克斯：《自动不平等：高科技如何锁定、管制和惩罚穷人》，李明倩译，商务印书馆2021年版，第4页。

〔3〕　参见周维栋：《元宇宙时代的数字公民身份：认同困境、实践逻辑与理论证成》，载《电子政务》2022年第10期，第62~74页。

控数据的具体流向。因此，在监控和权限采集数据日趋频繁的当下，数字政府的法治构建过程也具备了潜在的指向性或暗示性功能——这种监控方式收集的数据让我们不可避免地倾向于选择监控者的偏好。[1]甚为可怕的是，公民正在日益习惯并无感监控和数据采集的过程，甚至已经主动接受监视者利用规则来规范约束自身行为，[2]从而使得这种数字化控制现象日趋严重。

其次，算法系统在计算分析方面存在数字控制。互联网技术是数字政府产生的基础，并促使社会全面进入"信息化"时代。每位公民在参与数字政府法治建构时都会产生包含个人特征的数据链条，并以信息的形式储存在算法系统中。它们呈现出表达、交换利用和创造价值的特征，从而不仅强化了公民参政议政的便捷性，又为公民参政议政的可视化分析提供了算法计算的数据基础。事实上，在政府数字化升级的过程中，算法支持下的各类分析预测、调度决策、个人信息处理汇总等系统大都内置了数据标签和数据计算分析程序，并用以探讨标签和分析流程的边界约束条件，从而实现对公民身份信息，财产信息、交易信息等数据的透视。最终，公民成了算法的观测对象，并因此成为一种"可被数字化计算的存在"。[3]此时，在公民自身毫不知情的情况下，本来不清晰和不容易测定的身份关系等信息在算法系统的加持下被政府清晰掌握。可见，数字政府法治建构的一个关键点便在于，如何有效约束数据和算法的信息处理主导者，如何避免其采取隐身方式对公民参政议政的过程进行"技术围猎"，从而使其合理处理数据，防止有目的和理性的人在这一过程中变成"科技的囚徒和数据的奴隶"。[4]

再次，算法系统在人为感知方面存在数字控制。在传统社会生活中，

〔1〕 参见［立陶宛］伊格纳斯·卡尔波卡斯：《算法治理：后人类时代的政治与法律》，邱遥堃译，上海人民出版社 2022 年版，第 7 页。

〔2〕 See Simon Deakin, *Is Law Computable? Critical Perspectives on Law and Artificial Intelligence*, Christopher Markou（eds.）, Oxford: Hart Publishing, 2020, p. 118.

〔3〕 参见［美］尼尔·波斯曼：《技术垄断———文化向技术投降》，何道宽译，中信出版社 2019 年版，第 153 页。

〔4〕 参见周维栋：《元宇宙时代的数字公民身份：认同困境、实践逻辑与理论证成》，载《电子政务》2022 年第 10 期，第 62~74 页。

公民主要通过参与社会生活、观察社会现象、对话交流来感知政府的法治构建过程。进入大数据互联网时代后，海量的信息和数据涌入公民的日常生活，让人们应接不暇、难以取舍。身处在信息爆炸的时代，公民需要有辨明和汲取有效信息的能力。在亲身体验和线下交往比例日趋下降的时代，远程临场、在线互动的方式日渐增多，公民可以足不出户，通过互联网软件参政议政，参与数字政府法治构建的过程。例如，"信息投喂"就是这个时代应运而生的词汇，指的是软件会在算法加持下根据用户使用偏好推送内容。而这一现象可能是比数据偏见、数字鸿沟、算法掌控个人信息等更为严峻的问题。具言之，新媒体和数字技术融合产生的平台型政府法治架构，已经将信息分发演变为一种权力行为。算法系统通过筛选信息和推送定制内容给用户而形成了信息茧房效应，最终将公民困于关注的信息领域内部，进而使其生活被束缚在类似蚕茧的"信息茧房"之内。这是现存APP的通病：它们通过限制人们接触信息的视野、喜爱偏好和观察窗口，向公民展示一个经过算法严格筛选的"局部"世界视图。这个世界甚至在两个不同性别的人面前都做了区分，从而塑造出一个希望特定对象看到的世界。可见，算法系统可以以信息投喂的方式悄然改变公民参与数字政府法治构建的体验、认知和判断，从而在人为感知层面控制公民对政府法治构建的看法。其原理在于，有关主体利用一种稳定且普遍的能力，促使其他人去做那些他们原本不愿意做或无法做的事情，或者避免他们原本会执行的行为。[1]

最后，算法系统在自动执行方面存在数字控制。以算法决策为核心，自动化运行机制不仅在执法和司法领域得到广泛应用，也在基层治理方面有所应用。而当算法完善到足以替代全部公民、成为发号施令和制定法律法规的主体时，政府及相关工作人员、参政议政的公民以及企业个体户等主体便都会被剥夺一定程度的控制权。长此以往，算法决策也终将会变成制定者操纵政府、操纵法律与社会生活的利器。例如，在北斗导航掉线的

---

[1] 参见［英］杰米·萨斯坎德：《算法的力量———人类如何共同生存?》，李大白译，北京日报出版社2022年版，第290页。

实践案例中，[1]算法自动简化了法律所保护的个案公正与基本人权，并将法官的自由裁量和说理过程排除在外。[2]此时，存在异议的行政相对人甚至没有机会提出申诉，从而使得此案在判解过程中的民主参与和监督机制明显不足。再如，亚马逊公司在 2019 年间也发生了算法越俎代庖的事件：在亚马逊总部不知情的情况下，内部 AI 系统通过集成追踪功能，记录仓储物流部门每位员工的行动路径，进而评估其工作效率，自动生成了员工解聘指令。又如，2021 年，俄罗斯的一家在线支付服务公司采用了算法系统来评估员工的工作投入度和工作效率后，自行辞退了 147 名员工并递交了解聘的合同。[3]以上种种证明了这样的一个现象：在数字政府法治构建过程中，由面对面的"人–人"关系转化为"人–机–人"关系后，算法的自动执行很容易造成公民参与的"物化"风险。此外，在算法系统存在数字控制这一问题上，弗洛伊德、荣格等著名心理学家也针对"无意识群体"出现的心理因素进行了深层次剖析。马尔克塞专注于发达工业社会中的单向发展问题，曾提出高度依赖算法系统的发达工业社会构建的基础，在于以表面的"放任"剥夺实质的自由，从而使人们变成"单向度"的驯服公民。[4]在数字化时代，公民处于信息数据不对称的低位，政府和算法开发的互联网平台企业处于掌握数据信息的高位。固然，海量信息经算法系统处理后能够降本增效，并为公民参与数字政府法治建构提供高效的公共服务、便捷的参政议政路径和沉浸式的参与体验。然而，算法系统中边界不清、权属不明等问题导致大量的数据处理过程难以向公民公开。不透明、不可解释的数据黑箱实际上使参政议政的公民陷入了"被数据化的自由"

---

〔1〕 2021 年 4 月，河北省沧州市一名货车司机在途经唐山市丰润区超限检查站时，因车上的北斗定位掉线，无法证明自己没有疲劳驾驶，而被处以扣车、罚款 2000 元的处罚。参见《"北斗掉线"问题出在哪儿？该北斗卫星来背锅吗》，载 http://export. shobserver. com/baijiahao/html/357172. html，最后访问日期：2023 年 11 月 23 日。

〔2〕 参见周维栋：《元宇宙时代的数字公民身份：认同困境、实践逻辑与理论证成》，载《电子政务》2022 年第 10 期，第 62~74 页。

〔3〕《被算法"监控"的打工人，这家公司 150 人被算法裁定为"不敬业"》，载搜狐网：https：//www. sohu. com/a/484291096_ 115128，最后访问日期：2023 年 11 月 23 日。

〔4〕 参见 〔美〕赫伯特·马尔库塞：《单向度的人：发达工业社会意识形态研究》，张峰、吕世平译，重庆出版社 1988 年版，第 208 页。

和数字控制的境地。特别是，在全程监控的数字治理体系下，算法系统借助数字"望远镜""显微镜"和"雷达"等技术能够全方位、无遗漏地监控公民的每一个行动，这使得公民处于一种"毫无遮蔽"的状态，从而成为比"单向度"公民更加无力、脆弱的"透明人"。[1]长此以往，被动接受算法数据监视的公民一旦对数据处理者提供的数字化和自动化机制产生依赖，便将与数字政府法治构建的目的和初衷相背离，从而在社会中形成一个无法逃脱的电子牢笼。[2]继而，算法系统将逐渐形成数字强制化，基于数据的治理技术将彻底重塑人际交往的本质。[3]

第三，公民参与过程存在"失能"现象。大数据和互联网极大地影响了人类的生活方式，从而对公民生活进行全方位数字技术赋能。这不仅打破了原来的物理时空局限，使得公民获得了前所未有的远程政治参与能力，同时也使得政府基于大数据和算法掌握了可视化分析能力以及精准且敏捷的法治建设能力。不过，在公民参与过程中也存在严重的"失能"现象，最终致使公民难以有效参政议政。

首先，公民在赋能赋权方面存在明显失衡。互联网平台是数字政府法治建设实现数字赋能的主要载体和关键途径。通过互联网平台，数字政府可以做到穿透式监管并拥有强大的赋能空间，但公民则会因被动监视等处于信息劣势位而没有获得赋能的条件和机会。此外，虽然大数据互联网技术不但解放了网络特区和庞大的数码成长利益，并能够对政府搭建数字法治平台的技术赋权提供支持，而且公民在参与数字政府法治构建时也能够因此享受到便捷高效的数字生活，并拥有数字虚拟身份、虚拟财产等权利。然而，它们在数据处理和决策制定等方面却难以发挥积极作用。可见，相较于掌握算法和数据的平台企业以及数字政府而言，公民在数字和技术赋权过程中始终处于弱势地位。

其次，数字鸿沟给公民参与数字法治带来了障碍。数字鸿沟这一问题

---

[1]　参见马长山：《数字公民的身份确认及权利保障》，载《法学研究》2023年第4期，第21~39页。

[2]　参见［美］安德鲁·基恩：《科技的狂欢》，赵旭译，中信出版社2018年版，第177页。

[3]　参见［立陶宛］伊格纳斯·卡尔波卡斯：《算法治理：后人类时代的政治与法律》，邱遥堃译，上海人民出版社2022年版，第4页。

不仅仅存在于偏远山区或理解和接受能力不足的老年群体,而且也可以出现在参政议政的其他公民群体之中。数字鸿沟不仅仅意味着因数字设备操作性强而难以熟练掌握数字政府的使用途径和方法,还包括公共参与能力受限。进一步展开,数字技术的普及化和不平衡化〔1〕还会导致年龄、阶层、地域甚至国别鸿沟,从而加剧贫富差距的外化。例如,由于 AI 正在替代简单的重复劳动并释放出了大量的基层劳动力,社会层面的失业实际上正在加剧,直至形成大量的"数字弃民"。概言之,虽然随着数字技术的不断进步,相应的支持措施在持续优化,数字政府法治构建的程度也越来越高,但我们目前并未观察到真正的深层次政府与民众之间的互动合作,公民参与数字政府治理的合作尚不多见。可见,数字鸿沟导致的数字技术赋权失衡现象,给参与数字政府法治构建的公民带来了方方面面的负面影响。

再次,在现代法律体系的框架内,公民身份与权利构成了其制度性安排。充分保障参政议政公民的权利和行为能力,是他们有效参与数字政府法治建构的前提。公民在参与数字政府法治构建时拥有的数字身份和数字属性使其在参政议政的形式、形态、环境等方面发生了深刻变化。但由于数字鸿沟等因素,公民身份和公民的法定权利实际上遭受了严重损害。如果公民在这一过程中未能及时了解和掌握数字技术的更新,便难以解决由数字技术差异引起的法治参与和生存发展难题。因而,为摆脱技术赋能和权力分配不均衡的限制,联合国和众多国家陆续发布了旨在增强公众数字能力的部门法规,我国也跟随时代进步及时提出了"提高全民数字能力"的战略使命,〔2〕力图全方位提升公民通过数字技术参与政府数字化法治构建的能力。

最后,技术理性引发异化现象。〔3〕当前,AI 已经替代了很多基础性体力劳动和初级脑力劳动,"机器换人"的现象日趋普遍化。然而,数字技术

---

〔1〕 参见明翠琴、杨宏丹:《欧洲政府治理数字化转型的探索与创新》,载《科技创业月刊》2024 年第 4 期,第 76~85 页。

〔2〕 参见《提升全民数字素养与技能行动纲要》(中央网络安全和信息化委员会 2021 年印发)。

〔3〕 参见〔美〕安德鲁·芬伯格:《技术批判理论》,韩连庆、曹观法译,北京大学出版社 2005 年版,第 1 页。

深层次的、值得警醒的去人化背后，需要防范技术理性和算法系统的泛化。在这个过程中，设备将逐步从"认知的边缘"转移到认知的核心位置，[1]包括技术中立论、至上论、万能论在内的理论都提出机器正在从人类工作的辅助位向认知主体的地位演化。还有一些学派（如技术实用主义、技术功利主义和技术工具主义）等期待人工智能超越甚至取代人类。这种建立在忽视人类伦理基础上的研究成果实际上毫无价值。由于其过分相信和依赖利用数字技术来解决政府法治构建过程中存在的问题，从而埋下了数字技术滥用误用的隐患。[2]而且，从日常生活的智能化到政府解读法律法规的"读心术"，那些令参政议政公民防不胜防的数据采集和用户画像并不一定都存在正当用途。最终，无节制的贪婪逐利的信息茧房不仅增加了个人隐私和公共部门信息泄露的风险，也恶化了社会治理的碎片化问题。[3]

简言之，在数字时代，高效、精准的计算机思维已经逐渐取代了人工操作。然而，其终究只是一种能够不假思索地产生"是"与"否"二元选择的设备。[4]例如，电子交警在出现交通违规后出具罚单的出发点通常是为了处罚，而处罚而并非为了预防更多悲剧的产生。此时，其在社会治理层面的法律法规就缺乏法律应有的价值追求。在一个充斥着机器算法的时代，整个社会将形成一种"彼此按下对方按钮"的机械化氛围。[5]为此，算法系统需要人为监督，至少应当在涉及人类生命安全、自由等生活领域设置相应的监督机制。概言之，算法决策中的公民参与缺席、公民参与过程受到数字控制以及公民参与过程存在"失能"现象是数字全球化转型过程中的一种普遍现象，是数字化时代人类与算法系统之间由利益格局重建

---

〔1〕 参见董春雨、薛永红：《大数据哲学：从机器崛起到认识方法的变革》，中国社会科学出版社 2021 年版，第 180 页。

〔2〕 参见郑爱军：《政务信息资源整合共享：数字政府的创新与实践》，载《数字经济》2024年第 4 期，第 30~33 页。

〔3〕 参见张丙宣、周涛：《智慧能否带来治理———对新常态下智慧城市建设热的冷思考》，载《武汉大学学报（哲学社会科学版）》2016 年第 1 期，第 21~31 页。

〔4〕 参见［美］卢克·多梅尔：《算法时代：新经济的新引擎》，胡小锐、钟毅译，中信出版社 2016 年版，第 220 页。

〔5〕 参见［美］安德鲁·芬伯格：《技术批判理论》，韩连庆、曹观法译，北京大学出版社2005 年版，第 121 页。

引发的冲突。这实际上是在政府法治建设的数字化转型过程中数字技术发展不均、各方利益不匹配、数字权利界限不明确所造成的问题。可见，面临公民在参与数字政府法治构建中的重重困境，必须通过深化数字法治的相关机制来予以解决。

第二节　公民参与数字政府治理的域外经验

在政府的数字化转型过程中，公民参与可能涉及多个方面，如强化信息公开、注重公众互动、建立专门咨询反馈机制[1]和监督评估系统[2]等。不过，基于数字技术发展进度、人才储备和其他物质保障等条件的差异，不同的施政主体对公民参与数字政府治理的具体举措和经验教训并不统一。因此，有必要从一种更为广泛的视角对公民参与数字政府的经验展开总结、探视和借鉴。

一、美国：多措并举全力拓展公民参与渠道

数字政府可被视为美国电子信息技术在履行政府职能方面的最新发展，其源于美联邦、州和地方政府对电报和电话等信息技术的使用。然而，这段演变历史所反映的不仅是政府实体对这些技术的引进和改造，而且还包括技术发展和迁移以及信息技术在支持政府运作方面等其他重要维度的应用。此外，美国还制定了新的政策，以确保对这些技术及其服务的系统进行适当的管理，从而保护公民不受人身伤害并确保其信息的安全和隐私。

18 世纪 80 年代，美国的新联邦政府开始运作。对于新政府来说，便捷高效的部门沟通至关重要。同时，作为一个民主政体，公民与国家之间也需要沟通。由于联邦政府建立在联邦制基础之上，国家政府与国家以下各级政府实体之间的沟通亦是必要的。而且，由于联邦政府在宪法上由三个

---

〔1〕　See R. Kar Rethemeyer, "Policymaking in the Age of Internet: Is the Internet Tending to Make Policy Networks More or Less Inclusive?", *Journal of Public Administration Research and Theory*, Vol. 17, No. 2, 2007, pp. 259~284.

〔2〕　See Jun Yan Jiang et al. , "From Internet to Social Safety Net: The Policy Consequences of Online Participation in China", *Governance*, Vol. 32, No. 3, 2019, pp. 531~546.

独立而平等的分支机构组成，它们之间的沟通也是难免的。因而，联邦政府在早期就通过制定联邦档案管理和出版政策等展开了促进各方沟通的各类政策与措施进程，这些政策包括规定印刷和分发法律和条约、保存各州文件以及在新部门保存官方档案的法规等。此后，由于联邦政府于19世纪永久落户哥伦比亚特区，从而极大地促进了华盛顿社区的发展和政府三大部门之间的交流，以及它们直接或间接（通过新闻媒体）与美国人民的交流。此外，政府工作人员数量的逐渐增加也促进了交流。毕竟，政府办公人员不仅会随着机构职责的增加而增加，还会与越来越多寻求政府信息、福利和服务的民众产生更多互动。此后，一项革命性的通信技术不久便出现在手写公报、分类账和日志的官僚机构面前——电报。1844年塞缪尔-莫尔斯（Samuel F. B. Morse）开通了第一条连接华盛顿和巴尔的摩的长途线路。12年后海勒姆-西布利将几家刚刚起步的电报公司合并成了西部联合电报公司，一条横贯大陆的线路在内战前夕竣工。联邦政府认识到新技术的意义和价值，于19世纪60年代没收了商业电报设施并成立了美国军事电报公司（一个准军事组织），以方便在战争期间运营这些设施。战争结束后，南方以外的电报设施被归还给了商业运营商，然而战争的经验让联邦官员认识到除了军事和执法活动外，这种新的电子通信技术对政府各种职能的价值。[1]因此，美国政府在步入20世纪以来受互联网和信息技术的影响便不断深化，并形成了包括政府与公民、政府与企业、政府与政府等在内的多元化政府关系。在这些关系的沟通、协调和控制中，信息和通信技术使得信息流和传统事务处理从纸面转移到共享化的数字空间成为可能。[2]

那么美国政府是如何运用互联网技术打造出数字政府的呢？创新往往始于州一级，然后扩散到联邦和地方政府。21世纪初，针对州政府网站进行的一项调查显示电子政务的发展才刚刚开始，州政府机构正在其网站上添加基本信息。同时，为确保网上支付可行和敏感文件（如社会保险金信

---

〔1〕 See National Association of State Information Resource Executives, "Information Security in State Government Information Technology (Report.)", 1999.

〔2〕 See J. E. Fountain, "Social Capital: A Key Enabler of Innovation", In L. M. Branscomb and J. H. Keller (eds.), *Investing in Innovation: Creating a Research and Innovation Policy That Works*, Cambridge, Mass.: MIT Press, 1998, p. 58.

息和纳税档案）可在因特网上安全传输，所需的安全和认证措施也仍在开发之中。此外，调查结果表明各州提供的电子政务服务差别很大，各州政府通过网络提供的服务数量中位数仅为 4 项，平均约为 4.5 项，只有少数几个州提供的服务数量要多一点。[1] 虽然州政府在网络上提供的服务数量并不是衡量数字政府发展的唯一标准，但它表明了各州政府之间存在着不同的发展水平。其中，有 32 个州政府的网站被使用的频率最高，它们允许公民在线查找和申请州政府的相关服务；有 24 个州因为辖区内的税务管理部门支持私营部门提供的电子税务申报技术支持，因此能够提供个人所得税的"电子申报"服务；有 17 个州的政府允许在线更新机动车的信息登记，该项服务可能是各政府发展最快的在线服务；有 15 个州的政府尽管依旧是通过邮政服务邮寄执照或许可证，但其网站已经允许人们在线申请鱼类和野生动物经营执照或许可证；有 14 个州的政府设立了犯罪人员登记处以供公众查询相关记录；有 13 个州的政府允许公众在线申请出生证、死亡证和结婚证等重要证件；此外还有 10 多个州的政府提供其他在线服务。[2] 不过，理想中的数字政府远不只是在政府网站上提供 G2C 服务。进一步的成果深化还要得益于在数字政府建设进程中利用门户网站对政府服务和信息进行整合。例如，华盛顿州的 AccessWashington 是数字政府计划推出的政府数字化升级的典型成果，它与前述应用的不同地方在于，能够综合指导州政府为业务办理提供相应的线上流程。[3] 还如，北卡罗来纳州和弗吉尼亚州已经超越了简单的州门户模式，从而创建了功能强大的界面来帮助公民查找信息并与政府互动。印第安纳州在市政一级的首府印第安纳波利斯是电子政务建设成果最令人印象深刻的范例，其门户网站几乎实现了机构和部门职能的无缝整合。原因在于，前市长斯蒂芬–戈德史密斯（Stephen Goldsmith）是

---

〔1〕 See E. Bardach, *Getting Agencies to Work Together: The Practice and Theory of Managerial Craftsmanship*, Washington, D. C.: Brookings Institution Press, 1998, p. 128.

〔2〕 See Ferris Research, "Quantifying the Productivity Gains of Email", In L. Schroeder, *Ferris Research Shows That Company Policies on Email Use Can Measurably Improve Staff Productivity*, San Francisco, Jan. 18, 2000.

〔3〕 See U. S. Senate, "Tax Complexity Fact Book 2000", J. Slemrod, *The Simplification Potential of Alternatives to the Income Tax*, Tax Notes, Feb. 27, 1995.

数字政府的坚定支持者，他曾公开表示未来任何公民都并不必须到市政厅才能与当地政府处理事务。另一方面，联邦政府也取得了一系列令人印象深刻的建设成果，政府机构的网站如雨后春笋般涌现。更重要的是"学生访问美国""老年人访问美国"和"美国商业顾问"等机构间门户网站，已经根据公众的需求而不是机构本身的便利来组织建设。

这种创新对政府公共治理的成本和公众参与能够产生广泛影响。例如，为了向有关各方传播，原本文件可能要被复制上百次且总印数可能达到数百万页，而将信息放在网站上供公众即时查阅的举措改变了机构的内部运作及其成本，更不用说它对公众获取信息和在规则制定过程中发表意见的能力和影响了。例如，此前文秘人员负责管理在行政过程中备审案件的大量材料，其中包含与拟议规则有关的所有信息——公众意见、申请、延期和裁决等。20世纪末，其开始负责制定从安全气囊到危险品运输等各种规则。再如，联邦运输部管理着9个备审案件室，不过由于缺乏能力寻找材料且有些材料可能会在复杂的程序中丢失，研究一个备审案件往往需要耗费大量的人力和财力。后来，该部门将其备审案件管理程序转移到网络，这无疑大大方便了公众查阅和资料管理。尽管成果是显著的，但也必须承认：迄今为止，政府在向公众推广新的网络服务方面进展缓慢。一方面，他们担心疏远无法上网的选民；另一方面，这种服务可能会产生一定程度的需求，而新的、相对未经测试的在线业务可能还无法满足这种需求。对各州政府信息资源主管人员的调查结果表明，一些州政府已经开始采取措施激励选民使用新的数字政府功能，而这一发展也应与维持传统服务的提供方式同步进行。然而，无论管理方面的挑战有多复杂，节约成本的潜力都是巨大的。毕竟，提供在线电子服务的政府通过减少文书工作、降低处理日常事务的成本和降低错误率（纠正错误需要额外的工作）能够显著提高效率。此外，政府雇员也可以加快日常信息的查询速度，不过如果网站设计不佳，信息语言便可能会难以理解，继而导致公共部门接到更多的电话。当然，这并不会阻挡政府对各种数字化服务类型的进一步发展和应用。

虽然存在各种障碍以及机构间协调的传统困难，但令人惊讶的是，政府内部的合作伙伴关系数量在不断增加。这表明，政府行政人员一直在探索 G2G 的发展和应用。设在美国公共卫生服务部疾病控制和保护中心的公共卫生官员信息网络便是机构间信息共享工作的一个具有强大影响力的例子。它将联邦、州和社区一级的公共卫生从业人员联系在一起，从而使公共卫生专业人员能够访问全国共享的公共卫生数据和信息。该网络通过减少地理和行政层次障碍减少了公共卫生服务提供的分散性，公共卫生工作人员在使用在线工具时也对 G2G 共享的重要性和此类项目的潜力有了更深的认识。后来，关于 G2C、G2B 和 G2G 创新的例子不断出现，它们清楚地表明数字政府需要的远不止是政府把信息放到网上供公众查阅，其潜在的效率收益已经足以刺激政府管理人员启动数字政府项目。而后，随着政府外包业务的增加，电子政务供应商也开始招揽项目。当然，节约成本和增加公众获取信息和服务的机会只是数字政府承诺的一小部分，更重要的是关于如何设计和实施数字政府建设过程中的公众对话，即核心问题是民主问题而不仅仅是经济问题。在这个过程中需要考量诸多问题，如公共服务的概念应该如何变化？接入方式的巨大改变将如何影响公民参与的比例和类型？依靠公共部门来设计、实施和管理数字政府将如何影响公共与私人之间的传统界限？同样，这些也只是其中几个相关的问题，它们使数字政府的讨论超越了其经济重要性，从而对民主产生了更广泛的影响。

就美国积极拓宽公民参与渠道的具体措施而言，由于公民参与在美国形式上被视为民主的基石，并被认为对于确保政府的政策与实践能够反映公民的见解和专业知识至关重要，[1]因此美国实施了多种策略来推动数字政府管理过程中的公民参与，并主要形成了以下措施：一是联邦政府在中央层面设立专门的公众参与办公室，这些办公室在地方、州和国家级别运作以建立和维护与社区的双向沟通和确保公众的有效参与。[2]二是通过设立专门的社交媒体平台来促进美国民众对政策讨论和制定的参与，如由白宫设立的"We the People"请愿平台等，而且美国国家科学基金会等团体也

---

〔1〕 See The White House, "Participation", 2009 - 11 - 15, available at https：//obamawhitehouse. archives. gov/open/participation.

〔2〕 See White House, "Office of Public Engagement", available at https：//www. whitehouse. gov/ope.

会借助 Facebook 等社交媒体增强与公众的互动与合作。三是通过组织多样化的竞赛项目来激励公众参与数字政府的治理活动。如由 Challenge Post 与政府共同举办的在线竞赛平台，其通常的运行模式是，政府在该平台上发布挑战并提供奖金以鼓励公众贡献解决方案以应对紧迫的公共问题。这些系列活动显著增强了社会公众在数字政府治理过程中的参与程度。[1]

展望未来，数字政府的建设前景伴随着巨大的挑战。在下一个快速发展的十年中，政府决策者和相关公民都面临着诸多挑战。毕竟，除了发展必要的基础设施以应对电子政务的增长之外，政府机构还需要保证所有公民都能公平地参与并有义务保护个人隐私和确保交易安全。此外，政府机构也将遭遇一系列管理问题。例如，公共和私营部门在开发和管理公众信息方面不同作用的规范问题等。而且，在公民越来越被视为客户的政治环境中，随着数字政府架构的设计和实施，经济条件优越的客户可能会得到更好的待遇。然而，如果整个政府都是这种情况，那么在颁布技术时只关注客户而不是有意识地减少不平等，则可能会加剧数字鸿沟。原因在于，通过互联网提供基于文本的服务需要识字（通常还需要精通英语），日益数字化的政府此时显然会更青睐那些能够使用电脑和互联网并掌握熟练使用这些先进工具技能的人。此外，网络上政府信息的复杂性和海量性，也要求使用这些信息的人能够掌握搜索信息和评估搜索工具输出结果所需的技能。但具有讽刺意味的是，由于医疗保健提供者、其他福利项目的个案官员以及刑事司法人员越来越多地收集和整合个人信息以帮助决策，那些不具备使用数字化政府服务能力的人，则可能会发现自己受到了基于网络工具的监控。

另一个挑战来自未来巨大的基础设施建设任务。在该国的大部分地区，数字政府所需的技术基础设施仍处于早期发展阶段，在对节约成本的估算过程中，假定有足够的能力来处理数量和高速互联网接入和传输，交易时间也会影响数字政府交易的可靠性。因此，在这些系统中建立信任和安全是关键因素。例如，取决于连接的复杂程度，传输一个 10 兆字节的文件所

---

〔1〕　参见黄如花、陈闯：《美国政府数据开放共享的合作模式》，载《图书情报工作》2016 年第 19 期，第 6~14 页。

需的时间从 8 秒到 46 分钟不等。由于美国各地政府使用的许多传统计算机系统并不是为网络应用程序的交互性或数字政府所设想的交易量而建立的，因此，政府机构理论上可以在几秒钟内传输大量数据，从而为政府和公众节省时间和金钱。不过，实际上的效率却取决于几个因素：公共机构用于连接互联网的技术类型、政府决策者为指导数据共享和传输而制定的政策以及越来越多的安全和隐私问题。随着政府与公众的在线互动程度越来越高，隐私和安全已成为紧迫而重要的政策问题。信息系统很容易受到白领犯罪分子、黑客以及数以千计的"漏洞"或错误计算机程序的攻击。而且，这些漏洞或错误是在几十年的渐进式系统开发过程中不断修补的，有时甚至是记录不全的。此外，越来越多的网络连接也使信息系统更容易受到断电、破坏以及在紧密耦合、相互依赖的计算机系统中意外问题的影响。

第三类挑战涉及利用新的信息工具和体制结构展开管理，而且这些工具和结构的特点与 20 世纪的行政体制不同。这些新的治理结构会对公共管理产生什么样的影响，从全国各地的创新中可以看出一个大概轮廓。通常而言，公共行政主管和管理人员在网络环境中，再也不能奢望将技术问题交给技术人员处理，许多看似纯技术性的问题其实也具有深刻的政治性和战略性。在某些情况下，新技术的使用会推进现有机构或计划的使命，但在另一些情况下，互联网的使用却会起到变革的作用并导致任务的扩展或重新思考以及内部和外部界限、问责制和管辖权的改变。长期以来，公共管理的运行规则一直是对具体机构的成果给予奖励，并通过明确的管辖权、预算细目和问责程序等保护政策领域、计划和客户的完整性。同时，政府机构公共管理的成功往往意味着增加（或至少维持）计划预算、人员和其他资源。但在网络环境中，公共管理的运行规则不同，此时的跨辖区合作需要合作行为协调能力，其通常没有明确的治理结构。互联网的许多优势都来自组织间网络，而这一过程需要相当高的行政领导能力和安排。因而，政府行政人员目前面临的挑战之一，是有多种规则在运行且每种规则都有自己的内在逻辑。行政人员要想战略性地利用互联网而不是简单地追随时尚，发包商或相关机构的领导就必须掌握新的公共管理规则。此外，公共管理者必须在传统的行政规则中保持清醒并精通网络运行规则，以便在政府资源稀缺和日益减少的情况下建立富有成效的伙伴关系。

随着数字政府的建设发展，公共服务从来没有像现在这样具有挑战性，也从来没有像现在这样重要和令人兴奋。虽然互联网正在创造一个网络社会和网络政府，但仔细研究当前的组织和机构就会发现，许多潜在的有用联系仍未被发掘出来，许多可以获得令人惊叹的效率或建立共同解决问题能力的机会仍未被利用起来。互联网并不是被用来强化旧的体制结构，而是为创新的公共服务提供可能性。然而，一些经验丰富的政治行动者淡化了当代技术变革的重要性，认为政治在数字环境中不会发生变化。虽然互联网带来的技术变革很有可能导致政府结构的深刻变化，但其对政治的影响程度却存在不同认识。在大多数关于数字政府的论述中，技术似乎是唯一能带来国家变革的因素，而政治和现行体制在这种变革中似乎可以被忽视。此外，对于涉及公私政策网络性质以及公私部门在设计、开发、管理和控制数字政府方面的治理问题，私营部门往往通过经济激励措施予以应对，从而有助于产生对政府有利的快速、创新解决方案和应用。诚然，数字政府的私营部门供应商与专业服务公司一起瞄准了数字政府的建设和运营这一有待开发的市场，但信息架构（包括硬件和软件）不仅仅是一种技术手段，更是一种强大的治理形式。可见，外包信息架构和运营实际上就是外包决策。此时，公务员和其他受公众信任的人肩负着制定长期政策的重大责任，[1]这些政策要维护公民的利益和保护公民数据及公共信息的完整性。只不过，相对于私营部门而言，这种责任可能会让政府显得行动迟缓或缺乏战略力量，甚至相对于经济领域的最佳实践而言，不够成熟。[2]

二、加拿大：构建面向公民的开放治理体系

与那些主要关注政府内部改革的国家不同，加拿大的数字政府法治建设展现了一种由内而外的转变趋势，全方位展示出了政府在算法系统加持

---

〔1〕　参见王国新、张浣柳、叶彤彤：《数字素养如何影响基层公务员创新行为？》，载《中国人力资源开发》2024年第5期，第6~19页。

〔2〕　See E. Milakovich, *Digital Governance: New Technologies for Improving Public Service and Participation*, London: Routledge, 2012, p. 191.

下正确处理内部改革和外部需求关系的路径。加拿大政府的数字化转型始于20世纪90年代,其实施的"政府在线计划"(Government On-Line Initiative)目标在于"利用信息技术为公众提供最佳服务并促进经济增长",[1]而后又于2012年发布了《开放政府行动计划》(Open Government Action Plan),目的是"让加拿大公民有更多机会了解和参与政府事务",并建立更具成本效益和反应速度的政府。[2]而且,他们会每隔2年对这一计划进行完善和延续。在2018年的最近一次修改中,加拿大当局更为清晰地提出,数字政府法治构建的目标是塑造一种治理文化以实现更高水平的透明度和问责制,提升公民在决策制定和服务设计中的参与度,进而建立更有效的政府机构。[3]历时三十年的发展,加拿大构建了一个以公民为核心(Citizens-centered)的较为成熟且系统的数字政府治理体系。因此,有必要深入剖析加拿大模式为我国数字政府法治建构提供的有益启示。

整体而言,加拿大政府充分考虑了数字时代的特性,并在"以公民为中心"的目标指引下,从治理结构和实现路径两个层面搭建数字政府。具体体现在以下方面:首先,打造了一个以公民为核心的"目标圈",这是加拿大数字政府建构的基础和价值导向。加拿大通过各种数字化策略重新塑造政府自身的组织结构以及权利与义务的关系,建立起各个职能部门之间的协作机制,形成以扁平化为特点的"结构圈";其次,通过对改革路径的重构形成了开放、透明、公开、公正的"路径圈",并尽可能做到数据透明化、服务开放化、参与最大化以保证公民参政议政时信息的实时共享,提升公民参与数字政府构建的服务体验感以实现政府与公民的有效互动与反馈;[4]最后,在"目标圈"的引领下以及"结构圈"与"路径圈"的双向互动下,对内的数字政府治理结构改革拥有不竭的源泉,对外的数字政府

---

〔1〕 See Government of Canada, "Government On-Line 2003 Annual Report", Ottawa, Ontario, 2003.

〔2〕 See Government of Canada, "Canada's Action Plan on Open Government 2012", available at https://open. canada. ca/en/canadas-action-plan-open-government.

〔3〕 See Treasury Board and Minister of Digital Government, "Canada's 2018-2020 National Action Plan on Open Government", available at https://open. canada. ca/en/content/canadas-2018-2020-national-action-plan-opengovernment.

〔4〕 See Government of Canada, "Canada's Action Plan on Open Government 2012", available at https://open. canada. ca/en/canadas-action-plan-open-government.

与公民的互动效率能得到有效提升。这种多圈并举的数字政府改革理念与措施，显然不再仅仅是将政府定位为被动的服务者，也不仅仅是追求服务的便捷性、效率性，而是在更高的层面上寻求政府与公民之间的互动性、信任性和服务的有效性。[1]

此外，加拿大以公民为服务核心的数字政府法治建构理念主要展现出四个显著特点：首先是透明性。加拿大政府尽可能地向公众披露与政府活动相关的信息和数据，以保证公民能够及时全面地掌握获取数字政府的相关动态。毕竟，政府的高透明度意味着其信息和数据具有高度的公开性和共享性，也侧面保证了公民使用政府数据的便利性和及时反馈信息的可行性，从而为公民参与数字政府建构奠定了基础。其次是灵活性。加拿大政府专注于打造扁平化和高效率的政府机构及决策体系，追求通过降低成本和提高效率为公民和企业提供高质量的公共服务。正如曼尼托巴省的《公共服务价值与伦理指南》所述，我们正持续优化政策制定和服务提供方式以适应公民需求的持续变化，无论是采用新技术、建立新的合作伙伴关系，还是精简业务流程，我们都将确保更具灵活性，以便快速适应各种变化。[2]再次是参与性。公民参与是数字政府构建中重要的一环，可以说，公民参与的满意度决定了数字政府构建的成败。公民参与是指将公众的关注点、需求和价值观融入政府管理和决策，在这一过程中需要明确参与的对象、参与者获取数据信息的便捷性以及参与者与数字政府之间是否存在有效互动和反馈。[3]最后是包容性。数字政府法治构建不仅意味着政务服务数字化，更为关键的是要关注这一过程是否构建了社会包容性或者是否可能在无形中加剧现有的不平等。[4]加拿大政府将提高公民的数字能力视为自己

---

〔1〕　See U. Maier-Rabler and S. Huber, "'Open': The Changing Relation Between Citizens, Public Administration and Political Authority", *Journal of Democracy and Open Government*, Vol. 2, 2011, pp. 182~191.

〔2〕　See K. Kernaghan, *Digital Dilemmas: Values, Ethics and Information Technology*, Canadian Public Administration, Vol. 57, 2014, pp. 295~317.

〔3〕　See A. Fung, "Varieties of Public Participation in Complex Governance", *Public Administration Review*, Vol. S1, 2006, pp. 66~75.

〔4〕　See J. Roy, *Open Data and Open Governance in Canada: A Critical Examination of New Opportunities and Old Tensions*, Future Internet, Vol. 6, 2014, pp. 414~432.

的责任：一方面，保证公民获取信息的渠道通畅；另一方面，对数据获取能力弱或获取数据信息存在障碍的边缘化群体给予特别的照顾，从而尽可能减少数字鸿沟和信息茧房[1]的现象产生。可以看出，加拿大数字政府的构建理念并不是仅仅用数字化包装政府治理改革的过程，而是政府主动寻找并解决公民参与过程中存在的痛点和难点，将以公民为中心的理念贯彻到底，从而促进政府与公民之间的良性互动以共同营造和谐的社会氛围。[2]

从治理结构来看，加拿大政府依照"自上而下管理转向横向协作"的理念构建数字政府。[3]数字政府治理改革要求变革公共部门权力的运作模式，[4]即需利用算法系统对政府组织结构和权力关系进行重新构建，通过提高公民的协作性以有效发挥政府的数字治理效能。为实现这一目标，加拿大政府对内部组织结构进行了优化重整，打造扁平化、高水平的协作共享治理结构，以改变传统政府中冗杂、集中的垂直管理模式。

首先，加拿大在联邦政府层面设立了服务局（Service Canada）。作为数字政府构建的核心部门，该部门的职能在于优化数字政府网站构建的总体思路以及协调各组织部门之间的关系。其中，设立共享服务局（Shared Services Canada），负责数字政府内部的信息和数据共享及信息技术维护建设等工作；设立公共服务与采购部负责政府采购流程；设立财政委员秘书处，负责跨部门运作协调、沟通与咨询秘书处，以对接公民参与过程中的数据获取工作。[5]此外，加拿大也重新构建了联邦政府的组织结构，从而有助于为构建数字政府提供全面和综合的指导。其次，在政府部门层面建立起高

---

〔1〕 "信息茧房"是指人们关注的信息领域习惯性地被自己的兴趣所引导，从而将自己的生活限制在类似蚕茧的"茧房"中。

〔2〕 See A. Clarke and H. Margetts, "Governments and Citizens Getting to Know Each Other? Open, Closed and Big Data in Public Management Reform", *Policy & Internet*, Vol. 6, 2014, pp. 393~417.

〔3〕 参见谭溪：《加拿大数字政府治理改革实践及反思》，载《中国行政管理》2021年第7期，第140~146页。

〔4〕 See United Nations, *E-Government Survey* 2016: *E-Government in Support of Sustainable Government*, New York: United Nations, 2014.

〔5〕 See A. Clarke, "Digital Government Units: Origins, Ortho doxy and Critical Considerations for Public Management Theory", available at https://ssrn.com/abstract = 3001188 or http//dx.doi.org/10.2139/ssrn.3001188.

水平的协作机制。具体而言：一是实施线上网站信息整合，通过对数字政府发布的信息进行汇总整理并发布、面向公众和企业提供专项性服务窗台、定点投放公民或企业所需的数据或信息等措施，极大地提高了传统政府的服务效率和服务质量；二是以算法系统优化政府内部部门的协作效率，即由首席信息办公室依据加拿大联邦政府指导方针的实际需求和现实架构进行合理规划，继而通过数字技术开发能够提高部门协作效率和促进信息共享的算法系统，从而达成联邦政府内部各部门通用标准、目录和方法的一致性和共享。[1]此外，加拿大政府还通过"信息技术共享服务局"（IT Shared Services Agency）来统一各类数据中心和基础设施，从而为首席信息办公室的系统开发提供全程的技术支持；[2]三是建立"加拿大数字服务部门"（Canadian Digital Service），用以提升政府内部各部门之间的协作效能和帮助提升政府内部人员的数字能力，并提供相应的技术支持。[3]具有类似职能的部门在省一级也相应存在，它们是专注于部门互动和提升创新能力的省政府内部成立的独立工作组。[4]以上种种，都是加拿大政府为了整合资源、优化组织架构、实现跨部门信息共享和提升协作效率的有效举措。最后，加拿大政府努力在政府各级别之间通过共享政策信息来突破传统的层级制度。例如，加拿大服务局与加拿大数字政府之间的通力合作不仅整合了零散的资源，还为公民参与数字政府法治建设提供了一站式的便捷服务通道。在这种管理模式下，机构运作的灵活性超越了管辖权的刻板划分，有助于不同级别的政府构建最理想的协作服务模式。[5]此外，加拿大还建立了一些理事会，创建了推进信息共享和协调的试点计划，将公民参与政务

〔1〕　See B. Allen et al. , "E-Governance & Government On-Line in Canada: Partnerships, People & Prospects", *Government Information Quarterly*, Vol. 2, 2001, pp. 93~104.

〔2〕　See D. Brown, "Accountability in a Collectivized Environment: From Glassco to Digital Public Administration", *Canadian Public Administration*, Vol. 56, 2013, pp. 47~69.

〔3〕　See Government of Canada, "Canadian Digital Service", available at https://digital. canada. ca/partnerships.

〔4〕　See Centre for Data Innovation, "Final Report of the Working Group", *Government of British Columbia*, 2014.

〔5〕　See D. Cargnello and M. Flumian, "Canadian Governance in Transition: Multilevel Governance in the Digital era", *Canadian Public Administration*, Vol. 60, 2017, pp. 605~626.

的流程整合为一条龙服务。[1]例如，社会发展部、税务局和数字政府合作建立的"出生即绑定"服务极大地简化了公民社会保险等业务的申请和办理流程。[2]概言之，加拿大通过对数字政府架构的重构，试图搭建更具开放性和扁平化的治理结构，通过共同参与公共管理的在线合作机制提高了政府与外界部门、政府内部组织以及政府与公民之间的协作效率，为政府管理能力的增强提供了根本支撑。

就具体措施而言，加拿大政府建立了一个向公民开放的体系建设，扩展公民参与数字政府法治建设的深度与范围。而且，在加拿大的数字政府治理中，其不仅摆脱了以往"以公民需求为核心"的传统治理理念，而且实现了"以公民参与为中心"的观念转向。继而，在该理念的指引下，加拿大打造了以开放数据为基础、以开放服务为核心、以开放参与为目标的开源治理体系。在这个治理体系中，加拿大将沟通与咨询秘书处设置在枢密院办公室，其主要工作是负责将数据开放给公众参与。在具体的策略中，该机构实际上构建了一个面向公众的开放式导航型政府门户网站。公众可以通过门户网站获取政府数字化建设的学习资料，枢密院也会通过其门户网站向公众提供大量政府部门的数据集，帮助公众了解政府在数据公开方面取得的成果。而且，枢密院也会定期针对公民和企业在门户网站提出的反馈意见进行答复和完善，对门户网站的建设进行升级改造，增强公众获取开放数据的易用性。此外，加拿大政府还根据信息获取和隐私等相关法案对政府门户网站建设中的个人信息采集环节进行重新审查，以提升政府对于公民电子方式信息访问请求的响应效率及个人信息保护强度，尽量降低公民访问政府数据的限制，从而力促公民参与数字政府法治建设。

三、英国：积极构建多层次的公众参与体系

如果以十年左右为一个时期，英国的数字政府转型升级大概可以被划

---

[1] See J. Roy, "Digital Government and Service Delivery: An Examination of Performance and Prospects", *Canadian Public Administration*, Vol. 60, 2017, pp. 538~561.

[2] See Treasury Board of Canada Secretariat, "Digital OperationsStrategic Plan: 2018-2022", available at https://www.canada.ca/en/government/system/digital-government/digitaloperations-strategic-plan-2018-2022.html#ToC7_2.

分为三个阶段：1990 年至 2000 年、2001 年至 2010 年以及 2011 年至今。在第一阶段，政府开始意识到数字政府的重要性。20 世纪末期，英国政府为了给公民构建一个提供数字服务和信息的网络平台，提出了"政府网站计划"（Government Website Programme），不过该阶段的政府数字化服务还主要停留于在线信息的提供，如税务与就业信息等。在第二阶段，数字政府的升级重点在于：数字基础设施的建构以及全面性数字政府的配套制定。在21 世纪早期的十几年时间中，英国政府致力于数字化安全基础的建造。例如，英国政府不断升级数字身份认证系统，要求只有通过用户身份验证的人员才能使用政府的信息，并对政府的信息级别进行划分。此外，其也在更加广泛的领域和程序中提供政府的数字在线服务内容，包括税务申报、驾照申请和护照更新等，从而全方位提升了公民办事的效率和质量。在第三阶段，政府的数字技术应用则更加关注数据开放和用户感受。2010 年以来，政府的开放数据措施更为积极和主动。这种积极性体现在：政府通过将数据开放给公众和企业，在很大程度上刺激了数字经济的创新和增长。可见，以用户为中心的政府数字化转型，可以使得政府网站更加注重公众需求的满足、公众适用的方便以及其他公众友好型举措。

在英国政府数字化转型的进程中，为强化公众对数字政府治理的参与，相关国家主体采取了诸多政策法案和具体举措。如英国议会在 2017 年通过《数字经济法案》（Digital Economy Act），提出公民和企业应当积极参与数字经济的建设与发展。该法案虽然主要涉及数字化服务、数字安全和基础设施等多方面内容，但也和公民参与直接相关，尤其是在数字版权和数字安全方面的权益内容。与此相配套，英国政府同步颁布实施了数字经济战略（Digital Economy Strategy），其包括一系列的政策、计划和具体措施，来鼓励公民通过创新创业等方式参与数字政府的战略建设。再如，在 2012 年，英国政府推出了关于数据开放的白皮书（Open Data White Paper），其在前期阶段极大地推动了政府数据的开放和利用，从而为公民积极参与开放数据的应用和创新提供了前提基础。这些政策法案都直接要求公民参与数字政府建设，并通过数据应用等方式积极推动数字经济的发展和数字化社会的建设。

　　成立和构建开放性的数据平台、在线化公众参与平台、畅通型服务反馈机制以及有利于公众教育和参与的数字技术支持项目，是英国政府在强化公众参与政府数字化转型建设中的几大主要举措。在开放性数据平台的搭建方面，如 data. gov. uk 等网站的数字内容囊括了经济、环境、公共卫生等多元丰富的数据资源，以供公众在这些开放平台上自由获取、利用相关数据，从而促进公众对政府数字社会建设的参与；在在线化公众参与的数字平台方面，政府则通过 Citizen Space 公开政府咨询和调查并征求公众反馈，从而使得公众可以与政府直接就环境或社会福利等与自身切身利益相关的议题展开互动讨论或参与决策；在促进数字服务反馈机制通畅化方面，政府将传统的信箱投诉与建议反馈渠道改造成了数字化的在线服务，这使得公众能够随时向特定主体反馈意见、问题或改进建议，以提高对待公众的技术友好度。这种公众参与的模式不仅在很大程度上可以激活社会公众对数字智慧的挖掘，同时也开创了数字民主通道，让公众可以积极参与数字政府的共同建设。

　　从英国政府在数字化转型过程中的措施来看，其对公众参与的促进有几个着力点。一是注重公民潜力的激发与公民的合作。这种激发和合作并不一定是直接与特定公民相互联系，而是通过数字资源的开放让不特定的公民和企业投入数字化升级进程，从而既在数字经济的创新增长和政府与公民之间的透明信任上获取收益，也在推动社会治理数字化和数字服务创新化等方面创设与企业合作的可持续激励机制。二是注重公民的需求和体验。这种以用户为视角的数字化转型实质上贯彻的是以用户为中心的设计理念。该理念要求政府在诸多维度采取用户友好的具体举措。由此，一系列的相关工作都围绕用户来展开。例如，数字政府的设计架构主要服务于公民的需求，数字平台的使用也是主要方便于公民操作，数字信息的管理能够更加贴合公民安全的保障，数字资源的访问能够更迎合公民的时空条件，等等。三是注重公民的个性化追求。通过大数据和 AI 的技术支持，数字政府能够基于对公民诉求的了解采取更精准化、个性化和针对性的服务，这是传统政府所无法拥有的潜力。

　　总体来说，在英国的数字政府建设框架内，其建立了一个包含多个参与层次的公众体系。在国家层面，公众参与主要体现在法律制定和战略规划方面。一方面，英国主要通过民主代议制的民主投票制度来体现自身意志；另一方面，通过各种战略规划强调公众参与。例如，2013 年的《打造数字化英国》战略接受了公众审查。2014 年英国推出了《政府数字包容性战略》，致力于帮助被数字排斥在外的弱势群体以提高他们的数字素养与水平。[1]2017 年的《数字经济战略》和 2022 年公布的《英国 2021—2023 年开放政府国家行动计划》[2]都着重提出了增加公众参与度的必要性。在区域层面，英国各区域鼓励区域内部的公民积极参与数字政府和社区规划。英国是最早在公共规划中纳入公众参与机制的国家之一，其在 1968 年颁布实施的《城乡规划法》便将公众参与公共规划以立法的形式确定下来。此后，公众参与公共规划已经成为数字政府公共治理中不可或缺的一部分。相对而言，英国公众参与公共规划的程度较高，公众参与的形式也涵盖了多样化的渠道。例如，街区会议、公开辩论、意见听取会、街头随机访问以及固定地点的意见收集等，英国政府在听取公众意见时注重收集广泛公民参与者的意见。在地方层面，各地主要通过资助项目来激励社区志愿服务，并以此培养"积极参与的公民"。所谓积极公民，是指具有志愿者精神和强烈参与政府治理意愿且具备强烈自我约束和自我治理能力的公民。[3]他们能够被从福利国家的监护下解放出来，并主导自己的命运、为自身命运肩负起责任。可见，塑造积极公民策略的实质是在公共政策实施过程中提倡权力与责任的平衡，使其成为公民内化的行为准则，从而鼓励公民参与社区委员会工作以表达个人观点和愿望。[4]

---

〔1〕　See GOV. UK, "Government Digital Inclusion Strategy", 2014 - 12 - 04, available at https://www. gov. uk/government/publications/government-digital-inclusion-strategy/government-digital-inclusion-strategy.

〔2〕　See GOV. UK, "UK National Action Plan for Open Government 2021-2023, 2022-1-31", available at https://www. gov. uk/government/publications/uk-national-action-plan-for-open-government-2021-2023.

〔3〕　参见黄晴、刘华兴：《治理术视阈下的社区治理与政府角色重构：英国社区治理经验与启示》，载《中国行政管理》2018 年第 2 期，第 123~129 页。

〔4〕　参见夏高锋等：《PPP 项目公众参与机制的国外经验和政策建议》，载《建筑经济》2018 年第 1 期，第 25~29 页。

四、公民参与数字政府治理的域外经验总结

通过域外的经验可知，不论是美国精心构建的数字服务三层架构、加拿大推行的透明政府倡议，还是英国打造的分层次公众参与网络，政府在数字政府治理的多元参与格局中的理想角色，是作为最高层级的策略制定者和法律法规的创立执行者。这些措施的核心在于，通过建立数字平台加强多元主体参与数字政府法治建设的过程，以最大限度地提高公众在治理创新方面的能力。而且，一些国外企业通过公私合作（PPP）项目[1]与政府进行治理协作，这种相对完善的 PPP 合作模式和强有力的监管措施，也是国际上在数字政府建设过程中实现公众有效参与的可靠手段。对比而言，美国政府主导的数字服务三层次模型和政企合作模式更符合我国数字政府构建的思路。

从加拿大的改革实践来看，政府公共治理的数字化搭建的关键在于，将政府的内部组织和外部联系都统一起来展开协作：其一，数字政府治理颠覆了传统政府治理的结构和权责分配，追求扁平化的组织架构和较强的组织韧性以实现政府与外部机构和内部组织的互联互通；其二，通过创新的数字政府治理模式，有效地重塑了政府与公民之间的互动模式与反馈机制，从而为公民开辟了多元化的公共参与路径和资源共享的新天地。由此，公民才有机会对公共服务、公共政策和法律法规的实施提供良好的反馈，并提升公民参政议政的影响力，避免公民落入数字鸿沟和信息茧房的陷阱。换言之，数字政府法治的建立促成了政府内部运作与外部社会需求的同步对接，为公民参与数字政府法治构建助力。当然，任何事情都是一体两面，数字技术在提高政府政务处理效率的同时，也依旧保留着一系列问题。具体表现为：一是重构和优化政府内部组织架构只是整体的宏观思路，但真正进行大刀阔斧的改革则只发生在少数部门和流程中。很多部门存在畏首畏尾不敢改革的阶段，尚未形成整体的重构思路和改革的规划布局，导致了全方位的治理结构变革难以形成。二是信息和数据仍未能做到与公民完

---

〔1〕 "PPP 项目"即 Public-Private Partnership，中文通常译为"公共私营合作制"，是一种政府与私人组织之间的合作关系。

全共享。数据鸿沟和信息茧房的问题并没有彻底消失，跨组织边界的多部门协作效率较低，进一步限制了公民参与数字政府法治构建的进度。同时，算法系统和联邦政府层面一体化的数字技术标准与地方政府之间也存在对接困难。三是公众参与方面仍旧显得较为脆弱，各层组织架构在改革时并未将公民置于其中。加拿大政府尽管希望通过构建开放、透明、公平、公正的数据共享体系，但是其缺乏实质层面制度保障和有效的激励措施，从而使得其引导的蓝图难以落地实施。从本质上来看，造成这些问题的原因应当归属为：当前政府管理体制不仅尚未良好接纳数字技术带来的颠覆式创新架构，也未能良好对接数字治理的现实需求。即加拿大的层级制政府结构对外向型治理模式的实施构成了制约，[1]从而导致数字政府空有数字的外壳，而其内在仍然以传统的组织架构运行，数字技术尚未充分发挥其全部能量。这进一步说明，数字技术与传统政府架构之间存在革新的张力，阻碍了改革的进一步推进和落实。

不过，加拿大政府构建的省级数字管理机构以及英国旨在提高公民参与数字治理的政企合作模式，可以为我国数字政府法治建构提供参考方向。相较于国外成熟的社会组织体系，我国并不一定适合与政府签订契约的合作模式。但通过法律保障社会组织合法性地位以及英国多层次公众参与体系中推动社会组织参与数字政府治理过程的做法值得我国效仿。在公民参与方面，前述经验旨在持续拓宽公民参与的渠道和全面激发公众主动参与数字政府管理的热情。然而，我国的公民社会成长仍处于不成熟阶段，故而应在提升公民参与意识的基础上提高公民参与的数字化水平，并专注于公民数字化技能的提升，如此才能有利于公众参与在数字政府法治建构中的有效性彰显。

第三节 公民参与数字政府治理的路径优化

信息时代，政府是必不可少的。尽管在结构和运作方面存在争议，但

---

[1] See J. Roy, "Open Government-Progress and Impediments in the Digital Era", *Canadian Public Administration*, Vol. 60, 2017, pp. 438~442.

政府的目标是不容置疑的，其应致力于维护集体安全、伸张正义、提供经济的体制基础设施、确保通过改善卫生和教育及通过保障家庭和社区来增强社会的韧性。作为服务提供者，政府必须有能力提供优质、有效和负担得起的服务，[1]但如果政府本身不是提供服务的最佳工具，就必须让志愿和营利部门等其他机构参与或允许他们发挥一定作用。总体来看，信息技术已经是政府运作的一个重要组成部分，它将继续对行政管理、决策和直接提供服务发挥至关重要的作用。而且，在政府与其他组织以及政府与公民之间不断发展的关系中，信息技术也将是至关重要的。今天的政府正在多个方面发生转变：一方面，传统政府的组织结构是独立行事或按照严格的规则行事，而现在政府则形成了复杂的相互依存模式；另一方面，基于"指挥与控制"等级观念的传统公共管理方法，正在被依赖合作伙伴之间的协作、谈判和激励的方法所取代。[2]在数字技术不断为政府应用的背景下，政府的许多传统职能已经不再仅仅是需要满足哪一级别或为哪个单位提供服务，而是需要实现服务提供的合理、经济、方便和优质目标。目前，领导能力、管理策略、组织结构、跨界关系、融资机制、信息政策以及公众的参与和接受程度都是21世纪数字政府有效服务的关键要素。技术、组织、经济、人力和政策等因素的异常复杂的结合将使政府数字服务的质量和效率面临不少挑战。[3]基于此，我们需要意识到，数字政府的法治建设是一项任重而道远的系统性工程。在这一进程中，相对于政府治理适应性的考验而言，技术本身的挑战仅仅是冰山一角。没有监督机制的数字技术难以与政府转型碰出火花。因此，在参鉴完数字政府在公众参与方面的改革经验后，应当结合我国当前数字政府法治构建的公众参与实践，深入探寻其优化的路径。具体而言，可以从以下几个维度展开。

---

〔1〕 参见［比］史蒂文·范·贝莱格姆：《用户的本质——数字化时代的精准运营法则》，田士毅译，中信出版社2018年版，第106页。

〔2〕 参见［德］安德烈亚斯·布尔：《用户3.0：互联网+时代，用户思维是核心》，余冰译，北方妇女儿童出版社2015年版，第35页。

〔3〕 See D. J. Flint, R. B. Woodruff and S. F. Gardial, "Exploring the Phenomenon of Customers' Desired Value Change in a Business-to-Business Context", *Journal of Marketing*, Vol. 66, No. 4, 2002, pp. 102~117.

一、提高公民参与意识

意识是行动的指南。公民参与意识觉醒与否，不仅将直接影响公民对数字政府法治建设的参与积极性，也将间接影响数字政府的决策透明度和问责，更能够影响到数字政府法治建设的价值遵循、实际导向和期望成果。通常而言，公民参与意识的启发，既有助于推动相关数字法律法规的倡导并净化、维护以实现公平正义为目标的数字环境，其也能够对数字公共服务的质量施以显著的提升。毕竟，无论是政策的制定还是配套机制，都能够推动政府数字化改革不断往公民友好的方向发展。可以说，公民参与意识的提高能够为良性、透明和互动的数字化政府法治建设提供源源不断的动力。因此，在公民参与意识的强化方面可以采取多元化的共同思路，以促进公民积极性的激发。

由于强化数字政策宣传和数字知识普及的受众群体具有不特定性，其宣传效果不好衡量和量化。因此，通过公共宣传渠道来增进公民参与数字政府法治建设的意识，似乎并无太大功效。实质上，立足于数字渠道，如抖音、博客、微博、政府官网或其他数字化公共平台，强化数字政府政策及相关知识的推介能够对公民的参与意识和参与积极性起到良好的隐性培养作用。而且，基于当代数字产品使用的广泛性和公众时间的碎片化，公民往往没有太多系统的准备去了解数字化政府的目标、益处、障碍等。因此，强化公民参与的数字知识推广，能够在尽量大的程度上宣传政府的公共服务创新与发展，以缩小不同年龄段在数字技术使用上的差距，从而推动公民对数字政府法治建设的支持和信任。此外，这种隐形参与意识的生活潜入，不仅能够对多数公民的日常公共服务需求产生帮助熟悉和自助使用的效果，而且也能够为公民个人提供与政府进行互动、反馈和合作的通道。在具体的实现方式上，由于当下数字社会的自媒体平台众多，政府部门也可以在相应的职权范围内成立专门的数字宣传部门，以有效对比传统政府服务与数字政府服务之间的治理效果来扩大数字法治政府的建设成果。此外，还可以采取与公共化程度高的数字平台创作人合作模式，向公众介绍数字化技术、数据公开等内容，[1]并通过建立可持续的体验通道向公民展示数字化技术的应用场景、可能发展机会等，以有效引导公民对数字技术应用的热情和探索欲望。

当然，在利用公民友好型数字渠道展开宣传的同时，还可以拓展线上线下多维化宣传渠道，并推广公开透明的数字政府管理机制。政府应当拓展针对公民的线上线下多元化宣传渠道，其对数字政府法治建设的必要性在于，它能够保障不同背景和需求的公民都能参与政府决策和法治建设。这种多元化的宣传有利于保障公众声音被听取和考虑，从而增强了政策的公正性、透明度和包容性。具体策略包括：政府可以在线上维度利用社交媒体、官方网站和专门的公民参与平台收集公众意见，同时开发移动应用程序和在线投票系统，使公民能够随时随地参与政府的调查、讨论和决策过程；政府可以在线下维度通过组织公开会议、听证会和研讨会，特别是在重要政策制定或修改的过程中，要确保面对面的交流和反馈机会；政府还可以通过社区中心和公共图书馆等公共场所，提供信息展板和意见收集箱，从而使那些不常使用数字工具的公民也能参与公共事务。这种双重维度多元渠道的共同发力方式，有利于扩大范围，促进各类型群体对数字政府法治建设的积极参与。而且，数字政府管理机制如果足够公开透明，那么数字政府的行为便会具有足够的可预测性及可追溯性。这种透明贯穿在政府决策的过程、政策出台的依据以及执行的结果和对执行结果的救济等各环节。实际上，透明的公共治理不仅能够降低政府腐败和提高治理效益，以收获公民对新型政府信任和满意，也在很大程度上与公平和合理法治原则的应用产生了同频共振的效果。具体举措则包括：对政府数字化的推进过程推行信息公开，公开的范围、方式和程序须经谨慎审视；对统一性数字政府平台的先进数字技术采用进行公开招投标公告及相关活动信息，从而确保相关信息更新的及时性、准确性和连续性；基于对政府数字系统本身的安全需要以及对技术来源的可靠性检测需要，邀请第三方进行评估并形成评估报告和政府工作报告；等等。

---

[1]　See M. Janssen, S. A. Chun and J. R. Gil-Garcia, "Building the Next Generation of Digital Government Infrastructures", *Government Information Quarterly*, Vol. 26, No. 2, 2009, pp. 233~237.

此外，数字政府建设对公众参与的完善还可以将其与数字社区的组织建设相互融合。社区组织是提高公民数字参与意识的重要桥梁和催化剂，它双向连接着政府和公民，既可以将数字政府的政策和举措以平民化的方式传递到公民手上，也可以作为公民的代替者反馈数字政府建设中的需求和建议，从而使得双方对数字政府建设的供需两端的认知更加贴近实际情况。同时，其也可以强化社区组织在提高公民参与数字治理工作的意识度和积极度。[1]应当明确的是，公民参与数字政府建设的关键要素是公民的数字化参与能力和素质。倘若该要素缺失，那么即使政府提供参与机会，甚至是直接供应数字服务也是徒劳的。公民的数字素质则包括多方面的内容：公民参与数字政府建设的信息搜集、数字分析，以及足够的数字安全意识来保护自己的数字安全和隐私等都在促使其能够更好地访问和利用数字政府服务。此外，公民数字素质的提升也有利于从公民端自身出发建设一个良性、健康的数字环境，以帮助其识别、抵御虚假诈骗等数字危害。因此，可以说，无论是促进公民参与数字政府的目标，还是促使公民整体权益的保护都是必要之举。而在公民数字素质提升的过程中，社区组织也可以从一线出发，对最贴近民众生活的参与意识宣传教育予以展开，从而扩充和强化公民对数字政府服务的使用空间与能力。例如，政府可以通过数字工具和平台，为社区组织提供基层技术培训，让政府对数字技术的应用如同社交媒体和移动应用等工具一般，悄无声息地进入公民的生活领域，从而慢慢克服普通公民对数字政府参与的排斥心理。在有条件的情况下，还可以联络不同社区组织局部的数字服务参与活动，以提升数字服务在社区环境中的整体能力和影响力。此外，针对社区不同的公民群体也可以采取分类型的针对性措施。如对于未成年少年来说，政府通过与社区的教育活动合作，可以在儿童和青少年时期就对他们的数字技能和安全意识产生影响；对于成年人而言，可以将数字技能的宣传教育纳入社区免费继续教育和培训的项目课程；对于老年人而言，政府可以让老年人在生活服务的

〔1〕　See L. B. Andersen, T. Pallesen and L. H. Pedersen, "Does Ownership Matter? Public Service Motivation among Physiotherapists in the Private and Public Sectors in Denmark", *Review of Public Personnel Administration*, Vol. 31, No. 1, 2011, pp. 10~27.

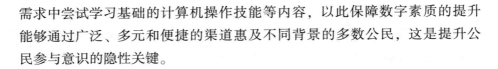

需求中尝试学习基础的计算机操作技能等内容，以此保障数字素质的提升能够通过广泛、多元和便捷的渠道惠及不同背景的多数公民，这是提升公民参与意识的隐性关键。

二、拓展公民参与渠道

意识是行动的基础，渠道是行动的保障。公民参与数字法治政府的渠道拓展是数字时代践行数字民主的必要深化和创新。数字技术的加持不仅使得公民的数字参与更具效率、广度和多元，而且也使得这种数字参与更加生动、形象和具体。因此，延展公民参与的数字渠道，无论是在激发公民参与热情的角度，还是在构架开放包容的数字政府法治环境方面，都有所裨益。在具体的操作路径上可以有：

第一，明确数字政府及其系列辅助平台的开放和包容定位。这种开放和包容首先表现在政府数字资源的开放和包容。无论是政府运作的程序，还是政府的财政预算等数字信息，都可以为公民的公开获取留出便民通道，以实现公民对政府数字化决策的理解。公众可以根据决策实施的进程不同，进行程度不同的合理化讨论和反馈评价等。此外，能够为公民和私企提供再行创新的公共数据资源，不仅是促进数字经济再发展的重大基础要素，也是公民参与数字政府和社会构建的重要路径。因此，开放型数字政府应当构建体系化的配套设施，包括数据质量的过滤和筛选、数据标准化获取流程的构建、数据安全和隐私保护的要求[1]以及违反数据使用合规要求的责任配套等。从表面上看，这种数据资源的开放只是公民对公共资源的获取，而未能参与数字法治政府的直接建构，但实则不然。相较于市场化的私营数字经济模式，公共行政对数字技术的利用往往不存在竞争性。因此，他们对数字技术的应用在很大程度上不能达到数字资源在市场化经营模式中的公民友好高度，而且其创新的动力和浓度也远远无法和私有化的经营规模相比。故而，适当公共数据资源的开放能够促使公民和私营主体对数字技术的应用和开发，以最终反哺数字法治政府的终端建设，这是一种间

---

〔1〕 参见彭涛：《数字政府中个人数据保护的法律规则转换》，载《法学》2024 年第 4 期，第 47~61 页。

接性的可持续参与模式。为此，在数据的开放端，数字政府要形成可持续的数据更新机制。同时，如同市场化的开放资源一般，该机制也应该具有基础的统一格式和标准，以确保互操作性的实现。而在使用端，则需要明确数据使用的政策，包括数据使用的价值指引、安全和隐私保护守则、滥用风险的防范以及进一步开放的策略和内容反馈等等。这些政策文件或法律法规，可以要求在数据开放的资源网站设置专门提示的流程，从而鼓励、支持和引导公民参与数据的分析和应用，促进政府数字资源的优化利用，并提供公民对数字政府服务的反馈、监督和信任。

　　第二，举办公共性数字论坛和疏通公民参与反馈渠道。数字政府的在线论坛旨在满足特定事项的公民参与需要，如针对特定公共政策、法律草案及其他公共项目的意见收集和改良建议。该思路的实现，需要数字政府确立一个稳定、便捷、有助于公民友好使用以及能够承载大范围高度实时互动性的数字平台。不过，该平台不仅需要在在线服务开展时支持多元形式的交互，而且要在交互服务使用完毕后能够整理、汇总和存储公民广泛的看法。当然，这种平台能够容纳的形式可以是多样化的，以适应不同公民群体的参与习惯，包括但不限于不限时数字讨论、问卷调查和直播互动等。为促进公民在线参与的有效性和建设性，对于时效性、专业性和相关性要求较高的主题，数字政府可以在热点和专业的多维度结合上设计参与的人员类型、参与方式以及其他参与规则等，以确保公民意见和建议能够被有效反馈到数字政府的法治建设过程中。[1]毕竟，疏通反馈渠道直接关系到政府的响应性和公众信任的建立，有效的投诉渠道可以就政府服务的不足、违法行为或不公正处理提出反馈和投诉。其不仅有助于政府及时发现、纠正问题和提高服务质量，也能促进政府与民众之间的沟通和理解，以构建一个基于相互信任的治理环境。

　　第三，要依靠制度机制的方法实现公民参与渠道的可持续发展和长期进行，而非根据施政者的主观意愿、兴趣高度和压力大小等因素，使得公

---

　　〔1〕　See J. R. Gil-Garcia, S. S. Dawes and T. A. Pardo, "Digital Government and Public Management Research: Finding the Crossroads", *Public Management Review*, Vol. 20, No. 3, 2017, pp. 633~646.

民参与数字政府的法治建设呈现出阶段性[1]、程序性和形式性的样貌。相关领域规范性文件的出台是多元化公民参与渠道的保证，该行为具有组织性、公开性和透明度，不仅不会朝令夕改，同时能够为公民的参与提供明确的指导和标准。通过相关载体，公民在具体的文件中能够知晓自己可以参加哪些情形中的数字政府建设，应该以什么样的方式参加以及在什么样的时间段内参加，从而进一步契合了数字政府法治化建设的可预期性思想要求。此外，政府也可以成立相应的组织部门或机构，负责对现有公民参与数字政府法治建设机制进行评估，并在组织内部思考公民数字化参与的可改进空间和面临的技术挑战。最后，根据前述基础，有关主体可以组织起草和制定系统性的公民参与规范性文件，并对文件的完善、实施和监督组织定期评估以展开适当的调整。

三、提升公民数字能力

公民数字能力的高低，直接关系到公民参与数字政府建构范围的广泛性、深入性和有效性。原因在于，能够熟练掌握数字技术能力的公民，至少可以在政府数字化服务的应用上、在线数字论坛的讨论上以及政府数字资源开放的利用上更加灵活。同时，其对于促进政府数字决策过程愈加透明和民主，以及推动公民更全面地理解和把握数字权利与责任、维护自身的个人信息安全都至关重要。借此，有必要采取适当的具体路径来提升公民能力。

最为直接且有效的公民数字能力提升路径是在数字政府的服务范围内有针对性地强化公民的数字技术培训。不过，对公民数字技术的培训应当明确几个要点：一是肯定数字政府服务范围的广泛性。为促进公民对数字服务的使用，数字政府在当下推广了如税务缴纳、驾照申领与更新等众多的全方位数字服务。这些技术旨在无差别地为公民提供高效、便捷的数字服务。只不过，并非所有的公民都需要作为数字培训的受众者。二是数字技术的培训应当具有针对性和类型化思维。公民群体的庞大性使得在年龄、

---

[1] 参见邵春霞、程风：《阶段性技术适配：基层政府数字化转型的渐进路径分析》，载《求实》2024 年第 3 期，第 31~43 页。

区域、教育和经济等诸多因素中有差异的公民存在对数字政府服务不同的渴望和需求。从年龄来看，年轻的公民群体可能更加注重政府数字化过程中的个人隐私和权益保障以及开放性数字资源的获取与利用，这可以让他们结合自己的编程或数据分析等能力来创造就业机会。而年长的公民，则可能更注重的是自己如何获取数字政府的服务以及如何便捷使用政府提供的数字应用。因此，差异化的公民群体培训内容，能够更有针对性地满足公民的使用需求，以促进社会整体数字技术使用的包容性和广泛性。继而，为有针对性地实现对不同群体公民的数字技术培训，可以通过调研和数据分析来准确识别各个群体的具体需求和差异，并以此设计适合各个特定群体的培训课程和材料。例如，通过不同层次的课程设置，该培训可以从基础的数字文化教育到高级的技术技能培训层层递进。此外，也可以采用如在线学习平台、面对面研讨会、互动式工作坊等多样化的教学方法和工具，以适应不同群体的学习习惯和偏好。三是建立评估与反馈机制并定期检视培训效果，根据后期反馈调整和优化培训内容和方式。通过这种灵活、个性化的培训策略可以更有效地提升公民的数字技能，以支持所有人更好地适应数字化社会的需求。

在学习的方式中，相较于逼迫性学习，自主学习无论是在学习的积极性上还是在主动性上都有更多的优势。公民自学能够根据自己的需求、兴趣和爱好挑选自己喜欢的数字内容，从而更有利于公民对数字技能的掌握与利用。而为了营造这种公民自主提升能力的氛围和环境，有利的方式之一即构建数字化的社交群体。我们知道，在数字时代，公民可以通过社交媒体等网络平台的公共讨论空间加入自身感兴趣的数字环境。而在这些数字圈子中，无论是在了解数字使用技能、讨论数字服务不足方面还是在解读数字政策内容等方面，都能充分互动和深入讨论。因此，很多时候来自某些社会群体的持续反馈，对于政府数字服务的调整和优化都有显著的功效。为此，要通过可靠的促进路径来实现数字化社交群体的塑造。一方面，不同于政府通过自身数字平台来发布相应的规则更新和政策解读，数字公民本身可能并不太在意这些与自身利益息息相关的材料。因而，引导公民参与数字政府法治建设的更好方式是开发专门的在线论坛或应用程序，并在其中与公民展开平等的互动交流。另一方面，还可注重监测和分析社交群体对数字服务成果的讨论、民意趋势和反馈，从而为将来的服务变革提供参考。

此外，相较于直接对公民数字能力的提升，政府还可以在隐性的社会环境中营造数字型文化。作为一种潜移默化和根深蒂固的东西，数字文化能够慢慢地在公民参与与公民能力提升的基因中发挥改良作用。这种数字文化包括持续性的数字公开、数据共享和智慧公共治理等。[1]持续性的数字公开不仅仅能够提高政府决策的透明度和获取公民的信任与满意，而且也在政府与公民之间展开了频繁的信息流动，并有利于培养公民关注数字改革的动向。具言之，数字公开能够推动公民对数字治理的逐渐参与和协作发展；数据共享既能够为跨部门和层级的政府运行提供便捷，也能够在政府与公民之间打破传统行政决策的孤岛，是一种变相的数字公开举措；而智慧公共治理是利用大数据、云计算等手段来提供数字服务的个性化服务。[2]而且，这种服务能够针对用户展开画像和跟踪，从而激发和培养公民对数字服务应用的黏性和忠诚度。继而在这样的数字型文化环境中提高公民自觉学习数字技能的潜力，并为其供给充足的学习资源、学习路径和学习应用实践机会。基于此，数字文化环境鼓励和促进了有关主体对数字技术的广泛应用和探索。实际上，无论是日常生活还是工作场所，生活中处处充满学习和应用新技术的机遇。毕竟，这种环境不仅能够增加接触和使用数字技术的频率，还通过社交媒体、在线学习平台和多媒体等形式渗透。此外，当数字技术成为社会咨询、信息获取和服务访问的重要手段时，个人对提高自身数字技能的需求自然也会增加。

---

〔1〕 See Diana Ishmatova and Toshio Obi, "M‑Government Services: User Needs and Value", *Journal of E‑Government Policy and Regulation*, Vol. 32, 2009, pp. 39~46.

〔2〕 参见张怡梦、胡业飞、潘嘉懿:《数字政府个性化服务提供: 公众偏好什么样的政府网站? ——基于网站功能设计、信息供给和视觉风格的实证分析》，载《电子政务》2024 年第 4 期，第 101~112 页。

第七章
数字政府的法治评估指标体系

当前，数字化已成为时代进步的最新趋势指标。[1]以云计算、大数据和人工智能等为代表的数字技术正推动全球范围内的数字化转型，激励各行业采用数字技术进行升级改造和创新组织结构。在此背景下，"数字地球""数字国家""数字社区""数字政府"等术语不断涌现。[2]数字化变革的效应正促使政府治理模式持续创新，从传统的组织结构向"互联网+政务服务"赋能的数字政府形态转变。需要指出的是，作为数字政府内部架构搭建的重要组成部分，数字政府法治建设并非数字和政府的简单组合。由于技术变革的不确定性，政府的数字化转型往往会蕴藏一系列风险。因而，学界近年来围绕"数据治理""数字治理"的研究明显增多。习近平主席也曾指出，加快数字中国建设，就是要适应我国发展新的历史方位，全面贯彻新发展理念，[3]作为数字化转型下的新型政府运行机制，数字政府是实现政府治理现代化理念的关键途径之一并带有显著的时代特色。[4]这标志着我国政府治理开启了以数字技术赋能的新型建设时代。数字化以其强

---

〔1〕 参见章燕华、王力平：《国外政府数字化转型战略研究及启示》，载《电子政务》2020年第11期，第14~22页。

〔2〕 参见戴长征、鲍静：《数字政府治理——基于社会形态演变进程的考察》，载《中国行政管理》2017年第9期，第21~27页。

〔3〕《习近平致首届数字中国建设峰会的贺信》，载https://www.gov.cn/xinwen/2018-04/22/content_5284936.htm，最后访问日期：2024年7月11日。

〔4〕 参见鲍静、贾开：《数字治理体系和治理能力现代化研究：原则、框架与要素》，载《政治学研究》2019年第3期，第23~32页。

大的算法系统改变了整个社会的运作方式和交互模式,[1]但这种技术变革也对数字化转型的组织（特别是涉及公民利益的数字化政府转型）提出了更高的要求和挑战。一方面,政府数字化转型的讨论已从"数字优化的治理"拓展到"数字化的治理";[2]另一方面,基于数字技术的不断革新,其和数据的融合也在不断深化,政府的数字化转型也因此有着更广阔的发展前景。继而,寻找精准的发展模式,探索有效融合的数字技术并建设得当的数字政府法治保障评估指标体系便成了数字政府建设的关键和重点。

实际上,围绕政府数字化治理效率效果评估指标体系搭建的核心议题,学界已然涌现出了一系列学术成果。例如,王益民教授团队构建了省级政府在线政务服务评价标准体系、胡广伟教授团队提出了电子政务服务质量评估体系、王芳教授团队提出了利用大数据技术的政府管理效率评价标准体系并发布了《大数据提升政府治理效能与数据赋能政府治理评价指数报告》[3]、俞可平教授团队构建了具有中国特色的治理评价体系、[4]孟天广教授团队提出了政府治理能力的大数据驱动理论框架[5]等。这表明数字政府服务与治理评估指标体系的构建已在学术界得到广泛的关注。数字政府法治保障评估指标体系的标准正是在这一过程中不断演化和发展的。

第一节　数字政府法治评估指标体系的背景

随着数字技术应用的迭代升级,法治理论也在沿着时代的脉络持续衍变。其中,最重要的表现之一便是:数字技术在多维度、多层次和宽领域

---

〔1〕　参见汪金玉:《算法嵌入行政生态治理:逻辑、进路及影响》,载《成都大学学报(社会科学版)》2024年第3期,第14~26页。

〔2〕　参见黄璜:《对"数据流动"的治理——论政府数据治理的理论嬗变与框架》,载《南京社会科学》2018年第2期,第53~62页。

〔3〕　参见王芳等:《基于大数据应用的政府治理效能评价指标体系构建研究》,载《信息资源管理学报》2020年第2期,第17~28页。

〔4〕　参见俞可平:《中国治理评估框架》,载《经济社会体制比较》2008年第6期,第1~9页。

〔5〕　参见孟天广、张小劲:《大数据驱动与政府治理能力提升——理论框架与模式创新》,载《北京航空航天大学学报(社会科学版)》2018年第1期,第18~25页。

的数字社会生活中得到应用。由于规范数字对象的传统法治规范概念一直受到技术发展的影响而内涵扩围，为了更加全面地衡量和量化数字技术对法治理论的影响，法治理论中的指标体系也随之逐渐兴起。

一、传统规范概念的衰落

在数字技术的快速进步和发展背景下，传统法治概念和价值观往往无法原封不动地被界定和适用。例如，数字技术对数字空间的扩展使得数字环境中的数据信息流动、分享和使用更加频繁，继而导致其与个人隐私及数据安全等纠缠不清。这种现实情况使得隐私权和所有权等传统规范概念在数字时代需要重新适应和扩容。因此，在政府的数字化更迭过程中，需要对在配套的法治保障体系建设中针对传统规范概念进行反思和延展。目前，经济合作与发展组织的多数成员以及日益增加的发展中国家均已制定了各自的国家级数字政府战略，各国政府及各种国际机构正投入巨额资金以增强公共部门在信息与传播技术方面的能力，市场上也持续出现创新的公共政策与行政管理技术解决策略。[1]换言之，数字政府已演变成这样一种象征：这一术语常被用来指代现代、高效、透明、互动性强、以公民为中心的政府形态。尽管如此，不同研究者对数字政府的预期结果仍有不同的看法。有研究者认为，数字政府将彻底改变全世界的公共部门和政治进程，发展中国家对于新技术的利用将有机会实现"跨越式"的善治，新的信息和传播渠道即使在专制统治下也会有利于公民社会。然而，部分研究者对此并不持乐观态度，他们认为，尽管数字政府作为一种技术工具可以在多种体制中应用，但并非总能始终如一地推动良好的治理。[2]随后，其补充指出，新技术的稳定性较弱，公共和私人实体可能会滥用这些技术。也正是因此，有些公共部门对新技术带来的变革持抵制态度，再加上相关主体在掌握新技术方面遇到的困难，许多数字政府的提案实际上未能达成

---

〔1〕　See Bartelsmann Foundation, "Balanced E-Government: E-Government-Connecting Efficient Administration and Responsive Democracy", Bartelsmann Foundation, http://www.begix.de, 2001.

〔2〕　See C. Kaylor, R. Deshazo and D. Van Eck, "Gauging E-government: A Report on Implementing Services Among American Cities", *Government Information Quarterly*, Vol. 18, 2001, pp. 293~307.

预期的目标。[1]而且，由于现有规则和组织结构所产生的传统惯性可能会阻挡改革，改革者必须考量公共机构之间相互合作的能力和意愿，由此必须直面社会中有不少人难以获得和适应新技术应用的问题。鉴于以上因素考量，利用信息和传播技术实现善治显然也没有"捷径"可走。此外，与传统的官僚行政形式相比，数字政府也能更好地与以结果和客户为导向的公共管理相联系。诚然，期待发展中国家的行政管理质量因数字政府而直接发生质的飞跃并不现实，但其在提高行政管理能力和民主治理方面仍会有不小的回报。只不过，要实现这些变化，必须将新技术的使用纳入更广泛的国家改革项目。

"治理"作为一个社会学词汇，从广泛的视角上来说，它可以被理解为个体和公共或私人组织处理其诸多事务的方式汇总。[2]而"善治"则在治理的客观基础上强化了治理的效果或目标的价值性追求。对于"善治"，其早在20世纪80年代便为世界银行所阐明，主要强调在国家层面上公共监督、管理和服务的透明化、高效化等需求，这是其对当时的"善"的圈定。因此，该组织在对"治理"一词的内涵进行说明时便主张可以囊括四个维度，即公共部门管理、问责、法治和透明。[3]而在如何促进实现善治的目标方面，由于自身职责范围的限制等原因，世界银行仅在其可实现的领域中提出了措施。当然，随着活动范围的不断扩展，世界银行在司法和行政改革以及市场竞争的规范和促进等方面也融入了善治实践。联合国开发计划署（UNDP）自20世纪90年代中期以来则在善治问题上持一种稍有差异的态度，其着重于在政治过程中的互动性和具有说服力的民间社会组织必要性，并突出强调国家的职责重点应为推动人类全面发展而非仅仅是经济增长。就其组织本身的角度来看，"健全"的治理主要表现为七个显著特

---

〔1〕 See C. C. Demchak, C. Friis and T. M. La Porte, "Webbing Governance: National Differences in Constructing the Face of Public Organisations", in D. Garson（ed.）, *Handbook of Public Information Systems*, Marcel Dekker Publishers, New York, 2000, p. 189.

〔2〕 See D. Birch, "Local e-Government: A Survey of Local Authorities", Office of the Deputy Prime Minister, London, 2003, http://www. odpm. gov. uk.

〔3〕 See D. M. West, "Global E-Government 2003", Centre for Public Policy, Brown University, Providence, 2003, http://www. InsidePolitics. org.

点：一是政治合法性和问责制；二是结社和参与自由；三是公正可靠的司法系统；四是官僚问责制；五是信息和言论自由；六是有效和高效的公共部门管理；七是与民间社会组织的合作。[1]继而，开发署从四个方面将这一系列特点归纳为：经济管理主要涉及促进经济增长的竞争性和无歧视性市场体系；政治管理就是指那些大家都能参与、民主、合法、多元化而且容易接触的政治体系；公共管理指的是高效率、公开透明、自主和有责任感的行政运作；体系管理涉及维护文化及宗教信仰、支持自由与安全的保障以及推动个人能力平等展现的社会组织。[2]在这几个维度的内容中，如若认为前面三个维度是国家现代化决策的官方体系和组织架构的构成要素，那么最后一个则阐释的是国家依靠社会秩序在国家治理中的功能性。然而，善治能够和数字政府改革相契合的原因之一在于，它无论是对公共组织机构的内部效率还是外部效率都起到了良好的效果。因而，数字政府实现善治目标的路径在理论上有两条：一是基于自动化行政程序[3]的代替或行政流程的简洁化来降低就业的需要和提高服务效率；二是可以通过提供更准确和及时的价格信息、增强市场的竞争环境以及确保采购过程的透明度来降低公共采购的成本，从而使其更加有利于市场主体的公平参与。

　　正如个别机构或行政单位通过改革来提高劳动生产率的做法，为了提高效率，数字政府在处理大量事务的情况下完全转用信息、传播技术以及自动化程序也是非常有意义的。即使是部分转换，比如为了登记或归档数据等采取上述措施，也能带来实质性的改进。[4]例如，孟加拉国拉杰沙希市政府在 2001 年成功得到了联合国儿童基金会的支持，其通过投资 20 000 美元推进电子出生登记项目，在每月运营成本约为 200 美元的情况下，如今

---

〔1〕　See D. M. West, "State and Federal E-Government in the United States", Brown University, Providence, 2003, available at http://www. insidepolitics. org/egovt01us. html.

〔2〕　See D. M. West, "Urban E-Government: An Assessment of City Government Websites", Brown University, Providence, 2003, available at http://www. insidepolitics. org/egovt01city. html.

〔3〕　参见赵龙：《自动化行政的技术性正当程序规制研究》，载《法律科学（西北政法大学学报）》2024 年第 3 期，第 94~104 页。

〔4〕　See E-Europe Benchmarking Report［COM（2002）62 final］, Commission of the European Communities, Brussels, 2002.

拉杰沙希市政府进行数据管理和咨询所需的时间已被大幅缩减。[1]此外，手工收集数据所可能产生的错误也在此种情况下得以避免。值得一提的是，市政府的统计机构也在这一变革中成了主要受益人。详言之，当地卫生部门现在也可以访问这些数据并据此开展二项免疫接种计划，这一举措不仅提升了出生登记率，还显著提高了免疫接种率。而正是得益于数字政府的转型，当前该政府已经计划将数字技术应用到其他的公共服务部门，致力于改善数据在当地政府的使用范围和工作效率。该例表明，数字政府的升级往往起始于个体的行政组织内部，但只要通过数字政府踏出了提高服务生产率的第一步，就可能会引起连锁反应。[2]虽然多层次和多维度的数字政府系统对信息传播技术等要求的质量更严格，但数字政府的优势也是足够诱人的，其对信息和通信技术的运用能够在多数情况下突破传统政府的行政等级限制。而且，这种一站式的组织服务不仅仅能够发生在线下，也能通过数字技术使得不同公共机构实现线上的协作。此外，根据实践中的反馈可知，改革也可以从对象机构的核心能力之外的领域开始。例如，巴西的圣保罗州和巴伊亚州便建立了由多达35个机构组成的综合公共服务中心，其可以提供多达550项服务，从而在人员和服务提供方面展开了合作。在这种情况下，尽管每个机构都有自己的信息和通信技术基础设施和程序，但所有工作站都与中心的网络连接。继而，行政部门就可以控制和掌握客户流量、程序持续时间、平均等待时间，甚至每个员工的工作表现，必要时还可以进行机构间的人员调配等。如若再加上其他措施，其劳动生产率实际上将大大提高。[3]以上种种均可表明，传统政府的弊端日益凸显，这也促使全球范围内的大多数国家都将政府数字化改革提上议程。然而，鉴于数字领域当前存在概念模糊与混乱的发展情况，构建数字政府法治保障

〔1〕 See G. N. L. Stowers, "Becoming Cyberactive: State and Local Governments on the World Wide Web", *Government Information Quarterly*, Vol. 16, No. 2, 1999, pp. 111~127.

〔2〕 See H. Kubicek, J. Millard and H. Westholm, "Methodology for Analysing the Relationship Between the Reorganisation of the Back Office and Better Electronic Public Services", *Proceedings of the Second International Conference*-EGOV 2003, Springer-Verlag, Berlin Heidelberg, 2003, pp. 199~206.

〔3〕 See H. Van Duivenboden and M. Lips, "Taking Citizens Seriously: Applying Hirschman's Model to Various Practices of Customer-oriented E-Governance", in A. Salminen (ed.), *Governing Networks*, *EGPA Yearbook*, IOS Press, Amsterdam, 2003, pp. 209~226.

评估指标体系时就必须重视逐步迈向标准化与规范化的路径。为此，政府需要积极完善相关法律制度并出台具体的标准与规范，以消除数字化治理领域的概念混淆弊端，从而确保数字政府建设的稳健与高效推进。

二、评估指标体系的兴起

社会形态的演变使得奴隶社会、农业社会和工业社会之间一直呈现出某些客观改变。这些改变是生产力与生产要素融合发展到一定程度的产物，因而也就决定了，法律在不同的社会形态中也需要根据社会革新的实际情况展开相应的适应和发展。基于规范概念在数字技术生态中的滞后特征，指标体系建设逐渐兴起，数字政府法治化保障的评估指标体系也得以生成和发展。它所要实现的目标或愿景是，通过对数字政府行为的跟踪、记录、检测和比较评估等建立配套的指标或标准，以此来从不同的视角认识数字化公共治理的运作效果，并对该具体的运作内容和程序等提出综合评价与修改方向，以实现更高层次的数字化公共治理。除此之外，公共部门的数字化应用也愈发普遍。由于技术与公共治理的结合使得公共治理可能遭受的损害变得更加隐秘和严重，数字政府的法治监管也因而主要针对政府本身进行治理。此时，指标体系正好与该需求同频共振。必须承认，无论是对政府数字治理的运营结果和现状的反映，还是对数字公共治理的改进建议，都有利于政府在数字化治理的实现上更进一步。[1]但要在数字政府应用领域建立一套包容的、科学的指标体系以评估数字治理的效果，显然并不容易。原因在于，数字政府治理的透明度和质量提升是需要等同的因果要素投入来换取的。其中，采用高度复杂的技术虽然是其实现诸多优势的基础，但由于各处的数字政府建设发展水平和实际需求并不完全一致，一套统一的评估指标体系由此便需要结合多元要素才能得到建构，只不过其适用的范围可能往往有局限。[2]因此，关于政府的数字化治理成果及其改

---

〔1〕　参见徐雅倩、王刚：《数据治理研究：进程与争鸣》，载《电子政务》2018 年第 8 期，第 38~51 页。

〔2〕　参见宁琪、谭家超：《数字政府建设的地方实践与完善策略》，载《改革》2023 年第 1 期，第 144~155 页。

革成效和价值，虽然可以通过单项的公民参与程度、社会满意程度以及数字经济发展助力程度等指标来衡量，但这样的指标体系显然是不够全面的。

由于信息与传播技术的现代化决策不能再由每个特定机构孤立作出，地方政府和公共机构应当将自己置于一个以提供整体服务为重点的组织框架内，以应对日益增长的合作和联网需求。各国政府也需要规范市场和调整立法，以便在不阻碍技术创新和市场竞争的情况下制定标准并实现其互操作性。尤其是，对于较不发达的国家来说，这是一项可能需要外部援助的艰巨任务。但是，如果政府做不到这一点，特定机构的内部效率增益便可能会被因技术解决方案不足而造成的整体效率损失所抵消。对于数字化时代的公民参政议政来说，传统的政府组织架构显得捉襟见肘。因此，为适应数字化趋势，需运用政府服务数字化治理理论实现要素的数字化、主体的多元化以及结构的网络化等关键要素的有效融合，全力打造"互联网+政务服务"的创新模式，从而建立数字化的政府治理体系。[1]而且，我国建立数字政府法治保障体系的基础在于我国服务型政府的角色和功能，政府服务质量是检验服务型政府的重要指标，这一指标可以体现出政府在公民参与、公民满意度、公共产品质量等方面的受认可程度。从内容上来看，政府服务通常指的是公共服务，[2]其不仅应当包含面向公众的基本公共服务和面向企业等市场主体的商事服务，也应当包含企业在市场经济活动过程中遭遇的体制性和机制性因素及其条件和各类公共服务内容。此外，作为政务服务和管理模式创新的关键改革趋势，"数字化管理"在现今也持续获得新的定义和拓展。例如，陈端提出在数字化管理过程中应将国家治理作为核心，[3]并将公民参与、流程改进、信息互通、平台管理等要素包括在考虑之中，[4]从而建立以法治为基础、利用数字技术优势、实现统筹协

---

〔1〕 参见黄璜等：《数字化赋能治理协同：数字政府建设的"下一步行动"》，载《电子政务》2022年第4期，第2~27页。

〔2〕 参见陈戈寒：《论我国政府公共服务职能的完善》，载《江汉论坛》2005年第9期，第69~71页。

〔3〕 参见陈端：《数字治理推进国家治理现代化》，载《前线》2019年第9期，第76~79页。

〔4〕 See S. S. Dawes, "Governance in the Digital Age: A Research and Action Framework for an Uncertain Future", *Government Information Quarterly*, Vol. 26, 2009, pp. 257~264.

调的全方位宏观架构体系。刘密霞等人则从适用情景方面将数字政府的内涵扩展到政务服务、[1]智慧政务等方面，[2]并把政府定位为一个以政策法规为驱动、解决各类问题的全面数字化管理机制。[3]笔者认为，在中国独特的情境下，我们应当坚持以人为本、服务社会的基本理念，探索出数字政府法治保障建设的评估指标体系，从而为不断优化政府服务能力和水平提供量化标准。

政府数字管理评估系统是一种用于评估和量化政府数字服务管理效率的技术实施工具。[4]在笔者看来，"数字政府法治保障评估指标体系"应当是以数字化转型为前提，在考虑各参与主体之间的内在逻辑和外在联系后设定的指标维度。而且，指标的构建要符合实际情况，可操作性要强。根据已有研究，这一评估指标体系的建立可以从以下三方面进行创新和突破：首先，要以国家发展需求为本，在国家层面建立起统一的评估指标和评价标准；其次，建立统一的标准，针对不同领域和服务类别的事项搭建多元化的评估标准；最后，完善技术配套服务，[5]通过分门别类地明确评估指标，使政府的数字化转型向可测量、可预期、可改进、可持续的方向发展。而在构建指标体系时，则需要关注以下几点：首先，明确目的和需求，即根据数字化治理的特点和发展要求明确建立指标体系的目的和需求；其次，梳理出指标体系的整体框架，该框架是对指标体系所要量化的维度、角度和层次的综合把握，并直接关系着指标体系的方向、质量与范围；再次，在每个指标维度之下构建严谨的具体子指标，这些子指标的选择应当有利于客观测量和可实际操作，从而将这种主观评价建基于客观现

---

[1]　参见刘密霞、丁艺、朱锐勋：《数字治理视域下的海淀政务服务模式创新》，载《云南行政学院学报》2019年第4期，第151~156页。

[2]　参见张晓、鲍静：《数字政府即平台：英国政府数字化转型战略研究及其启示》，载《中国行政管理》2018年第3期，第27~32页。

[3]　See T. Janowski, "Digital Government Evolution: From Transformation to Contextualization", *Government Information Quarterly*, Vol. 32, 2015, pp. 221~236.

[4]　参见蔡立辉：《西方国家政府绩效评估的理念及其启示》，载《清华大学学报（哲学社会科学版）》2003年第1期，第76~84页。

[5]　参见翁列恩、胡税根：《公共服务质量：分析框架与路径优化》，载《中国社会科学》2021年第11期，第31~53页。

实之上；最后，强化监督测量与反馈的渠道，指标体系的具体数量采取、分析和检测需要不同领域的群体共同投入，这种投入要确保各项指标的有效和实质性反馈。总之，基于优质公共服务提供的目标引领，[1]评估指标体系的建立要实现数字化治理效果的量化反映和问题揭露，而不能仅停留在形式化体系的搭建之上。否则，即使再多维度的、科学严谨的指标也不具有实际需求效用，更遑论为数字政府未来的法治保障提供政策制定等科学支撑了。

在构建科学合理评估指标过程中，需要明确数字政府相较于电子政务而言的特殊之处，该特性应包括技术性、战略重要性和安全性等等。在技术性上，数字政府关于现代数字技术手段的运用是为了实现服务效率优化和管理水平升级的目标；在战略重要性上，数字政府是现代化国家治理体系和治理能力实现的重要手段，是国家治理现代化的大势所趋；在安全性上，由于作为以数据为基础的治理方式变革，数字政府涉及的公民信息内容巨大，故而其存在安全保护的紧急性和必要性。因此，强化对数字政府法治保障的指标体系评估就显得十分必要。[2]而在具体的指标体系内容设计上，则可以从以下维度予以考量：其一，合规性维度，即数字政府建设是否遵循了法治化的程序、依据以及其是否在合乎法律的范围内运作；其二，安全性维度，即数字政府建设是否采取数字分类存储、运输与使用等体系化的安全保障机制；其三，服务性维度，即政府数字化转型后的公共治理是否相较此前更加合理、透明、高效及便捷等；[3]其四，公开性维度，即数字政府的建设是否在公民意见听取和吸收接纳方面采取了实质性的措施并取得了效果；其五，社会责任性维度，即数字政府建设在克服数字鸿沟和数字不平等方面采取了什么解决办法等。

---

〔1〕 参见易承志：《国家治理体系现代化制度供给的理论基础与实践路径》，载《南京师大学报（社会科学版）》2017年第1期，第54~64页。

〔2〕 参见张锐昕：《中国数字政府的核心议题与价值评析》，载《理论与改革》2022年第6期，第68~79页。

〔3〕 参见张梁：《数字政府模式建构的法治困境与系统纾解》，载《学术交流》2024年第4期，第33~52页。

第二节　数字政府法治水平的多元评估模式

在万物互联的数字化时代，数字政府法治建设已然成为实现我国现代化的重要手段。不过，因其技术要素、法制化要素和政府改革要素充满不确定性，政府在数字化转换过程中如若面对外部环境（如经济增长迅猛、技术革新等不确定性因素），需迅速作出反应并引导转型。[1]毕竟，把握信息技术的发展脉络就是提升数字政府建设的核心竞争力。当前，我国高度重视数字政府法治保障建设工作。无论是从推进组织结构数字化转型的角度来看，还是从顺应时代潮流进一步推进全面依法治国的基本战略来看，数字政府都有广阔的探索空间。可见，在精细化政府数字化转型工作的过程中，不仅需要考虑财力、人力等资源的投入是否足够，更需要设计一套科学合理的数据资源管理制度，以对数字政府治理进行有效、全面、系统的成效测度和评价。[2]因而，有研究者提出，数字政府法治保障评估基本理念依据的是数字政府的特性，即组织结构的扁平化、流程的数字化、治理的多元化以及公众导向的价值取向，故而应当依据 PDCA 循环[3]的理念建立数字政府法治保障的评价指标体系。[4]在信息技术高速发展和迭代的时代，数字政府评估实践必须立足于地方实际情况来综合考量指标的可行性，从而判断其是否有利于促进对数字政府法治保障效果的评估。而且，评估模式和评估指标要在实际评估中不断检验、逐步修正，最终形成一套较为科学化、系统化、规范化的数字政府治理评估体系。

在通过电子方式提供信息和服务来改进政府的运动中，没有哪一个国家愿意落后，数字政府的构建已逐渐成为世界各地的当务之急。2001 年，

---

〔1〕　参见徐雅倩、王刚：《数据治理研究：进程与争鸣》，载《电子政务》2018 年第 8 期，第 38~51 页。

〔2〕　参见马亮：《数字政府建设成效评价：理论框架与研究展望》，载《信息技术与管理应用》2024 年第 1 期，第 12~25 页。

〔3〕　"PDCA 循环"是一种质量管理方法，包括四个基本步骤：计划（Plan）、执行（Do）、检查（Check）和处理（Act）。

〔4〕　参见张欣：《数字政府治理评估：理论框架与指标设计》，载《贵州社会科学》2023 年第 5 期，第 128~135 页。

联合国和美国公共行政学会与罗格斯大学纽瓦克校区的国家公共生产力中心协商发表了一份关于国家网站的国际报告，其报告题为"全球视角下的数字政府基准"。该报告分析了普通公民在国家政府网站上最有可能使用的内容和服务、特定功能的存在与否、是否有助于确定一个国家的进步程度等内容。而且，该报告也为阶段划分（新兴网站、增强型网站、互动网站、交易型网站和完全整合型网站）提供了一个简单明了的基准，从而可以客观地评估一个国家的在线复杂程度。[1]此外，Digital Governance. org 也倡议发展中国家要格外重视数字治理，即利用信息和传播技术建立负责任的民主治理机构。[2]该倡议还提出了五种通用的数字政府模式：广播模式、关键流程模式、比较分析模型、电子维权模式和互动服务模式。正是基于这种背景，各国已经在通用模式的基础上，根据自身发展情况制定了符合本国国情的数字政府评估模式，我国同样如此。目前，我国数字政府法治保障评估主要有以下几种模式：

一、"中央明确"式评估模式

"中央明确"式评估模式是数字政府法治保障评估的多元模式之一。这种评估模式是由中央政府部门或专业机构牵头来制定相关指标、工具和方法，对地方政府或机构的数字政府法治保障情况进行评估。它的主要特点如下：一是中央统一标准。该评估模式由中央政府相关部门（如国务院办公厅、中央编办等）牵头负责，采用政策文件、规划文件等中央文件所明确的标准进行评估，有效保证了评估结果的科学性和客观性或专业机构统一制定评估指标、评估工具和评估方法，能够确保评估结果的统一性和可比性；二是指标严谨。"中央明确"式评估模式所采用的定量指标及权重，均经过反复论证和实践检验，具有较高的科学性和严谨性；三是专业部门的统筹性和协作性。由于评估的标准是央地一体的，评估实施的过程中并

---

〔1〕 See Hsinchun Chen, Lawrence Brandt and Valerie Gregg, "Digital government: E-government-research, case studies, and Implementation", *Springer Science business Media*, Vol. 6, 2008, p. 168.

〔2〕 See G. David Garso, *Public Information Technology and E-Governance: Managing the Virtual State*, Raleigh, North Carolina: Jones and Bartlett Publishers, Inc. , Vol. 18, 2006, p. 33.

不能脱离中央和地方部门的相互协作，如有的专门负责指挥和统筹、有的专门负责收集数据并汇总反馈等；四是评估结果的客观性和精准性。由于对政府数字化成果的评估采用了定量化的方法展开，该方法能够在数据的层面直接、迅速和精准地显现数字政府在法治保障方面的优势和弱势；五是对相关成功经验的参考。[1]在整套统一的评估模式形成前，我国已经从理论和经验上吸收了不同区域关于数字政府法治保障评估指标、工具和方法的经验与案例，以强化评估方案的科学性和可操作性。总体而言，这种中央明确的评估模式有利于明晰数字政府建设的集体目标和方向，能够在整体上推动各级别的行政主体来实现数字化转型，并有利于政府部门公共数字化服务能力的提升，从而避免了各地方政府因根据自己优势项目设立评估体系而使得评估结果科学和可信度遭受质疑的情况。

二、"地方量化"式评估模式

"地方量化"式评估模式也是数字政府法治保障评估的多元模式之一，并具有以下特点：一是评估部门由地方发起。该模式的评估部门由地方政府相关部门或第三方机构牵头负责，如地方政府信息中心和专业评估机构等。二是评估标准更契合地方实际。该模式参照国家和地方相关政策文件和标准，同时根据地方实际情况制定了符合本地要求的评估标准，以确保评估结果与地方实际情况相符。三是评估对象具有有限性和地方性。该模式针对本地数字政府建设进行评估，重点关注地方政府及其部门数字化水平、公共服务能力等方面。四是评估内容结合本地的数字政府建设情况。由于评估主体本身和评估的服务对象都具有地方性，因此该评估模式在很多情况下会倾向于以本地政府数字化建设过程为蓝本，包括配套政策、组织供给、程序应用等维度。五是采用定量式的评估方法。与中央明确模式的评估方式相似，该模式也是基于对各项指标的数字收集、分析和计算后

---

〔1〕 参见鲍静、张勇进：《政府部门数据治理：一个亟需回应的基本问题》，载《中国行政管理》2017年第4期，第28~34页。

综合给出评估结论。[1]这种评估模式的优势在于能够让各个评估主体有自身的裁量权,并结合自身政府数字化转型的客观发展制定与本地政府相适应的评估指标或标准,它的评估结果也能够将地方政府的客观数字化建设努力显现出来。但是,这种评估模式实际上却丧失了不同地方政府在统一标准下进行比较的可能。毕竟,各自的评估指标体系并不具有统一性,其在一定程度上是地方政府根据自身的建设优劣而展开的综合总结。

三、"第三方评估"式评估模式

第三方评估模式与前两种模式的不同在于,其评估主导者不再是由公共部门推动,而是将评估工作予以市场化和公平竞争。这种评估模式在本质上是由中立第三者对政府的各项法治保障工作进行评价,其评估成员一般是由权威、专业和客观的专业团队组成,从而构成保证他们评估结果可靠性的基础。而且,一旦他们的评估报告具有倾向性,便可能丢失客户的信任,进而丧失市场。因此,第三方评估模式能够克服中央明确模式和地方量化模式的主观性、偏见性,并提升评估结果的中立性、客观性、透明性和公正性,从而为公众和各方利益相关者阐述政府数字化转型过程中法治保障的到位和缺位。其具体的特点呈现为:一是评估主体的独立性。在多数情况下由无利益相关性的科研组织或咨询机构自主负责。二是专业性的评估标准。依据行业标准、国家标准以及相关法规进行评估,保证了评估结果的客观性和科学性。三是评估对象的限定性。针对数字政府建设相关的政府部门、系统、应用和服务等进行评估。四是评估内容的综合性。整体考虑数字化水平、政府信息公开、数据安全保护等方面,着重检验数字政府建设是否能够满足法律法规要求,从而保障了法治原则的落实。五是评估方式的多元性。采用定量、定性相结合的方式进行评估,既包括基于数据指标的统计分析,也涵盖通过现场调研和专家访问的定性评估,以

---

〔1〕 参见王再进、田德录、刘辉:《区域全面创新改革试验评估框架和指标研究》,载《中国科技论坛》2018 年第 12 期,第 44~51 页。

保障评估结果的全面性和准确性。[1]该模式的优点在于，政府因有一定的独立性而能够在评估中更客观地审视数字政府的法治保障建设情况，从而减少政府自评过高或评估结果不实。当然，由于其评估的对象和领域常常是根据甲方的要求展开，因此该评估结果实际上也潜在地具有非整体性。

第三节　数字政府法治评估指标体系的问题

数字政府法治保障评估体系的构建不仅是国家治理能力现代化的关键抓手和核心路径，也是数字化转型背景下提高政府治理能力和公民参政议政能力现代化的必由之路。[2]国务院于 2022 年发布的《关于加强数字政府建设的指导意见》也对新一轮科技革命和产业变革趋势下的数字政府建设提出了更高标准。[3]在党中央政策的引领下，各地如火如荼地开展数字政府治理的试点治理。例如，贵州的省级政务数据平台"云上贵州"、上海市构建的"一网通办"大数据政务服务中心、浙江省基于数字政府扁平化理念推出的"最多跑一次"的改革实践，都是我国在数字政府构建过程中进行的有益实践。作为信息化时代的特有产物，数字政府是"十四五"国家信息化规划中数字中国建设的重要组成部分，因而必须将数字政府建设置于优先地位，加快推动政府向数字化转型，并全力提升公民的数字素养。[4]不过，如何评估政府数字化转型的成效，却是当前数字政府建设过程中的难题。例如，受限于考核维度的多样性和选择范围的广泛性，以形式法治概念为基础的指标体系在设计逻辑和赋分标准上不够清晰，再加上评估指标体系本身存在不合理之处，目前实际上难以直接有效地展示数字政府法治

---

〔1〕　参见李方毅、郑垂勇：《我国省级政府公共服务绩效评估研究》，载《南京社会科学》2020年第 7 期，第 26~33 页。

〔2〕　参见周文彰、史蕊：《数字政府和国家治理现代化》，载《行政管理改革》2020 年第 2 期，第 4~10 页。

〔3〕　参见杨思怡：《数字政府与法治政府：何以、以何、如何共进》，载《科技与法律（中英文）》2023 年第 2 期，第 14~21 页。

〔4〕　参见周敏：《"互联网+政务服务"提升政府公共服务效能研究——以株洲市为例》，载《湖南工程学院学报（社会科学版）》2018 年第 4 期，第 34~38 页。

治理的效果。[1]鉴于此，笔者将针对数字政府法治保障评估指标体系存在的问题展开剖析，以期为我国数字政府法治治理评估指标体系建设提供理论基础与实践指引。

一、信息共享问题频发，阻碍评估指标体系构建

自党的十八大以来，为了统一实现政府政务信息化建设，国家已经制定了一系列相关政策以促进政府部门信息共享，政府部门在信息共享的顶层设计实践中也积累了丰富的经验。然而，由于政府跨部门信息共享机制不够完善，政府部门间信息分割、数据所有权和责任界定不明确的问题频现。这严重影响了数字政府法治保障评估指标体系的建设进程。具体而言，主要有以下几个方面的问题：

（一）共享信息成本高，信息孤岛现象频发

由于信息共享的成本涵盖了部门间的协调费用、信息获取成本、公开披露费用以及运营成本等多个方面，政府部门之间高昂的信息共享成本便成了阻碍内部信息流动的主要因素。由此，为确保信息共享机制的有效实施，政府各部门之间的协调工作不仅需要得到整体规划，还需对制度进行监督。[2]在传统的政府组织结构中，业务流程在设计上通常是相对独立的，政务信息也呈现出碎片化的特点，不同层级、不同职能、不同地区的数字政府部门拥有的信息资源往往也分布不均，这便意味着政府在整合共享信息时很容易出现重复交叉并阻碍数字政府信息共享的进展。[3]此外，信息共享的本质在于信息公开。而想要让政务信息变得公开透明，就需要消除部门间的信息独占优势，在数字政府的背景下整合信息和建立标准的信息共享流程。[4]从纵向来看，由于数字政府之间存在着职责结构相似的关系，

---

〔1〕 参见戴祥玉、卜凡帅：《地方政府数字化转型的治理信息与创新路径——基于信息赋能的视角》，载《电子政务》2020年第5期，第101~111页。

〔2〕 参见吕同舟：《交易成本、共享经济与政府横向部门间信息共享》，载《治理现代化研究》2021年第3期，第57~64页。

〔3〕 参见杨兴凯、王延章：《面向信息共享的政府部门间信任研究综述》，载《情报科学》2010年第8期，第1263~1268页。

〔4〕 参见黄辉：《电子政务信息资源共享的制约因素及其推进策略研究——以X市为例》，载《现代情报》2014年第8期，第47~50页。

科层制结构中相对固定的内部约束力往往使得上级部门拥有更多的数据资源和决策权，[1]从而造成信息共享地位不对等。从横向来看，由于各个部门之间职责存在交叉，自主性往往不足，其在信息共享过程中难以发挥主观能动性，因而也就进一步加剧了信息孤岛现象，甚至增加协调部门间信息共享的成本。

（二）数据质量安全难确定，权属责任难厘清

除了数据共享的成本以外，影响信息共享的原因尚有如下：一方面，囿于政府部门提供数据信息的滞后性，不同部门间难以做到实时共享信息；另一方面，由于不同部门整理信息的方式标准难以量化统一，信息汇总工作量明显加剧。在此种情况下，当海量信息汇总到信息共享部门时便很容易出现虚假信息披露的现象。而且，低质量的信息共享不仅会影响政府部门的公信力，还会严重影响信息使用部门的决策制定，甚至会影响公民参政议政的准确性以及数据的收集和处理效率等。[2]因而，针对数据安全问题，欧盟和美国曾分别颁布《通用数据保护条例》和《社交媒体隐私与消费者权利法案》予以应对。不过，我国的相关法律政策制定却相对缓慢。[3]虽然我国关于数据安全的法律规定了数据安全和促进数据开放利用并重的原则，但其在具体操作层面仍缺乏进一步的细化和规范，这在一定程度上明显阻碍了数字政府的信息共享机制的构建。

（三）政府部门信息共享的法治保障不完善

首先，当前数字政府信息共享的整体规划和配套措施制度不完善。当前，政府部门的信息共享工作尚缺乏法律依据，如《政务信息资源共享管理暂行办法》不仅并未列举部门拒绝共享信息的理由，而且对于政务数据共享不当的法律后果也并未严明，因此应对相关立法进行完善以打破信息孤岛现象；其次，数据共享过程中的使用权、所有权和管理权的归属以及

<hr />

〔1〕　参见王孟嘉：《数字政府建设的价值、困境与出路》，载《改革》2021年第4期，第136~145页。

〔2〕　参见刘云朋、卢贝：《基于数字政府建设视角下的政务数据共享现实困境与对策研究》，载《焦作大学学报》2024年第2期，第61~64页。

〔3〕　参见游路：《政府部门信息共享的现实难题与法治保障》，载《行政管理改革》2022年第8期，第64~74页。

数据流转过程中的责任承担存在问题。政府信息从生产、加工到公民使用往往历经多个流程、部门和主体，这些主体之间的权利义务关系在法律层面未进行明确的界定；最后，政务信息共享必然涉及数据交换和流转，数据使用和采集主体的差异在责任追究、权利义务等方面也会产生较大分歧。[1] 此外，在政府部门的数据共享过程中，也可能会因系统性偏差而导致数据被错误使用的情况发生，但责任承担方式的不明确则可能导致责任人逃避责任。[2] 概言之，作为大数据时代数字转型的重点对象，政府做好信息共享工作也是提升数字政府法治保障的前提。因而，面对信息共享的现实难题，政府部门应在制度细化、监督评估等方面做出进一步细化和落实，将数据共享趋势变为现实，[3] 从而为数字政府法治保障评估指标体系的构建打好基础。

二、评估维度重复矛盾，评估指标释义晦涩难懂

由于数字技术应用对政府公共服务介入的快速性、广泛性和深入性使得针对数字政府法治保障的评估指标体系往往是内容丰富和体系宏大的，实践中针对评估指标体系进行数据采集时可能会产生重叠或冲突的情形。例如，评估指标可能会涉及政府信息的数字公开水平、数字公共服务的能力以及网络安全保护水平等内容，而在每一个指标之下可能考核的细分领域也还有很多，如数字政府信息公开水平项下可能包括但不限于政府信息公开的频率、政府信息公开的及时性、信息公开时对数字安全的保护等等。然而，由于这些不同的考核维度之间存在诸多相关和交叉的情形，因而有必要针对指标进行体系展开，并予以更具体的分化排列。[4] 况且，除了关涉数字政府法治建设本身的诸多指标之外，评估指标体系通常还涉及政府

---

〔1〕 参见胡凌：《健康码、数字身份与认证基础设施的兴起》，载《中国法律评论》2021 年第 2 期，第 102~114 页。

〔2〕 参见王祯军：《法治视域下大数据应用于社会稳定风险评估的作用、问题及路径》，载《理论月刊》2021 年第 3 期，第 130~140 页。

〔3〕 参见倪千淼：《政府数据开放共享的法治难题与化解之策》，载《西南民族大学学报（人文社会科学版）》2021 年第 1 期，第 82~87 页。

〔4〕 参见孙杨杰：《福建自由贸易试验区政府服务质量评估体系设计初探》，载《中共福建省委党校学报》2017 年第 8 期，第 49~54 页。

机构、公民、企业和民间机构等各种形态的主体。这种涉及范围的广泛性特征不仅会增加评估体系的复杂性，也会让参与评估主体的客观性弱化。例如，针对政府的数字平台是否便捷和好用的指标，其收集更多可能是相关主体比较主观性的评估结果。此外，由于数字政府的法治保障离不开对国家政策法规的公共要求，部分指标体系的设计可能也会采取形式法的概念或规范要素。但采取这种形式法治的指标却有可能忽视其与实践需求的契合性以及指标内涵的复杂性，从而导致其不易被理解。例如，在指标体系评估数字政府是否合乎政策法规的诸多程序规范时，[1]由于数据被采集者可能并不太理解相关实践行动是否规范，其可能会使得评估结果与实际情况发生脱节。而这种对指标体系事实社会效果的忽视若未被慎重对待，则可能会使得评估结果失去实质意义。

三、评估指标体系的内在设置逻辑与赋分标准不明确

一方面，现有数字政府法治保障评估指标体系设置的内在逻辑不明确。数字政府法治保障评估指标体系中涉及多个维度和因素，各个指标之间的内在逻辑联系不够清晰，系统性和层次性也不足。[2]这导致在实际应用时评估者很难根据指标结果识别出问题产生的原因和给出解决方案。另一方面，现有数字政府法治保障评估指标体系的赋分标准并不明确，评估者在目前难以根据一个清晰的标准去评价各项指标。[3]例如，在政府信息公开方面，虽然一些指标可能对应着数值化的数据，如信息公开率、信息发布频率等，但其他的指标则可能会受到主观因素的较大影响，如信息公开便利程度。此时，具体的赋分标准就难以确定，这便可能导致不同评估者对同一项指标得出的结论不一致。为此，笔者认为，应当在设计指标体系时明确每个指标之间的内在逻辑关系，从而使得整个体系成为一个有机的、

〔1〕　参见李靖、李春生、董伟玮：《我国地方政府治理能力评估及其优化——基于吉林省的实证研究》，载《吉林大学社会科学学报》2020年第4期，第62~72页。

〔2〕　参见陈小华、卢志朋：《地方政府绩效评估模式比较研究：一个分析框架》，载《经济社会体制比较》2019年第2期，第106~116页。

〔3〕　参见宋君、张国平：《大数据时代的政府智慧治理：价值追求和能力维度》，载《领导科学》2020年第10期，第36~38页。

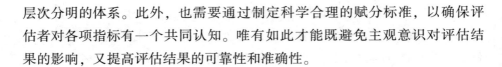

层次分明的体系。此外，也需要通过制定科学合理的赋分标准，以确保评估者对各项指标有一个共同认知。唯有如此才能既避免主观意识对评估结果的影响，又提高评估结果的可靠性和准确性。

四、评估指标体系注重评估过程和结果而轻改进

评估指标体系重视考核结果而轻视改进的主要表现涉及以下几个维度：其一，现有评估重视表面而非实质。数字政府的法治保障评估往往重视评估过程和评估结果而忽略数字政府建设的实际效果和指向问题，评估指标体系的设置则过度关注制约因素和问题而疏于强调改进和解决问题的措施和方案，从而导致评估结果并不能直接促进数字政府建设的进步和提高。而且，法治保障评估指标体系的针对性不强使其最终只是对政府的工作进行评估，而未能真正针对政府的痛点和难点提出相应的改进建议，这显然不利于政府有效解决问题。其二，较少针对政府数字化的全过程和全方位来展开整体认知评价。政府的数字化建设是一个多维立体的过程，该过程不仅仅表现为平面化的各种建设维度，也是对一种渐进式数字化应用历史进程的诠释，故而要将数字政府的转型视为一种需综合考虑各领域要素的系统。然而，目前针对数字政府的法治保障评估指标体系则更倾向于强调各项指标内容的独立赋值。这种忽视体系融合定量化的做法，最终使得指标体系的评估结果难以反映数字政府建设的综合水平。而且，独立而多元的指标在很多情况下也只能为政府的数字化改进提供局部建议。其三，评估指标体系侧重于对数字化建设情况的量化反映而非改进方向。实践中，不同的地方政府可能会对法治保障的评估指标体系持不采用的态度，某些地方甚至会扭曲评估的核心功能。不同于政治型考核工具，评估指标体系的价值追求是：为有利于民本、民生和民众的数字化公共服务。然而，当这种功能被异化时，操作评估工具的主体可能会按照被异化的价值来提供评估的结果和建议，其做法很可能会导致数字政府建设的方向被带偏，最终不能真正反映数字政府建设进程中应当注重的问题。基于此，在数字政府法治保障的评估指标体系建构中应当更加注重评估结果的改进针对性和实用性，以助力于数字型法治政府的长远建设。

总而言之，为实现到 2035 年基本实现社会主义现代化的远景目标，我国应高度重视数字政府法治保障评估指标体系的建设。况且，数字政府要实现长足的发展，必然离不开科学、系统、全面的评估体系。原因在于，合理的评估体系能够及时发现政府数字化转型的不足之处，并提出针对性的解决方案。而且，由于数字政府治理实践必须立足于地方实际情况、综合考量地区差异性，应当对数字政府法治保障评估指标进行本土化处理，并在实践评估中不断检验、逐步修正，最终形成一套较为科学化、系统化、规范化的数字政府治理评估体系。

第四节　国际社会法治评估的范例及其启示

公共部门服务的目标和理由是什么？部分研究者提出了一系列公共管理所面临的问题，其中包括政府部门如何确保既高效又公平地提供服务、如何在效率和公平性之间找到平衡点，[1] 以及"政府部门如何更开放地与公民进行沟通和对话"[2] 等。在建设美好生活的过程中，由于公共组织不仅应具有效率和效益（即对内具有生产力），而且对外应追求平等、公平和参与等民主价值，因此应当同时重视这两个方面。技术理想主义者[3] 认为，信息和通信技术（ICTs）不仅有助于提升公共机构的效率和效能，而且可以使得公众能够参与政策制定。[4] 按照这一逻辑，相关论者立足于对公共组织如何使用互联网的研究，一般试图回答两个问题：一是为什么公共组织要采取新举措，如数字政府计划；二是为什么有些举措比其他举措

---

〔1〕　See M. Holzer and G. Vatche, "Five Great Ideas in American Public Administration", In J. Rabin, W. B. Hildreth & G. J. Miller (Eds.), *Handbook of Public Administration* (*2nd ed.*), New York: Marcel Dekker, Inc., 1998, p. 49.

〔2〕　See M. Holzer and G. Vatche, "Five Great Ideas in American Public Administration", In J. Rabin, W. B. Hildreth & G. J. Miller (Eds.), *Handbook of Public Administration* (*2nd ed.*), New York: Marcel Dekker, Inc., 1998, p. 79.

〔3〕　See A. Blanchard and T. Horan, "Virtual Communities and Social Capital", *Social Science Computer Review*, Vol. 16, 1998, pp. 293~307.

〔4〕　See M. Holzer et al., *Restoring Trust in Government: The Potential of Digital Citizen Participation*, Washington, DC: IBM Center for The Business of Government, 1994, p. 320~323.

更容易获得成功。继而，研究人员通过制定数字政府标准对政府网站进行内容分析，并对采用数字政府标准的组织进行绩效评估，以验证其研究结论的可靠性。穆恩（Moon）的研究〔1〕将绩效提升视为从"第一阶段的信息传递"到"第五阶段的公民参与"的逐步发展过程。从理论角度来看，霍城（Ho）将绩效改进描述为从官僚范式向数字政府范式的范式转变，认为"新的（数字政府）模式转变了政府的组织原则，官僚模式强调自上而下的管理和等级式的沟通，新模式侧重于团队合作、多向网络、直接沟通以及快速的反馈机制"。〔2〕

信息与传播技术的快速变革进一步加速了这一趋势。技术变革也为社会和政治组织带来了新的挑战和机遇。〔3〕为了提高数字政府的效率和效益，公共组织已开始运用绩效衡量来检查数字政府的各项举措。尽管数字政府的使用越来越普遍，但一些问题也确实妨碍了其高效和有效实施。例如，在数字鸿沟方面，能够有效利用信息和传播技术的人与社区，同不能有效利用信息和传播技术的人与社区之间一直存在差距，这种技术应用的不平等现象使得许多人无法享受到发展的红利。〔4〕此外，近期也有研究者呼吁加强数字政府运行过程中的安全措施，特别是公共信息基础设施安全。有关论者对作为政府应用基础的信息系统安全性表示担忧，认为数字政府应建立在保障用户隐私的安全基础设施之上。〔5〕继而，有关论者进一步区分了电子行政和电子民主的不同，认为电子行政意味着公共机构通过信息和通信技术向用户提供服务，而电子民主则意味着通过数字途径传播的信息以及公民和企业对公共机构舆论形成所施加的政治影响。诚然，不同学者

---

〔1〕 See M. J. Moon, "The Evolution of E-government Among Municipalities: Rhetoric or Reality?", *Public Administration Review*, Vol. 62, No. 4, 2002, pp. 424~433.

〔2〕 See A. Ho, "Reinventing Local Governments and the E-government Initiative", *Public Administration Review*, Vol. 62, No. 4, 2002, pp. 434~444.

〔3〕 参见李丹：《数字社会的"权利鸿沟"及其弥合》，载《河北法学》2024 年第 6 期，第127~143 页。

〔4〕 See P. Norris, "Who Surfs? New Technology, Old Voters and Virtual Democracy", In Kamarck & Nye（eds.）, *Democracy. com? Governance in a Networked World*, Hollis, NH: Hollis Publishing Company, 1999, pp. 71~94.

〔5〕 See C. Kaylor et al. , "Gauging E-government: A Report on Implementing Services Among American Cities", *Government Information Quarterly*, Vol. 18, 2001, pp. 293~307.

的关注点有所差异，但必须承认：分析其他区域国家在政府数字化理论和实践方面的经验尤为必要。[1]因而，笔者认为，可以参考国际法治评估模型，并从中提取出有利于我国数字政府法治保障评估指标体系构建的有益经验。从域外视角展开，当下关于数字政府法治保障评估的范本主要有以下几种模式：

一、世界银行"治理事务"中的法治评估

政府的数字化转型并非一域之异象，而是数字技术发展在传统政府领域引发的全球性变革浪潮。故而，不仅是主权国家，包括世界银行在内的国际组织也对政府的数字化展开了较为广泛和系统的法治评估。基于各个地方政府的数字法治透明度和效率性表现，世界银行的法治评估关注了全球上百个经济体的数字建设水平和数字监测环境，旨在为不同国家提供治理能力和未来发展方向的指导。根据有关论者的归纳，该评估主要从四个维度来评估相关对象的法治水平，[2]分别是政府的决策质量、法律制度配套、司法制度保护以及反腐败建设。其中，政府的决策质量涵盖了政府政策制定、管理和实现等方面的效率和程度，法律制度的配套主要考量从金融、证券、信贷和外汇等市场实体角度的规范供给，司法制度保障则主要聚焦于司法主体的独立、程序的严格性和执行的实现情况等，而反腐败建设则基于数字技术对防止贪污等方面的促进等。此外，也有论者从差异的视角出发，认为世界银行采取的是一种综合市场、政治和社会等展开的包含八个细分领域的法治评估结构，[3]该结构涉及政府的公共治理、反对腐败、自由的意识形态和信仰、法律制定过程、司法制度保障、财产权保护、执法及其监管以及数字信息公开。相较于四维度观点而言，这种主张体现

〔1〕　See E. Welch and W. Wong, "Public Administration in a Global Context: Bridging the Gaps of Theory and Practice Between Western and Non-Western Nations", *Public Administration Review*, Vol. 58, No. 1, 1998, pp. 40~50.

〔2〕　参见孙源等：《数字营商环境：从世界银行评价标准到中国方案》，载《学海》2021年第4期，第151~159页。

〔3〕　参见马源、高太山：《数字经济营商环境：国际指标框架及政策指向》，载《发展研究》2020年第11期，第45~50页。

的评估范围更加全面和多元。根据世界银行在治理事务项下的具体表现，其法治评估的数据主要可以包括以下几种类型：政府来源的官方数据、民间数据、专业数据和案例数据。这些不同类型的数据分别来自政府机构、非政府组织、其他专业机构以及新闻报道和特殊情形下的数据采集等。继而，世界银行以不同维度的数据作为基本参照，通过对不同国家数字政府法治保障评估水平的评估而发布相应报告，从而为相关主体提供改善被评估国家治理体系和未来经济发展的参考材料。[1]

总体来说，世界银行关于数字政府法治保障的评估是一种系统化的评估结构，其不仅仅局限于法律制度本身，而是涵盖了多元化的角度。它针对企业登记时间花费、土地使用权批准流程和耗时、合同履行时间情况以及债务纠纷化解保障等指标进行了一系列数据分析，继而在相应指标的客观数据基础上对各国数字政府法治保障水平进行比较排名。这为诸多发展中国家的公共行政服务数字化转型留下了宝贵的经验和供给了参考方向。而且，它在指标体系中对公共服务行政效率与服务质量的关注以及对法律制度、司法程序和透明行政等的评估做法，不仅有助于更加多元、全面地评估数字政府的建设面貌，也在一定程度上反映出了不同国家立足于当前经济发展水平实际所处的数字政府建设阶段，并针对性提供可行的改进建议。[2]

二、世界银行营商环境报告中的法治评估

在数字政府的法治保障研究中，世界银行营商环境报告也是一种常用的域外法治评估范本。世界银行营商环境报告是一种非常系统化的国家法治评估体系，它注重从多个角度综合评估不同国家的营商环境，从而为数字政府法治保障研究提供了重要的思路和方法。该报告通过对全球 190 个左右的经济体进行比较分析，并依据各国经济体开展业务所需的各项规定和

---

〔1〕 参见娄成武、张国勇：《基于市场主体主观感知的营商环境评估框架构建——兼评世界银行营商环境评估模式》，载《当代经济管理》2018 年第 6 期，第 60~68 页。

〔2〕 参见徐奎松：《数字时代将从四大领域对营商环境提出更高要求——对当前优化营商环境之思考（下）》，载《中国发展观察》2020 年第 24 期，第 67~70 页。

流程评估了不同国家的营商环境。首先是评估指标。世界银行营商环境报告共包含 11 个主题，并基于各个主题的综合得分来计算经济体的总体得分。[1]这些主题包括开办企业、房产登记、获得贷款、电力供应、跨境贸易、执行合同、劳动力市场、纳税、卫生许可证、建筑许可证、环境规制等。其次是数据来源。与世界银行"治理事务"中的法治评估类似，世界银行营商环境报告也采取了官方数据、调查数据以及与之相关的其他民间机构的数据，而且其中大部分官方数据由世界银行员工通过组织与政府机构会面收集而来，调查数据则是通过专业机构进行的企业调查。[2]再次是评估结果。世界银行营商环境报告将所有经济体的得分进行比较后评估出全球营商环境排名。最后是评估内容。世界银行营商环境报告主要评估全球各国营商环境的质量，其评估内容不仅涉及政府的法治保障、市场监管、投资保护等方面，也涵盖了电子支付、公司注册、电子商务等关键指标。具体而言，在投资保护方面，世界银行营商环境报告包括了外商直接投资协议、交通基础设施、通信设施等关键指标；在财产权保护方面，世界银行营商环境报告涵盖了土地登记、财产税、财产转移等关键指标；在政府效率方面，世界银行营商环境报告包括电子申请、电子支付等关键指标，从而反映政府是否提供便捷高效的服务以及是否能够推动数字政府的发展。[3]相较于世界银行"治理事务"对数字政府法治保障的法治评估，营商环境报告中的评估更具有市场导向性和部分涉及性。毕竟，营商环境报告的法治评估本身并不完全以数字政府建设的法治配套为对象，而只是在公共治理方面与其产生了诸多维度的契合。而且，这些指标方法也可以作为政府数字化转型的参考，其中的数据材料也能够对部分国家的数字政府建设法治水平起到合理的评估和建议。[4]

---

[1]　See M. Victor and K. Cukier, *Big Data: A Revolution that will Transform How We Live, Work, and Think*, New York: Eamon Dolan／Houghton Mifflin Harcourt, 2013, p. 288.

[2]　参见韩兆柱、翟文康：《西方公共治理前沿理论述评》，载《甘肃行政学院学报》2016 年第 4 期，第 23~39 页。

[3]　参见陈涛、邰啊龙：《政府数字化转型驱动下优化营商环境研究——以东莞市为例》，载《电子政务》2021 年第 3 期，第 83~93 页。

[4]　参见贾怀勤：《数字贸易的概念、营商环境评估与规则》，载《国际贸易》2019 年第 9 期，第 90~96 页。

三、欧盟委员会关于司法效率的研究评估

欧盟委员会关于司法效率的研究也是重要的域外法治评估范本之一。该研究主要采用了以下逻辑：首先建立一套将案件处理时间、审判质量、机构效率、司法资源配置等多方面内容涵盖的、完整的指标体系，并在数据采集方面利用统计数据、调查问卷以及专家访谈等多种方式来获取各项指标的具体数据，而后针对每个指标制定相应的评估方法和分析工具，最终构建一个全面且具有可比性的评估体系。[1]这一研究旨在通过评估各成员国的司法机构的效率、透明度和可及性、能力等方面以帮助欧盟国家制定更加公平和有效的司法政策和体系。[2]就司法效率来讲，欧盟委员会提供如案件处理时间、审理质量、资源利用率等方面指标的报告；就透明度和可及性来讲，主要涉及能否让人民通过各种渠道快速接触到司法资源，包括线上查询、线上预约、在线申请等。其中，透明度指的是司法机构行为是否公开透明，而可及性指的是司法机构对社会公众是否友好开放，该指标因而可以被用作数字政府法治建设保障水平的评估材料。同时，能力评估作为欧盟委员会关于司法效率研究的主要内容之一，[3]其所评估的内容是欧盟成员国司法机构在争端产生后裁决或解决能力的表现，其主要涉及程序运行的时间限度、司法人员的专业能力以及裁判结果的质量等指标。此外，在研究的成果上，欧盟委员会不仅基于客观数值在形式上比较了不同成员的司法效率和其他司法质量，同时还针对这种不同结果产生的原因展开分析，继而对不同体系指标的提升完善给出了具体建议。例如，如何优化司法资源配置、如何缩减案件的诉讼程序等来帮助委员会成员提高公

---

〔1〕 See R. S. McNeal, K. Hale and L. Dotterweich, "Citizen-government Interaction and the Internet: Expectations and Accomplishments in Contact, Quality, and Trust", *Journal of Information Technology & Politics*, Vol. 5, No. 2, 2008, pp. 213~229.

〔2〕 See I. K. Mensah, "Impact of Government Capacity and E-government Performance on the Adoption of E-Government Services", *International Journal of Public Administration*, Vol. 43, No. 4, 2020, pp. 303~311.

〔3〕 See I. K. Mensah and J. Mi, "Computer Self-efficacy and E-government Service Adoption: The Moderating Role of Age as a Demographic Factor", *International Journal of Public Administration*, Vol. 42, No. 2, 2019, pp. 1~10.

共司法治理等。[1]诚然，欧盟委员会关于司法效率的研究和世界银行的营商环境报告一般，并不是针对数字政府法治建设展开的转向评估，但其作为一项全面和体系的评估模式，能够在司法组织效率性、透明度等方面为数字法治政府的保障提供借鉴和应用参考。[2]

四、上述不同法治评估模式的启发性思考

通过对前述差异化评估指标体系的观照可以发现，它们在评估方法、思路和体系等维度具有重要参考价值。这种价值表现在：一是数字政府的法治保障评估指标体系需要多元科学内容的综合建构。在前述三种法治评估指标体系中无一例外地都采取了多学科的综合性评估思路。其根本原因在于，不同类型化的指标是对不同法治维度的反映，而政府的数字化应用转型又与每一个人的生老病死、衣食住行等方面息息相关。二是评估指标体系的架构需要将过程和结果统合。前述三种评估指标体系中都对立法规范和司法保障等多个层次的法治内容展开了评估。表面上看，最后的评估维度只展现了评估数据收集时的结果，但如果从比较的视野进行整体分析，它们其实也关注了不同评估对象所处的不同水平以及各自阶段展现的困境和不足。三是评估指标体系的建构需要将实践和理论充分结合。前述评估指标体系的设计虽然仅仅立足于部分维度而对理论要素进行安排，但其也存在不少的指标，需要结合当地的具体法治建设情况。四是法治评估需要注重国际合作与交流。对于一个国家而言，借鉴其他国家或地区的经验和做法是促进本国法治发展的有效途径。可见，以上三种法治评估方法均涉及多个国家或地区，都充分体现了国际合作和交流对于推进法治建设的重要作用。

---

〔1〕　See I. K. Mensah, G. Zeng and C. Luo, "E-Government Services Adoption: An Extension of the Unified Model of Electronic Government Adoption", *SAGE Open*, April-June, 2020-1-17.

〔2〕　See V. D. Ndou, "E-government for Developing Countries: Opportunities and Challenges", *The Electronic Journal of Information Systems in Developing Countries*, Vol. 18, No. 1, 2004, pp. 1~24.

第五节　数字政府法治评估指标体系的完善

科学且合理的评估指标体系是数字政府法治保障评估指标体系完善的关键。因此，有研究者认为，在明确数字政府的内涵、本质和运行特征的基础上，可以综合运用问卷调查、电话访谈、案例研究等方法，根据全面质量管理的 PDCA 循环逻辑设计指标评估体系，并从制度提供、技术创新、资源管理、公众体验等四个维度完善数字政府法治保障的评估指标体系。[1]不可否认，在以技术发展为核心的网络化时代，公民对参政议政、政府治理、政府服务等方面提出了更高要求。因此，在新一轮信息技术革命浪潮中，抓住数字政府法治保障评估指标体系完善的机会是政府数字化转型中亟须解决的问题。

一、增加"薄的法治概念"法治评估指标权重

政府数字化法治保障的评估指标是作为一种体系性的整体[2]而出现的，其不仅应当表现出厚的法治维度在指标体系中的权重，也应当将薄的法治维度体现在指标体系的评估范围内。原因在于，数字化技术对国家社会的变革是体现在诸多方面的：不同领域的变革都离不开相应法律规则的配套，对薄的法治维度的指标增加不仅能更加充分地为政府的数字化保障提供更为稳定和全面的法治监督管理机制，[3]也能够更为立体地呈现数字政府的法治建设水平。这种薄的法治维度在指标体系中的赋权可以从以下几个方面来展开：首先是数字基础设施的建设指标。数字基础设施是数字社会转型和建设的底座，更是政府数字化升级的物质基础。尽管他们与公民的数字服务并没有直接相关，但数字基础设施的建设和更新却无法脱离

---

〔1〕　参见刘银喜、赵淼：《公共价值创造：数字政府治理研究新视角——理论框架与路径选择》，载《电子政务》2022 年第 2 期，第 65~74 页。

〔2〕　参见王春业：《论数字法治政府的科层制基础及其发展》，载《浙江社会科学》2024 年第 4 期，第 45~54 页。

〔3〕　参见王祯军：《法治视域下大数据应用于社会稳定风险评估的作用、问题及路径》，载《理论月刊》2021 年第 3 期，第 130~140 页。

相关政策标准和法律规则的保障与指引。其次是数字化法治宣传与教育。数字技术赋能下的法治概念和法律运作与传统社会是有所不同的。因而，强化"技术+法治"的宣传教育是提升公众在新时代背景下的法治认知程度、法治意识和法治参与的必要手段，这对于公民自身权利的保障与数字政府运行监督也具有双重功效。再次是关注对数字行政程序化和规范化的监督管理。数字技术与行政管理的结合使得行政程序的公开性、透明性和规范性等都受到了数字化技术的挑战。虽然我们在数字政府的法治建设中要求数字信息公开、公众参与并提供了行政诉讼的保障等，但这种程序化的显现和规范依旧是依靠数字政府本身。在缺乏一个可供比较的对照程序和规范前提下，这种依靠政府本身对自身行为展开约束显然是不可信和持久的。此外，由于数字政府及数字社会建基于数据因子之上，数字化建设应当在法治手段上保证并提升数据的质量和可信，以确保数字形态并不是技术员的乌托邦理想而是实实在在的真实社会。数字时代的特点是：行政行为的实施离不开数字技术的参与。无论是数字空间的管理还是数字公共服务的供应，由于数据的质量直接影响到政府公共服务行为的合理性、可靠性和实效性，数字政府的法治保障评估指标便也应当考察数据的来源可靠性、安全性以及完整性等等。最后是针对数字政府法治保障体系本身的建设和完善指标。数字政府的转型需要针对其专门思考并供应体系化的相关法律、条例和技术标准，以此为数字政府的更新发展提供法制保障。当然，在数字政府法治保障评估指标体系中需要重视的薄的法治维度远远不局限于此。基于它对数字政府法治建设的全面性助力，有必要通过更为周延和专门的研究来为评估指标体系完善提供方向。

二、提升数字政府法治评估指标体系的科学性

为提升数字政府法治保障评估指标体系的科学性，学理界进行了各种有益的探索。现有研究主要集中于以下三个方面：一是评估的必要性研究。由于实践中评估指标难以量化测量，数字化流程难以管理控制便成为政府数字化转型中制定评估指标体系的一大难题，因此需要找寻和制定合理的评估指标和评估体系。自有关政府服务效能的法案《政府绩效与结果法案》

颁布起，数字政府的治理效能评估指标体系的构建一直是学术界和实务界关注的焦点。在该法案中，公众对参政议政的满意度被纳入数字政府治理效能评估体系之中[1]，并且充分考量了信息技术在政府数字化转换过程中的关键作用。[2]在此基础上，学界和实务界以切实改进数字政府治理、运作、办事效率，以及提升公众对数字政府构建的信任度和满意度为价值取向，探究能够反映且易于测量的政府服务质量和治理效能的指标，以构建数字政府法治保障评估指标体系，寻求提升数字政府服务质量和效能的路径。二是评估的体系构建研究。互联网平台、大数据、云计算等数字技术以及政府治理的新常态和国家科技战略的部署，共同推动了我国在政府服务和数字化治理创新方面的探索[3]。基于此，学者们分别从价值取向、工具和方法创新、数字政府治理效能评估的指标设计、模型构建等全方位多视角进行了研究。[4]其中，马亮提出政务服务治理的理论框架在于：首先，公共服务的核心理念在于价值及其创造；其次，公共管理的角色定位强调科学性；再次，政府部门可以依据公民的行为模式特别是行为偏差，来制定政策；最后，政府改革的核心在于减少和转移行政开支[5]，提高公民的获得感和幸福感。[6]胡广伟从服务内容维度（信息服务能力、事务服务能力、参与服务能力）、服务方法维度、动态能力维度构建了数字政府服务能力评价体系[7]。尚虎平等人提出在我国对政府服务效能的评估可以引入国

---

〔1〕 参见吴克昌、闫心瑶：《数字治理驱动与公共服务供给模式变革——基于广东省的实践》，载《电子政务》2020年第1期，第76~83页。

〔2〕 参见周敏：《"互联网+政务服务"提升政府公共服务效能研究——以株洲市为例》，载《湖南工程学院学报（社会科学版）》2018年第4期，第34~38页。

〔3〕 参见戴祥玉、卜凡帅：《地方政府数字化转型的治理信息与创新路径——基于信息赋能的视角》，载《电子政务》2020年第5期，第101~111页。

〔4〕 参见孙杨杰：《福建自由贸易试验区政府服务质量评估体系设计初探》，载《中共福建省委党校学报》2017年第8期，第49~54页。

〔5〕 参见马亮：《政务服务创新何以降低行政负担：西安行政效能革命的案例研究》，载《甘肃行政学院学报》2019年第2期，第4~11页。

〔6〕 参见马亮：《国家治理、行政负担与公民幸福感——以"互联网+政务服务"为例》，载《华南理工大学学报（社会科学版）》2019年第1期，第77~84页。

〔7〕 参见胡广伟：《电子政务服务能力测评体系研究》，载《电子政务》2010年第9期，第26~31页。

家服务标准并运用先进技术,〔1〕如运用模糊 DEA (Data Envelopment Analysis)、〔2〕三阶段 DEA 模型、随机前沿分析等方法,〔3〕并结合 "双元综合评估" 模型,指导数字政府绩效评价指标体系的构建与完善。〔4〕三是评估的应用实践研究。其主要关注的是:将搭建的评估体系应用于数字政府法治保障、服务绩效测算及评估等方面。如李方毅教授团队构建了兼顾城乡统筹发展与社会收入分配公平的政府公共服务绩效评估指标体系,用于测算我国 31 个省级政府 2013—2018 年的公共服务绩效;〔5〕李靖等基于吉林省的实证数据分析,构建了地方政府治理能力评价指标体系;〔6〕陈小华等通过对我国政府治理范式变迁下的三种政府绩效评估模式进行评析,认为目标责任制政府绩效评估模式是控制取向的, 参与式考评制政府绩效评估模式是参与导向的, 预算绩效管理制政府绩效评估模式是治理导向的, 其分别对应产出、产出和效果、成本产出和效果三种评估需求。〔7〕概言之, 现有数字政府的绩效评估指标体系多立足于国家发展战略和公民的实际需求,并以服务为评价对象, 关注服务效能和用户体验。不过整体来看, 目前的研究显然更侧重于单一指标的建立, 不仅尚未形成一个较为完整的数字政府绩效评估指标体系, 而且缺少法治保障细化指标体系构建的相关内容。〔8〕

---

〔1〕 参见尚虎平、赵盼盼:《我国政府服务绩效的尝试性评价——一个面向省级城市政府的网络实地体验评估》,载《公共管理学报》2014 年第 1 期, 第 114~126 页。

〔2〕 "DEA" 即数据包络分析 (Data Envelopment Analysis), 是一种非参数的数学方法, 主要用于评估生产单元 (如公司、部门等) 的相对效率。DEA 模型在运筹学、管理科学和经济学等多个学科领域中都有应用, 其通过使用输入 (如资源投入) 和输出 (如产出或成果) 的数据, 运用线性规划技术来评估具有相同功能的单元之间的效率。

〔3〕 参见高树彬、刘子先:《基于模糊 DEA 的服务型政府绩效评价方法研究》,载《科学学与科学技术管理》2011 年第 12 期, 第 32~35 页。

〔4〕 参见范柏乃、金洁:《公共服务供给对公共服务感知绩效的影响机理——政府形象的中介作用与公众参与的调节效应》,载《管理世界》2016 年第 10 期, 第 50~61 页。

〔5〕 参见李方毅、郑垂勇:《我国省级政府公共服务绩效评估研究》,载《南京社会科学》2020 年第 7 期, 第 26~33 页。

〔6〕 参见李靖、李春生、董伟玮:《我国地方政府治理能力评估及其优化——基于吉林省的实证研究》,载《吉林大学社会科学学报》2020 年第 4 期, 第 62~72 页。

〔7〕 参见陈小华、卢志朋:《地方政府绩效评估模式比较研究:一个分析框架》,载《经济社会体制比较》2019 年第 2 期, 第 106~116 页。

〔8〕 See G. Kelly, G. Mulgan and S. Muers, *Creating Public Value: an Analytical Framework for Public Service Reform*, London: Cabinet Office Strategy Unitit, 2002, pp. 33~35.

因此，高度关注数字政府法治评估指标体系构建的科学性至关重要。这种科学性既需要以比较的视角来考察不同地区的数字化治理之路，也应当聚焦于自主本土的法治发展目标、发展特性以及发展进路。具体来说，可以包括以下策略：科学化指标体系的建构不仅需要涵括明确的评估对象、评估目标、评估内容和评估方法，而且其塑造的首要条件即拟建数字政府法治保障的目标和原则。这种目标和原则既来源于特定国家的民族历史和文化传承，也来源于当下所能达到的数字政府实践水平，总之要结合评估对象的具体实际情况展开个性化构思。其次是划分合理的评估指标体系权重。指标体系构建中需要充分结合全面性与特色性，既要关注独立指标的重要性程度，也要兼顾薄的法治指标维度，并在总体上采取客观化的定量式计算方法以防止主观和随意。当然，这种量化的方法应当与数据采集的真实性和准确性相结合，故而在政府数字化法治保障评估中应当同时建立相应的数据采集与管理机制，以强化对评估数据的质量把控与监督。此外，建议在统一的数据基础上采用多元的评估方法，通过包括实际考察、访谈调查和文献分析在内的各式手段，以增强评估结果的客观、可信、特色和全面。总之，在完善政府的数字化法治保障评估指标体系过程中，应当在明确的评估对象与评估目标下确立综合评估原则。继而，通过对具体体系指标的权重附比，将真实可信的数据采集融入不同的评估方法之中，从而提高数字政府法治保障评估指标体系的真实性、科学性、有效性和完整性。

三、增强法治水平考核并设计改善的联动机制

一般而言，无论政府的数字化升级和数字技术在任何领域进行应用。其根本的目标均不在于对政府本身，而是为了公共治理和公共服务。而且，针对数字政府所展开的法治保障评估指标体系设计也并不是为了对数字政府的建设成效进行考核，而是希冀通过以评估指标体系为手段促进政府数字化发展的改善，进而促进数字公共服务的改进和提升。[1] 因此，为了强化评估指标体系兼顾考核和改善的联动效果，可以从联动的流程和配套的

---

〔1〕 参见郭一帆：《数字政府建设中的法律制度完善》，载《云南行政学院学报》2021年第1期，第38~46页。

机制等维度来展开进一步努力。

在建立和健全考核和改善的联动流程上，应当注意以下几点。首先，虽然针对政府的数字化法治保障评估指标体系建立目的是改善，但需要注意，改善的前提是发现问题。可见，评估指标的考核实现是针对数字政府建设进行改善的前提条件。基于此，二者的联动流程需要明确的考核目标和标准，而后根据评估结果来反映出数字政府法治保障建设的发展与不足，从而为进一步的改善提供方向。其次，为改善提供专门的经济基础，如设立相应的保障改善基金等。根据评估结果给出的改善方向只是联动机制发挥功效的第一步，而改善基金才能为下一步的人员培训、硬件设备更新或法规出台等相关工作提供物质基础。再次，重视评估结果背后产生的原因并对数字政府的法治保障展开标准化建设。评估结果的呈现往往是综合因素形成的结果，这种对评估结果的详尽解读和分析能够充分揭露其背后的原因和问题，从而有利于从更为实质的领域对数字政府提出改善建议，并能够为相应技术标准和操作规范等的修订提供数据。最后，将针对数字政府的考核和改善同时作为相关领导考核的指标，即对评估结果和评估结果的实质改善情况进行定期或不定期的评估与验收，通过绩效挂钩的办法驱使数字政府的法治保障工作得以进一步展开。

独木难成林。因此，数字政府法治保障的考核和联动机制设计还需要配套充分的辅助机制，如信息公开和舆情监测机制与数字政府法治保障诉求管理机制等。尽管评估指标体系能够定期系统化地呈现出数字政府运行的总体概览，但其对于很多突发产生的问题并未能给予充分应对。而且，由于突发事件的第一手发现人常常是使用数字政府公共服务的用户，因此成立信息公开和舆情监测机制有利于及时了解、回应和解决相关的数字化治理困境。在此基础上，对于公众用户关心的数字政府法治保障问题，数字政府便可以通过诉求管理机制来发布相应的评估结果和改良举措等信息，从而为积极公民与数字政府之间提供一条沟通交流的渠道。该渠道提供了一种这样的可能：即让公众的监督来跟进数字政府法治保障的考核和改善，这显然是一种有效举措。

除了联动流程与配套机制的供给，加强数字政府法治保障的考核和改善功能联动还可以采取一些其他完善方案。其一，保持评估指标体系的及时更新和丰富。既然考核改善的问题是基于指标体系的反馈而得出，那么只有评估指标根据数字政府的法律和实践变化而不断完善才能科学、全面和客观地提供与实际相符合的改善指引。其二，在评估指标体系的分析上，除了保证评估结果的客观和真实外，更应该强化不同指标之间的关联性，进而从更为综合的视角给出全面和有效的改善建议。其三，还可以强化专家意见反馈机制。为保证数据评估结果的合理性，基于评估指标体系所得出的评估结果可以先经过专家团队过滤和筛选，继而再行采取有针对性的改进措施等等。

总之，政府公共治理和服务的复杂性随着数字技术的应用会呈现出更高的技术化、智能化和创新化。实际上，数字政府的法治保障评估指标体系是对数字政府法治化指引的一种再指引，其目的是促进数字政府法治保障工作更加透明、规范和有效。[1]因此，未来数字政府法治保障的评估指标体系研究不仅需要随着数字政府发展的变化和法律法规的不断更新而随之调整和改善，更重要的是要积极探寻适应中国国情和符合发展需要的评估指标体系。这种评估指标体系也应当尽量是客观的、科学的和多维度的。毕竟，只有更为真实、合理和全面地反映出政府数字化建设的法治水平发展阶段，才能有利于创设一个以民为本和为民服务的智能型政府。

---

〔1〕 参见周雅颂：《数字政府建设：现状、困境及对策——以"云上贵州"政务数据平台为例》，载《云南行政学院学报》2019 年第 2 期，第 120~126 页。

参考文献

一、中文文献

（一）著作类

1. ［比］史蒂文·范·贝莱格姆：《用户的本质——数字化时代的精准运营法则》，田士毅译，中信出版社 2018 年版。

2. ［德］安德烈亚斯·布尔：《用户3.0：互联网+时代，用户思维是核心》，余冰译，北方妇女儿童出版社 2015 年版。

3. ［德］康拉德·黑塞：《联邦德国宪法纲要》，李辉译，商务印书馆 2007 年版。

4. ［德］马克斯·韦伯：《学术与政治》，冯克利译，生活·读书·新知三联书店 1998 年版。

5. ［法］弗雷德里克·马特尔：《智能：互联网时代的文化疆域》，君瑞图、左玉冰译，商务印书馆 2015 年版。

6. ［立陶宛］伊格纳斯·卡尔波卡斯：《算法治理：后人类时代的政治与法律》，邱遥堃译，上海人民出版社 2022 年版。

7. ［美］安德鲁·芬伯格：《技术批判理论》，韩连庆、曹观法译，北京大学出版社 2005 年版。

8. ［美］安德鲁·基恩：《科技的狂欢》，赵旭译，中信出版社 2018 年版。

9. ［美］弗吉尼亚·尤班克斯：《自动不平等：高科技如何锁定、管制和惩罚穷人》，李明倩译，商务印书馆 2021 年版。

10. ［美］赫伯特·马尔库塞：《单向度的人：发达工业社会意识形态研究》，张峰、吕世平译，重庆出版社 1988 年版。

11. ［美］卢克·多梅尔：《算法时代：新经济的新引擎》，胡小锐、钟毅译，中信出版社 2016 年版。

12. ［美］曼纽尔·卡斯特：《认同的力量》，曹荣湘译，社会科学文献出版社 2006 年版。

13. ［美］尼尔·波斯曼：《技术垄断———文化向技术投降》，何道宽译，中信出版社 2019 年版。

14. ［英］杰米·萨斯坎德：《算法的力量———人类如何共同生存?》，李大白译，北京日报出版社 2022 年版。

15. 陈振明、孟华主编：《公共组织理论》，上海人民出版社 2006 年版。

16. 董春雨、薛永红：《大数据哲学：从机器崛起到认识方法的变革》，中国社会科学出版社 2021 年版。

17. 段伟文：《信息文明的伦理基础》，上海人民出版社 2020 年版。

18. 姜明安主编：《行政程序研究》，北京大学出版社 2006 年版。

19. 孙笑侠：《程序的法理》（第 2 版），社会科学文献出版社 2017 年版。

（二）论文类

20. 艾四林、徐若菲：《深入理解中国式现代化的价值观》，载《思想理论教育导刊》 2023 年第 6 期。

21. 鲍静、范梓腾、贾开：《数字政府治理形态研究：概念辨析与层次框架》，载《电子政务》 2020 年第 11 期。

22. 鲍静、贾开：《数字治理体系和治理能力现代化研究：原则、框架与要素》，载《政治学研究》 2019 年第 3 期。

23. 鲍静、张勇进：《政府部门数据治理：一个亟需回应的基本问题》，载《中国行政管理》 2017 年第 4 期。

24. 北京大学课题组、曾渝、张权：《平台驱动的数字政府：能力、转型与现代化》，载《电子政务》 2020 年第 7 期。

25. 蔡立辉：《西方国家政府绩效评估的理念及其启示》，载《清华大学学报（哲学社会科学版）》 2003 年第 1 期。

26. 曹鎏：《论我国法治政府建设的目标演进与发展转型》，载《行政法学研究》 2020 年第 4 期。

27. 曹望华：《国内公共管理伦理学研究综述》，载《广东行政学院学报》 2007 年第 1 期。

28. 曾渝、黄璜：《数字化协同治理模式探究》，载《中国行政管理》 2021 年第 12 期。

29. 陈端：《数字治理推进国家治理现代化》，载《前线》 2019 年第 9 期。

30. 陈戈寒：《论我国政府公共服务职能的完善》，载《江汉论坛》2005 年第 9 期。

31. 陈涛、郜啊龙：《政府数字化转型驱动下优化营商环境研究——以东莞市为例》，载《电子政务》2021 年第 3 期。

32. 陈小华、卢志朋：《地方政府绩效评估模式比较研究：一个分析框架》，载《经济社会体制比较》2019 年第 2 期。

33. 陈子君：《论行政诉讼智能化的逻辑理路与制度建构》，载《东北大学学报（社会科学版）》2023 年第 6 期。

34. 程晟、沈费伟、王江红：《数智治理视角下行政复议变革的实践逻辑与优化建议——以"浙里复议"数智应用为例》，载《中共杭州市委党校学报》2024 年第 2 期。

35. 戴祥玉、卜凡帅：《地方政府数字化转型的治理信息与创新路径——基于信息赋能的视角》，载《电子政务》2020 年第 5 期。

36. 戴长征、鲍静：《数字政府治理——基于社会形态演变进程的考察》，载《中国行政管理》2017 年第 9 期。

37. 邱弘阳、任思琪：《政府数据公开网络平台的数据管理与利用方式研究》，载《图书馆杂志》2017 年第 1 期。

38. 董慧、陈兵：《数字时代核心价值的建构——以法兰克福学派批判理论为线索》，载《东岳论丛》2015 年第 8 期。

39. 范柏乃、林哲扬：《政府治理"法治——效能"张力及其化解》，载《中国社会科学》2022 年第 2 期。

40. 范柏乃、金洁：《公共服务供给对公共服务感知绩效的影响机理——政府形象的中介作用与公众参与的调节效应》，载《管理世界》2016 年第 10 期。

41. 冯延有：《政务数据共享中个人信息保护的实践隐忧与完善路径》，载《贵州省党校学报》2023 年第 4 期。

42. 冯延有：《政务数据共享的法治难题及其破解》，载《陕西行政学院学报》2023 年第 3 期。

43. 冯泽华、刘向东：《数字化参与权：权利构造与国家义务》，载《社会工作与管理》2023 年第 5 期。

44. 傅爱竹：《数字新兴议题专门立法热之反思》，载《法商研究》2023 年第 5 期。

45. 高树彬、刘子先：《基于模糊 DEA 的服务型政府绩效评价方法研究》，载《科学学与科学技术管理》2011 年第 12 期。

46. 高一飞：《数字人权规范构造的体系化展开》，载《法学研究》2023 年第 2 期。

47. 谷佳慧：《数字时代正义的内涵变迁及法治保障》，载《北方法学》2023 年第 5 期。

48. 关保英、汪骏良：《基于合作治理的数字法治政府建设》，载《福建论坛（人文社会科学版）》2022 年第 5 期。

49. 郭一帆：《数字政府建设中的法律制度完善》，载《云南行政学院学报》2021 年第 1 期。

50. 韩慧：《论新时代司法的守正与创新》，载《理论学刊》2021 年第 2 期。

51. 韩兆柱、翟文康：《西方公共治理前沿理论述评》，载《甘肃行政学院学报》2016 年第 4 期。

52. 何圣东、杨大鹏：《数字政府建设的内涵及路径——基于浙江"最多跑一次"改革的经验分析》，载《浙江学刊》2018 年第 5 期。

53. 后向东：《政策发布数字化转型：机遇、挑战与现实路径》，载《中国行政管理》2021 年第 12 期。

54. 后向东：《论营商环境中政务公开的地位和作用》，载《中国行政管理》2019 年第 2 期。

55. 胡广伟：《电子政务服务能力测评体系研究》，载《电子政务》2010 年第 9 期。

56. 胡凯、孔祥瑞、张泽丰：《数字政府与财政透明度——基于中国地级市的考察》，载《城市问题》2023 年第 2 期。

57. 胡凌：《健康码、数字身份与认证基础设施的兴起》，载《中国法律评论》2021 年第 2 期。

58. 胡溢武、刘恒：《行政裁量权的合理规制与法治政府建设》，载《重庆社会科学》2014 年第 3 期。

59. 黄恒学、冯向阳：《新技术时代的"数字官僚主义"》，载《决策》2020 年第 7 期。

60. 黄璜等：《数字化赋能治理协同：数字政府建设的"下一步行动"》，载《电子政务》2022 年第 4 期。

61. 黄璜：《数字政府：政策、特征与概念》，载《治理研究》2020 年第 3 期。

62. 黄璜：《对"数据流动"的治理——论政府数据治理的理论嬗变与框架》，载《南京社会科学》2018 年第 2 期。

63. 黄璜：《数字政府的概念结构：信息能力、数据流动与知识应用——兼论 DIKW 模型与 IDK 原则》，载《学海》2018 年第 4 期。

64. 黄辉：《电子政务信息资源共享的制约因素及其推进策略研究——以 X 市为例》，载《现代情报》2014 年第 8 期。

65. 黄建伟、刘军：《欧美数字治理的发展及其对中国的启示》，载《中国行政管理》2019 年第 6 期。

66. 黄晴、刘华兴：《治理术视阈下的社区治理与政府角色重构：英国社区治理经验与启示》，载《中国行政管理》2018 年第 2 期。

67. 黄如花、刘龙：《我国政府数据开放中的个人隐私保护问题与对策》，载《图书馆》2017 年第 10 期。

68. 黄如花、苗森：《中国政府开放数据的安全保护对策》，载《电子政务》2017 年第 5 期。

69. 黄如花、陈闯：《美国政府数据开放共享的合作模式》，载《图书情报工作》2016 年第 19 期。

70. 黄欣荣、潘欧文：《"数字中国"的由来、发展与未来》，载《北京航空航天大学学报（社会科学版）》2021 年第 4 期。

71. 贾怀勤：《数字贸易的概念、营商环境评估与规则》，载《国际贸易》2019 年第 9 期。

72. 江必新：《行政程序正当性的司法审查》，载《中国社会科学》2012 年第 7 期。

73. 江小娟：《以数字政府建设支撑高水平数字中国建设》，载《中国行政管理》2020 年第 11 期。

74. 蒋红珍：《正当程序原则司法适用的正当性：回归规范立场》，载《中国法学》2019 年第 3 期。

75. 蒋敏娟、黄璜：《数字政府：概念界说、价值蕴含与治理框架——基于西方国家的文献与经验》，载《当代世界与社会主义》2020 年第 3 期。

76. 解志勇：《数字法治政府构建的四个面向及其实现》，载《比较法研究》2023 年第 1 期。

77. 金成波、王敬文：《数字法治政府的时代图景：治理任务、理念与模式创新》，载《电子政务》2022 年第 8 期。

78. 李丹：《数字权利的生成基础及法治化保障》，载《求是学刊》2024 年第 2 期。

79. 李登喜：《论行政裁量权行使的原则》，载《河北法学》2011 年第 7 期。

80. 李方毅、郑垂勇：《我国省级政府公共服务绩效评估研究》，载《南京社会科学》2020 年第 7 期。

81. 李桂林、李露雅：《"良法善治"维度下数字法治政府建设的"双化协同"》，载《南昌大学学报（人文社会科学版）》2022 年第 2 期。

82. 李洪雷：《深化改革与依法行政关系之再认识》，载《法商研究》2014 年第 2 期。

83. 李靖、李春生、董伟玮：《我国地方政府治理能力评估及其优化——基于吉林省的实证研究》，载《吉林大学社会科学学报》2020 年第 4 期。

84. 李鹏、杨国栋：《数字政府服务创新的影响因素与实现策略》，载《吉林大学社会科学学报》2021 年第 6 期。

85. 李志祥：《数字智能技术的正义挑战与伦理应对》，载《上海师范大学学报（哲学社会科学版）》2023 年第 6 期。

86. 梁华：《整体性精准治理的数字政府建设：发展趋势、现实困境与路径优化》，载《贵州社会科学》2021 年第 8 期。

87. 梁木生：《论"数字政府"运行的法律调控》，载《中国行政管理》2002 年第 4 期。

88. 林杭锋：《数字时代的政府行政：异化与归正——基于法治的视角》，载《新余学院学报》2022 年第 4 期。

89. 刘东亮：《技术性正当程序：人工智能时代程序法和算法的双重变奏》，载《比较法研究》2020 年第 5 期。

90. 刘琳：《算法解释权与商业秘密保护的冲突化解》，载《行政法学研究》2023 年第 2 期。

91. 刘密霞、丁艺、朱锐勋：《数字治理视域下的海淀政务服务模式创新》，载《云南行政学院学报》2019 年第 4 期。

92. 刘祺：《当代中国数字政府建设的梗阻问题与整体协同策略》，载《福建师范大学学报（哲学社会科学版）》2020 年第 3 期。

93. 刘世佳：《试论依法行政原则》，载《学术交流》2011 年第 10 期。

94. 刘鑫、赵涟漪：《论数字政府的行政伦理责任》，载《沈阳干部学刊》2023 年第 6 期。

95. 刘银喜、赵森：《公共价值创造：数字政府治理研究新视角——理论框架与路径选择》，载《电子政务》2022 年第 2 期。

96. 娄成武、张国勇：《基于市场主体主观感知的营商环境评估框架构建——兼评世界银行营商环境评估模式》，载《当代经济管理》2018 年第 6 期。

97. 鲁楠：《信息社会政府论：演化与选择》，载《国家检察官学院学报》2023 年第 2 期。

98. 罗有成：《数字权利论：理论阐释与体系建构》，载《电子政务》2023 年第 5 期。

99. 吕同舟：《交易成本、共享经济与政府横向部门间信息共享》，载《治理现代化研究》2021 年第 3 期。

100. 马亮：《数字政府建设：文献述评与研究展望》，载《党政研究》2021 年第 3 期。

101. 马亮：《国家治理、行政负担与公民幸福感——以"互联网+政务服务"为例》，载《华南理工大学学报（社会科学版）》2019 年第 1 期。

102. 马亮：《政务服务创新何以降低行政负担：西安行政效能革命的案例研究》，载《甘肃行政学院学报》2019 年第 2 期。

103. 马颜昕：《论行政法典对数字政府建设的回应》，载《现代法学》2022 年第 5 期。

104. 马颜昕：《自动化行政的分级与法律控制变革》，载《行政法学研究》2019 年第 1 期。

105. 马源、高太山：《数字经济营商环境：国际指标框架及政策指向》，载《发展研究》2020 年第 11 期。

106. 马蕴：《比利时电子政务发展特点及启示》，载《信息化建设》2004 年第 5 期。

107. 马长山：《数字公民的身份确认及权利保障》，载《法学研究》2023 年第 4 期。

108. 马长山：《数字人权的"中国图景"》，载《人权》2023 年第 4 期。

109. 马忠法、吴璇：《论数字政府建设中的法治问题》，载《贵州省党校学报》2023 年第 1 期。

110. 毛彩菊：《政府治理模式与部门间协调机制研究》，载《行政与法》2017 年第 10 期。

111. 孟庆龙：《中国式现代化进程中"数字中国"建设的价值向度》，载《江西社会科学》2023 年第 7 期。

112. 孟天广：《政府数字化转型的要素、机制与路径——兼论"技术赋能"与"技术赋权"的双向驱动》，载《治理研究》2021 年第 1 期。

113. 孟天广、张小劲：《大数据驱动与政府治理能力提升——理论框架与模式创新》，载《北京航空航天大学学报（社会科学版）》2018 年第 1 期。

114. 米加宁等：《"数字空间"政府及其研究纲领——第四次工业革命引致的政府形态变革》，载《公共管理学报》2020 年第 1 期。

115. 苗国厚、陈璨：《在线政务服务平台建设的沿革与前瞻》，载《中国行政管理》2020 年第 2 期。

116. 倪千淼：《政府数据开放共享的法治难题与化解之策》，载《西南民族大学学报（人文社会科学版）》2021 年第 1 期。

117. 宁琪、谭家超：《数字政府建设的地方实践与完善策略》，载《改革》2023 年第 1 期。

118. 欧阳航、杨立华：《数字政府建设如何促进整体性政府实现？——基于网络式互构框架的分析》，载《电子政务》2021 年第 11 期。

119. 庞金友：《全球性大国不是什么——新兴大国应当警惕的三种发展倾向》，载《学术前沿》2015 年第 21 期。

120. 彭强、陈德敏：《政府信息公开中公众参与规范化水平的优化与提升——基于信息权的探索》，载《中国行政管理》2023年第1期。

121. 彭箫剑：《平台型政府及行政法律关系初论》，载《兰州学刊》2020年第7期。

122. 钱锦宇、刘学涛：《营商环境优化和高质量发展视角下的政府机构改革：功能定位及路径分析》，载《西北大学学报（哲学社会科学版）》2019年第3期。

123. 任晓刚：《数字政府建设进程中的安全风险及其治理策略》，载《求索》2022年第1期。

124. 尚虎平、赵盼盼：《我国政府服务绩效的尝试性评价——一个面向省级城市政府的网络实地体验评估》，载《公共管理学报》2014年第1期。

125. 沈费伟、诸靖文：《数据赋能：数字政府治理的运作机理与创新路径》，载《政治学研究》2021年第1期。

126. 沈伟伟：《算法透明原则的迷思——算法规制理论的批判》，载《环球法律评论》2019年第6期。

127. 石颖：《算法歧视的缘起、挑战与法律应对》，载《甘肃政法大学学报》2022年第3期。

128. 石佑启、杨治坤：《中国政府治理的法治路径》，载《中国社会科学》2018年第1期。

129. 宋保振：《"数字弱势群体"权利及其法治化保障》，载《法律科学（西北政法大学学报）》2020年第6期。

130. 宋君、张国平：《大数据时代的政府智慧治理：价值追求和能力维度》，载《领导科学》2020年第10期。

131. 孙光宁：《正当程序：行政法指导案例的基本指向》，载《行政论坛》2018年第2期。

132. 孙荣飞、黄庆杰：《试论依法行政的制度依赖》，载《云南社会科学》2004年第1期。

133. 孙杨杰：《福建自由贸易试验区政府服务质量评估体系设计初探》，载《中共福建省委党校学报》2017年第8期。

134. 孙友晋、高乐：《加强数字政府建设 推进国家治理现代化——中国行政管理学会2020年会会议综述》，载《中国行政管理》2020年第11期。

135. 孙源等：《数字营商环境：从世界银行评价标准到中国方案》，载《学海》2021年第4期。

136. 谭溪：《加拿大数字政府治理改革实践及反思》，载《中国行政管理》2021年第

7 期。

137. 谭宗泽、付大峰：《中国行政法法典化的理念与理论基础》，载《北方法学》2022年第 5 期。

138. 汪玉凯：《"十四五"时期数字中国发展趋势分析》，载《党政研究》2021 年第 4 期。

139. 王德新、李诗隽：《新时代公众参与的社会治理创新》，载《哈尔滨工业大学学报（社会科学版）》2022 年第 2 期。

140. 王芳等：《基于大数据应用的政府治理效能评价指标体系构建研究》，载《信息资源管理学报》2020 年第 2 期。

141. 王贵：《算法行政的兴起、挑战及法治化调适》，载《电子政务》2021 年第 7 期。

142. 王怀勇、邓若翰：《算法行政：现实挑战与法律应对》，载《行政法学研究》2022 年第 4 期。

143. 王杰：《论数字法治政府建设》，载《南海法学》2022 年第 6 期。

144. 王敬波：《数字政府的发展与行政法治的回应》，载《现代法学》2023 年第 5 期。

145. 王孟嘉：《数字政府建设的价值、困境与出路》，载《改革》2021 年第 4 期。

146. 王伟玲：《我国数字政府顶层设计的理念辨析与实践指向》，载《行政管理改革》2021 年第 6 期。

147. 王尉、王丹：《数字政府建设背景下多元治理主体的协同模式创新与共治效果提升》，载《领导科学》2023 年第 1 期。

148. 王锡锌：《数治与法治：数字行政的法治约束》，载《中国人民大学学报》2022 年第 6 期。

149. 王再进、田德录、刘辉：《区域全面创新改革试验评估框架和指标研究》，载《中国科技论坛》2018 年第 12 期。

150. 王祯军：《法治视域下大数据应用于社会稳定风险评估的作用、问题及路径》，载《理论月刊》2021 年第 3 期。

151. 王柱国：《依法行政原则之"法"的反思》，载《法商研究》2012 年第 1 期。

152. 魏强：《析行政合理性原则的适用——以合理控制房价为视角》，载《东岳论丛》2013 年第 8 期。

153. 翁列恩、胡税根：《公共服务质量：分析框架与路径优化》，载《中国社会科学》2021 年第 11 期。

154. 吴靖：《"算法"具有自由意志吗？——算法主导社会行为背后的几个悖论》，载《中国出版》2019 年第 2 期。

155. 吴克昌、闫心瑶：《数字治理驱动与公共服务供给模式变革——基于广东省的实践》，载《电子政务》2020 年第 1 期。

156. 夏高锋等：《PPP 项目公众参与机制的国外经验和政策建议》，载《建筑经济》2018 年第 1 期。

157. 邢鸿飞、曾丽渲：《数字时代行政法治的结构性障碍及革新路径》，载《江苏社会科学》2023 年第 4 期。

158. 徐奎松：《数字时代将从四大领域对营商环境提出更高要求———对当前优化营商环境之思考（下）》，载《中国发展观察》2020 年第 24 期。

159. 徐雅倩、王刚：《数据治理研究：进程与争鸣》，载《电子政务》2018 年第 8 期。

160. 许春晖：《正当程序：滥用程序权的判断标准》，载《法学评论》2019 年第 2 期。

161. 许乐、孔雯：《数字政府建设背景下政府透明度对企业创新的影响》，载《贵州财经大学学报》2023 年第 4 期。

162. 许潇文、满鑫、赵逊：《数字政府建设背景下的全国一体化政务服务平台标准体系研究》，载《标准科学》2023 年第 10 期。

163. 杨国栋：《数字政府治理的理论逻辑与实践路径》，载《长白学刊》2018 年第 6 期。

164. 杨巧云、梁诗露、杨丹：《国外政府数字化转型政策比较研究》，载《情报杂志》2021 年第 10 期。

165. 杨思怡：《数字政府与法治政府：何以、以何、如何共进》，载《科技与法律（中英文）》2023 年第 2 期。

166. 杨兴凯、王延章：《面向信息共享的政府部门间信任研究综述》，载《情报科学》2010 年第 8 期。

167. 杨学科：《第四代人权论：数字时代的数字权利总纲》，载《山东科技大学学报（社会科学版）》2022 年第 2 期。

168. 姚怡帆、叶中华：《数字化转型中的政府与企业：角色定位与关系重构》，载《郑州大学学报（哲学社会科学版）》2021 年第 4 期。

169. 叶林、侯雪莹：《数据驱动下的数字政府建设：从购买服务走向合作治理》，载《甘肃行政学院学报》2023 年第 1 期。

170. 易承志：《国家治理体系现代化制度供给的理论基础与实践路径》，载《南京师大学报（社会科学版）》2017 年第 1 期。

171. 游路：《政府部门信息共享的现实难题与法治保障》，载《行政管理改革》2022 年第 8 期。

172. 于安：《论数字行政法——比较法视角的探讨》，载《华东政法大学学报》2022 年第 1 期。

173. 于安：《德国的依法行政原则及其宪法基础》，载《法学》1998 年第 1 期。

174. 余凌云：《数字时代行政审批变革及法律回应》，载《比较法研究》2023 年第 5 期。

175. 余凌云：《数字政府的法治建构》，载《社会科学文摘》2022 年第 7 期。

176. 俞可平：《中国治理评估框架》，载《经济社会体制比较》2008 年第 6 期。

177. 禹竹蕊、吕悦：《我国数字政府建设的行政法规制》，载《广西社会主义学院学报》2023 年第 2 期。

178. 郁建兴、周幸钰：《数字技术应用与政府创新的双向互构——基于浙江省"三张清单"数字化改革的分析》，载《经济社会体制比较》2023 年第 1 期。

179. 岳彩申：《数字法治政府建设的深化、困境与超越》，载《数字法治》2023 年第 4 期。

180. 詹国彬：《英国数字政府转型：价值理念、技术工具与制度保障》，载《行政论坛》2021 年第 6 期。

181. 展鹏贺：《数字化行政方式的权力正当性检视》，载《中国法学》2021 年第 3 期。

182. 张丙宣、周涛：《智慧能否带来治理———对新常态下智慧城市建设热的冷思考》，载《武汉大学学报（哲学社会科学版）》2016 年第 1 期。

183. 张聪丛等：《开放政府数据共享与使用中的隐私保护问题研究——基于开放政府数据生命周期理论》，载《电子政务》2018 年第 9 期。

184. 张恩典：《人工智能算法决策对行政法治的挑战及制度因应》，载《行政法学研究》2020 年第 4 期。

185. 张华民：《依法行政的德性要求及其现实关照》，载《现代法学》2014 年第 2 期。

186. 张吉豫：《数字法理的基础概念与命题》，载《法制与社会发展》2022 年第 5 期。

187. 张锟盛：《行政法学另一种典范之期待——法律关系理论》，载《月旦法学杂志》2005 年第 6 期。

188. 张梁、董茂云：《"数字法治政府"：概念认知、机理阐释、路径塑造与机制构建》，载《求实》2023 年第 5 期。

189. 张凌寒：《数字正义的时代挑战与司法保障》，载《湖北大学学报（哲学社会科学版）》2023 年第 3 期。

190. 张凌寒：《算法自动化决策与行政正当程序制度的冲突与调和》，载《东方法学》2020 年第 6 期。

191. 张鹏：《区块链赋能下的数字法治政府建设：内涵、关联及路径》，载《电子政务》2022 年第 7 期。

192. 张锐昕：《中国数字政府的核心议题与价值评析》，载《理论与改革》2022 年第 6 期。

193. 张锐昕：《电子政府内涵的演进及其界定》，载《社会科学辑刊》2011 年第 5 期。

194. 张天翔：《数字政府建设中的行政行为类型化研究——以行政过程论为视角》，载《华侨大学学报（哲学社会科学版）》2023 年第 2 期。

195. 张晓、鲍静：《数字政府即平台：英国政府数字化转型战略研究及其启示》，载《中国行政管理》2018 年第 3 期。

196. 张欣：《数字政府治理评估：理论框架与指标设计》，载《贵州社会科学》2023 年第 5 期。

197. 张龑、江烁：《数字人权的概念及其对基本权利的重塑》，载《人权》2023 年第 5 期。

198. 张震、王雪姣、华洁莹：《破除我国地方政府间信息壁垒的思考》，载《决策与信息》2019 年第 11 期。

199. 章燕华、王力平：《国外政府数字化转型战略研究及启示》，载《电子政务》2020 年第 11 期。

200. 赵豪：《行政程序数字化的风险与治理——以正当程序理念为视角》，载《湖南行政学院学报》2023 年第 2 期。

201. 赵金旭、赵娟、孟天广：《数字政府发展的理论框架与评估体系研究——基于 31 个省级行政单位和 101 个大中城市的实证分析》，载《中国行政管理》2022 年第 6 期。

202. 赵精武：《从保密到安全：数据销毁义务的理论逻辑与制度建构》，载《交大法学》2022 年第 2 期。

203. 郑妮、汪家颖：《数据视域下法治链条与数字经济的印合：被动适应与主动保障》，载《理论月刊》2022 年第 12 期。

204. 郑文阳：《我国政务数据开放的价值面向及安全保障》，载《行政管理改革》2023 年第 9 期。

205. 郑跃平等：《需求导向下的数字政府建设图景：认知、使用和评价》，载《电子政务》2022 年第 6 期。

206. 郑智航：《数字人权的理论证成与自主性内涵》，载《华东政法大学学报》2023 年第 1 期。

207. 郑智航：《人工智能算法的伦理危机与法律规制》，载《法律科学（西北政法大学学报）》2021 年第 1 期。

208. 周敏：《"互联网+政务服务"提升政府公共服务效能研究——以株洲市为例》，载《湖南工程学院学报（社会科学版）》2018 年第 4 期。

209. 周尚君、罗有成：《数字正义论：理论内涵与实践机制》，载《社会科学》2022 年第 6 期。

210. 周维栋：《元宇宙时代的数字公民身份：认同困境、实践逻辑与理论证成》，载《电子政务》2022 年第 10 期。

211. 周文彰、史蕊：《数字政府和国家治理现代化》，载《行政管理改革》2020 年第 2 期。

212. 周雅颂：《数字政府建设：现状、困境及对策——以"云上贵州"政务数据平台为例》，载《云南行政学院学报》2019 年第 2 期。

213. 周佑勇：《司法判决对正当程序原则的发展》，载《中国法学》2019 年第 3 期。

214. 朱锐勋：《政府数字化转型与电子政务深化发展面临的挑战与对策》，载《行政管理改革》2022 年第 2 期。

二、外文文献

（一）著作类

215. Alan Brown et al. *Understanding and Implementing New Digital Business Models*, Palgrave Macmillan, 2014.

216. E. Bardach, *Getting Agencies to Work Together：The Practice and Theory of Managerial Craftsmanship*, Washington, D. C.：Brookings Institution Press, 1998.

217. J. C. Bertot, P. T. Jaeger and C. R. McClure, "Citizen-Centered E-Government Services：Benefits, Costs and Research Needs", *The Proceedings of the 9th Annual International Digital Government Research Conference*, 2008

218. C. C. Demchak, C. Friis and T. M. La Porte, "Webbing Governance：National Differences in Constructing the Face of Public Organisations", in *Handbook of Public Information Systems*, D. Garson（ed.）, Marcel Dekker Publishers, New York, 2000.

219. Centre for Data Innovation, *Final Report of the Working Group*, Government of British Columbia, 2014.

220. T. Christensen et al., *Organization Theory and the Public Sector*, Abingdon：Routledge, 2007.

221. Deloitte Research, *At the Dawn of e-Government：The Citizen as Customer*, Deloitte Consulting and Deloitte & Touche, New York, 2000.

222. Ferris Research, "Quantifying the Productivity Gains of Email", in L. Schroeder, *Ferris*

Research Shows That Company Policies on Email Use Can Measurably Improve Staff Productivity, San Francisco, Jan. 18, 2000.

223. J. E. Fountain, "Social Capital: A Key Enabler of Innovation", in L. M. Branscomb and J. H. Keller (eds.), *Investing in Innovation: Creating a Research and Innovation Policy That Works.* Cambridge, Mass. : MIT Press, 1998.

224. Frank Robben, Peter Maes and Emmanuel Quintin, E-Government Program of the Belgian Social Security, *Encyclopedia of Digital Government*, Published in the United States of America by Idea Group Reference, 2007.

225. H. Kubicek, J. Millard and H. Westholm, "Methodology for Analysing the Relationship Between the Reorganisation of the Back Office and Better Electronic Public Services", *Proceedings of the Second International Conference-EGOV 2003*, Springer-Verlag, Berlin Heidelberg, 2003.

226. H. Van Duivenboden and M. Lips, "Taking Citizens Seriously: Applying Hirschman's Model to Various Practices of Customer-oriented E-Governance", in A. Salminen (ed.), *Governing Networks*, *EGPA Yearbook*, IOS Press, Amsterdam, 2003.

227. E. J. Helsper and Van Deursen, "Digital Skills in Europe: Research and Policy", in Andreasson, K. , (ed.), *Digital Divides*, CRC Press: Boca Raton, FL, USA, 2015.

228. M. Holzer et al. , *Restoring Trust in Government: The Potential of Digital Citizen Participation*, Washington, DC: IBM Center for The Business of Government, 1994.

229. M. Holzer, G. Vatche, "Five Great Ideas in American Public Administration", in J. Rabin, W. B. Hildreth & G. J. Miller (eds.), *Handbook of Public Administration (2nd ed.).* New York: Marcel Dekker, Inc. 1998.

230. J. Hsieh et al. , *Addressing Digital Inequality for the Socio – economically Disadvantaged through Government Initiatives: Forms for Capital that Affect ICT Utilization*, Computer Information Systems Faculty Publications, 2011.

231. Hsinchun Chen, Lawrence Brandt and Valerie Gregg, *Digital Government: E – government Research*, *Case Studies and Implementation*, New York: Springer, 2008.

232. T. Janowski, "Digital Government Evolution: From Transformation to Contextualization", *Government Information Quarterly*, 2015 (03).

233. Jenna Burrel, "How the Machine Thine s: Understanding Opacity in Machine Learning Algorithms", *3 Big Data &. Society 1*, 1 (2016).

234. G. Kelly, G. Mulgan and S. Muers, *Creating Public Value: an Analytical Framework for*

Public Service Reform, London: Cabinet Office Strategy Unitit, 2002.

235. M. Alshehri and S. Drew, E-Government Fundamentals, *Proceedings of the IADIS International Conference ICT*, Society and Human Beings 2010, 2010.

236. E. Milakovich, *Digital Governance: New Technologies for Improving Public Service and Participation*, London: Routledge, 2012.

237. G. David Garso, *Public Information Technology and E-Governance: Managing the Virtual State*, Raleigh, North Carolina: Jones and Bartlett Publishers, Inc. , Vol. 18, 2006.

238. National Association of State Information Resource Executives, Information Security in State Government Information Technology (Report.), 1999.

239. National Telecommunications and Information Administration, *Falling Through the Net: Defining the Digital Divide*, Washington, D. C. : NTIA, 1999.

240. P. Norris, "Who Surfs? New Technology, Old Voters and Virtual Democracy", In Kamarck & Nye (eds.), Democracy. com? *Governance in a Networked World*, Hollis, NH: Hollis Publishing Company, 1999.

241. D. C. North, *Understanding the Process of Economic Change*, Princeton University Press: Princeton, NJ, USA, 2005.

242. OECD, *OECD E-Government Flagship Report "The E-Government Imperative"*, Public Management Committee, Paris: OECD, 2003.

243. T. Pardo, *Realizing the Promise of Digital Government: It's More Than Building a Web Site*, Albany, NY: Center for Technology in Government, 2000.

244. Parliament of Canada, *SpeechFrom the Throne Given at the Thirty-Sixth Parliament of Canada Opening*, Ottawa, Ontario, 1999.

245. Suzanne J. Piotrowski, *Governmental Transparency in the Path of Administrative Reform.* SUNY Press, 2007.

246. R. Teeter, P. Hart, *The New E-government Equation: Ease, Angagement, Privacy and Protection*, The Council for Excellence in Government, 2003.

247. G. Rochlin, *Trapped in the Net: The Unanticipated Consequences of Computerization.* Princeton, N. J. : Princeton University Press, 1997.

248. See J. Slevin, *The Internet and Society*, Cambridge, Polity Press, 2000.

249. Simon Deakin, *Is Law Computable? Critical Perspectives on Law and Artificial Intelligence*, ChristopherMarkou (eds.), Oxford: Hart Publishing, 2020.

250. F. Stjernfelt and A. M. Lauritzen, *Improving the World or Capitalizing on It.* in Springer,

Your Post has been Removed, Berlin, Germany, 2020.

251. Treasury Board of Canada Secretariat, *Meeting Notes—TB Information Management Subcommittee*, 1999.

252. U. S. Senate, *Tax Complexity Fact Book 2000*, J. Slemrod, *The Simplification Potential of Alternatives to the Income Tax*, *Tax Notes*, Feb. 27, 1995.

253. United Nations, *E−Government Survey* 2016: *E−Government in Support of Sustainable Government*, New York: United Nations, 2014.

254. M. Victor and K. Cukier, *Big Data: A Revolution that will Transform How We Live*, *Work*, *and Think*, New York: Eamon Dolan /Houghton Mifflin Harcourt, 2013.

255. F. A. Von Hayek, *The Counterrevolution of Science*, The Free Press: Glencoe, IL, USA, 1952.

256. M. Weber, *Theory of Social and Economic Organization*. London: Free Press, 1947.

257. William J. McIver, Jr. , Ahmed K. Elmagarmid, *Advances in Digital Government Technology*, *Human Factors*, *and Policy*, Kluwer Academic Publishers, 2002.

(二) 论文类

258. B. Allen et al. , "E−Governance & Government On−Line in Canada: Partnerships, People & Prospects", *Government Information Quarterly*, Vol. 2, 2001.

259. L. B. Andersen, T. Pallesen and L. H. Pedersen, "Does Ownership Matter? Public Service Motivation among Physiotherapists in the Private and Public Sectors in Denmark", *Review of Public Personnel Administration*, Vol. 31, No. 1, 2011.

260. B. Bozeman and S. Bretschneider, "Public Management Information Systems: Theory and Prescriptions", *Public Admin. Rev.* , Vol. 46, 1986.

261. B. Rubin and H. Wang, "Embedding E−finance in E−government: A New E−government Framework", *Electronic Government*, Vol. 1, No. 4, 2004.

262. A. Blanchard and T. Horan, "Virtual Communities and Social Capital", *Social Science Computer Review*, Vol. 16, 1998.

263. D. Brown, "Accountability in a Collectivized Environment: From Glassco to Digital Public Admini Stration", *Canadian Public Administration*, Vol. 1, 2013.

264. J. Burn and G. Robins, "Moving Towards E−Government: A Case Study of Organisational Change Processes", *Logistics Information Management*, Vol. 16, No. 1, 2003.

265. C. Kaylor, R. Deshazo and D. Van Eck, "Gauging E−government: A Report on Implementing Services Among Americancities", *Government Information Quarterly*, Vol. 18, 2001.

266. Cap Gemini Ernst, Young, "Online Availability of Public Services: How is Europe Progressing? (Web-based Survey on Electronic Public Services: Report of the Fourth Measurement, October 2003)", *European Commission DG Information Society*, Vol. 13, 2004.

267. D. Cargnello and M. Flumian, "Canadian Governance in Transition: Multilevel Governance in the Digital era", *Canadian Public Administration*, Vol. 4, 2017.

268. H. Chen, "Digital Government: Technologies and Practices", *Decision Support Systems*, Vol. 34, No. 3, 2002.

269. Y. Chen and T. Hsieh, "Big Data for Digital Government", *Int. J. Public Adm. Digit. Age*, Vol. 1, 2014.

270. Christian Von Haldenwang, "Electronic Government and Development", *The European Journal of Development Research*, Vol. 16, No. 2, 2004.

271. A. Clarke and H. Margetts, "Governments and Citizens Getting to Know Each Other? Open, Closed and Big Data in Public Management Reform", *Policy & Internet*, Vol. 4, 2014.

272. Diana Ishmatova and Toshio Obi, "M-Government Services: User Needs and Value", *Journal of E-Government Policy and Regulation*, Vol. 32, 2009.

273. B. Dixon, "Towards E-Government 2.0: An Assessment of Where E-Government 2.0 is andWhere it is Headed", *Public Administration & Management*, Vol. 2, 2010.

274. B. Erkut, "From Digital Government to Digital Governance: Are We There Yet?", *Sustainability*, Vol. 12, No. 3, 2020.

275. D. J. Flint, R. B. Woodruff and S. F. Gardial, "Exploring the Phenomenon of Customers' Desired Value Change in a Business-to-Business Context", *Journal of Marketing*, Vol. 66, No. 4, 2002.

276. M. Fourcade and J. Gordon, "Learning Like a State: Statecraft in the Digital Age", *Journal of Law and Political Economy*, Vol. 1, No. 1, 2020.

277. A. Fung, "Varieties of Public Participation in Complex Governance", *PublicAdministration Review*, Vol. S1, 2006.

278. Nathalie A. Smu ha, "The EU Approach to Ethics Guidelines for Trustworthy Artificial Intelligence", *20 Com-puter Law Review International 97*, 101 (2019).

279. G. N. L. Stowers, "Becoming Cyberactive: State and Local Governments on the World Wide Web", *Government Information Quarterly*, Vol. 16, No. 2, 1999.

280. Gary Marchionini, Hanan Samet and Larry Brandt, "Digital Government", *Communications of the ACM*, Vol. 46, No. 1, 2003.

281. Ghulam Muhammad Kundi, Allah Nawaz and Robina Akhtar, "Digital Revolution, Cyber-Crimes And Cyber Legislation: A Challenge To Governments In Developing Countries", *Journal of Information Engineering and Applications*, Vol. 4, No. 4, 2014.

282. J. R. Gil-Garcia, S. S. Dawes and T. A. Pardo, "Digital Government and Public Management Research: Finding the Crossroads", *Public Management Review*, Vol. 20, No. 3, 2017.

283. H. J. Scholl, "Organizational Transformation Through E-government: Myth or Reality?", *Proceedings of the 4th IFIP WG 8. 5 Inter-national Conference on Electronic*

284. Hans J. Scholl, "Digital Government: Looking Back and Ahead on a Fascinating Domain of Research and Practice", *Digital Government: Research and Practice*, Vol. 1, No. 1, 2020.

285. S. A. Hazlett and F. Hill, "E-government: the Realities of Using IT to Transform the Public Sector", *Managing Service Quality*, Vol. 13, No. 6, 2003.

286. A. Ho, "Reinventing Local Governments and the E-government Initiative", *Public Administration Review*, Vol. 62, No. 4, 2002.

287. Hsinchun Chen, Lawrence Brandt and Valerie Gregg, "Digital Government: E-government-research, Case Studies, and Implementation", *Springer Science business Media*, Vol. 6, 2008.

288. J. Kim et al. , "Proposing a Value-Based Digital Government Model: Toward Broadening Sustainability and Public Participation", *Sustainability*, Vol. 10, No. 9, 2018.

289. L. Jackson et al. , "The Impact of Internet Use on the Other Side of the Digital Divide", *Communications of the ACM*, Vol. 47, No. 7, 2004.

290. T. Janowski, "Digital Government Evolution: From Transformation Tocontextualization", *Government Information Quarterly*, Vol. 32, 2015.

291. M. Janssen, S. A. Chun and J. R. Gil-Garcia, "Building the Next Generation of Digital Government Infrastructures", *Government Information Quarterly*, Vol. 26, No. 2, 2009.

292. Jr. Gil-Garcia, S. Dawes Sharon and T. A. Pardo, "Digital Government and Public Management Research: Finding the Crossroads", *Public Management Review*, Vol. 20, No. 5, 2018.

293. Jun yan Jiang etal. , "From Internet to Social Safety Net: The Policy Consequences of Online Participation in China", *Governance*, Vol. 32, No. 3, 2019.

294. K. Layne and J. Lee, "Developing Fully Functional E-government: A Four Stage Model", *Government Information Quarterly*, Vol. 18, 2001.

295. Kay Mathiesen, "Human Rights for the Digital Age", *Journal of Mass Media Ethics*, Vol. 29, No. 1, 2014.

296. C. Kaylor et al. , "Gauging E-government: A Report on Implementing Services Among A-

merican Cities", *Government Information Quarterly*, Vol. 18, 2001.

297. K. Kernaghan, "Digital Dilemmas: Values, Ethics and Information Technology", *Canadian Public Administration*, Vol. 2, 2014.

298. J. Lee et al. , "Proposing a Value – Based Digital Government Model: Toward Broadening Sustainability and Public Participation", *Sustainability*, Vol. 10, No. 9, 2018.

299. Lemuria Carter and Vishanth Weerakkody, "E-government Adoption: A Cultural Comparison", *Information Systems Frontiers*, Vol. 10, No. 4, 2008.

300. J. Li et al. , "Ecosystem-specific Advantages in International Digital Commerce", *Journal of International Business Studies*, Vol. 50, No. 9, 2019.

301. Lizhi Liu, "The Rise of Data Politics: Digital China and the World", *Studies in Comparative International Development*, Vol. 56, 2021.

302. U. Maier-Rabler and S. Huber, " 'Open': The Changing Relation Between Citizens, Public Administration and Political Authority", *Journal of Democracy and Open Government*, Vol. 2, 2011.

303. S. Marche and J. D. McNiven, "E-government and E-governance: the Future Isn't What it Used to Be", *Canadian Journal of Administrative Science*, Vol. 20, No. 1, 2003.

304. Maria Katsonis and Andrew Botros, "Digital Government: A Primer and Professional Perspectives", *Australian Journal of Public Administration*, Vol. 74, No. 1, 2015.

305. M. G. Martinsons, R. M. Davison and D. S. K. Tse, "The Balanced Scorecard: a foundationfor the strategic management of Information Systems", *Decision Support Systems*, Vol. 25, No. 1, 1999.

306. R. S. McNeal, K. Hale and L. Dotterweich, "Citizen-government Interaction and the Internet: Expectations and Accomplishments in Contact, Quality, and Trust", *Journal of Information Technology & Politics*, Vol. 5, No. 2, 2008.

307. I. K. Mensah, "Impact of Government Capacity and E-government Performance on the Adoption of E-Government Services", *International Journal of Public Administration*, Vol. 43, No. 4, 2020.

308. M. J. Moon, "The Evolution of E-government Among Municipalities: Rhetoric or Reality?", *Public Administration Review*, Vol. 62, No. 4, 2002.

309. Ndlovu Njabulo, Ochara Nixon Muganda and Martin Robert, "Influence of Digital Government Innovation on Transformational Government in Resource-Constrained Contexts", *Journal of Science and Technology Policy Management*, Vol. 14, N0. 5, 2023.

310. V. D. Ndou, "E-government for Developing Countries: Opportunities and Challenges", *The Electronic Journal of Information Systems in Developing Countries*, Vol. 18, No. 1, 2004.

311. P. Panos, K. Bram and C. Antonio, "Public value creation in digital government", *Government Information Quarterly*, Vol. 36, No. 4, 2019.

312. Patrice A. Dutil et al., "Rethinking Government-Public Relationships in a Digital World: Customers, Clients, or Citizens?", *Journal of Information Technology & Politics*, Vol. 4, No. 1, 2008.

313. Petter Gottschalk, "Maturity Levels for Interoperability in Digital Government", *Government Information Quarterly*, Vol. 26, 2009.

314. R. Kar Rethemeyer, "Policymaking in the Age of Internet: Is the Internet Tending to Make Policy Networks More or Less Inclusive?", *Journal of Public Administration Research and Theory*, Vol. 17, No. 2, 2007.

315. Robert M. Davison, Christian Wagner and Louis C. K. Ma, "From Government to E-government: a Transition Model", *Information Technology & People*, Vol. 18, 2005.

316. J. Roy, "Digital Government and Service Delivery: An Examination of Performance and-Prospects.", *Canadian Public Administration*, Vol. 4, 2017.

317. J. Roy, "Open Data and Open Governance in Canada: A Critical Examination of New Opportunities and Old Tensions", *Future Internet*, Vol. 6, 2014.

318. Sundberg Leif and Holmström Jonny, *Citizen-centricity in Digital Government Research: A Literature Review and Integrative Framework*, Vol. 1, 2023.

319. Suresh Malodia et al., "Future of E-Government: An Integrated Conceptual Framework", *Technological Forecasting & Social Change*, Vol. 173, 2021.

320. M. Symonds, "A Survey of Government and the Internet", *The Economist*, Vol. 355, No. 8176, 2000.

321. J. Y. L. Thong, C. S. Yap and K. L. Seah, "Business Process Reengineering in the Public Sector: the Case of the Housing Development Board in Singapore", *Journal of Management Information Systems*, Vol. 17, No. 1, 2000.

322. V. Ndou, "E-government for Developing Countries: Opportunities and Challenges", *The Electronic Journal on Information Systems in Developing Countries*, Vol. 18, No. 1, 2004.

323. F. A. Von Hayek, "The Use of Knowledge in Society", *Am. Econ. Rev.*, Vol. 35, 1945.

324. Walter Castelnovo and Maddalena Sorrentino, "The Digital Government Imperative: a Context-aware Perspective", *Public Management Review*, Vol. 20, No. 5, 2018.

325. E. Welch and W. Wong, "Public Administration in a Global Context: Bridging the Gaps of Theory and Practice Between Western and Non-Western Nations", *Public Administration Review*, Vol. 58, No. 1, 1998.

326. Yu-Che Chen and Tsui-Chuan Hsieh, "Big Data for Digital Government: Opportunities, Challenges, and Strategies", *International Journal of Public Administration in the Digital Age*, Vol. 1, No. 1, 2014.

327. Zhiyuan Fang, "E-Government in Digital Era: Concept, Practice, and Development, International Journal of The Computer", *The Internet and Management*, Vol. 10, No. 2, 2002.